V&R

Edition
Wege zum Menschen

Herausgegeben vom Redaktionskreis der Zeitschrift „Wege zum Menschen“

Christiane Burbach, Wilfried Engemann, Jörn Halbe, Klaus Kießling, Hermann Steinkamp, Anne M. Steinmeier und Heribert Wahl

Band 4

Lothar Stempin

Gesundheit als Gabe

Zur Wiederkehr religiöser Begründung und spiritueller Praxis von Gesundheit

Vandenhoeck & Ruprecht

Mit 7 Abbildungen

Umschlagabbildung: © akg-images / De Agostini Picture Lib. / S. Vanni

Bibliografische Information der Deutschen Nationalbibliothek
Die Deutsche Nationalbibliothek verzeichnet diese Publikation in der Deutschen Nationalbibliografie; detaillierte bibliografische Daten sind im Internet über http://dnb.d-nb.de abrufbar.

ISBN 978-3-525-67018-7
ISBN 978-3-647-67018-8 (E-Book)

Satz: textformart, Göttingen
Druck und Bindung: CPI buchbücher.de, Birkach

Gedruckt auf alterungsbeständigem Papier.

Inhalt

Einführung

Gesundheit ist das Anfangs- und Schlüsselwort einer weitgespannten Erzählung über die Begegnung von Moderne und Religion. Allein der Blick auf die gesellschaftlichen und kulturellen Übergänge der vergangenen 150 Jahre spricht für diese Einschätzung.

Die Konsolidierung des Deutschen Kaiserreichs ist ohne die die Gesundheit der Arbeiterschaft abstützenden Systeme der Sozialversicherung kaum denkbar. Und die vorletzte Jahrhundertwende ist mit dem Aufkommen der Lebensreformbewegung verbunden, die naturbezogene Wege der Heilung suchte. Die dunkle Zeit des Nationalsozialismus geht mit einer unheilvollen Körperpolitik einher, die dem weltanschaulichen Totalitarismus entspricht.

Nach der Katastrophe des 2. Weltkrieges entwickelte die Weltgesundheitsorganisation eine Weltfriedensordnung, die eng mit Gesundheitsprävention verbunden ist. Soweit wollte die sozialstaatliche Gesundheitsfürsorge in Deutschland nicht gehen. Gesundheit wird hier vorrangig in der Perspektive der Arbeitsfähigkeit wahrgenommen. Die Konstruktionsprinzipien des Sozialstaates entsprachen – und entsprechen bis heute – in Grundzügen den wirtschaftstheoretischen Regeln des Fordismus. Der Übergang zum sogenannten Postfordismus verändert gegenwärtig auch das Konzept von Gesundheit. Auf den ersten Blick zeigt sich dieses in Gestalt des Gesundheitsmarktes und der Wettbewerbslogik gesundheitsbezogener Leistungserbringung.

Bezeichnenderweise wird in diesem Übergang die Frage nach „an-ökonomischen" Vollzügen von Gesundheitsförderung gestellt. In einer Zeit, in der Gesundheit zur Ware wird und zur Voraussetzung von Wettbewerbsfähigkeit, sind gleichzeitig Suchbewegungen nach einer Gesundheit jenseits gesellschaftlicher Verzweckung zu bemerken. Diese andere und größere Gesundheit ist Chiffre für individuelle und kollektive Heil- und Lebensmittel.

Vorsichtig wird gefragt, ob möglicherweise spirituelle Bindungen und Lebensorientierungen Gesundungsprozesse befördern. Zaghaft begibt sich die Schulmedizin in das Gespräch mit der

Komplementärmedizin. Krankenkassen werben mit der Kostenübernahme für alternative Heilmethoden. Erkennbar verschieben sich die Methoden der Heilung und die Sicht auf die Faktoren von Gesundung. Die Individuen sind in einem nie dagewesenen Maße an Wohlbefinden und gesunder Lebensführung interessiert. Das Spektrum reicht von körperlicher Fitness bis zur Inanspruchnahme schamanischer Heilungswege.

Aber begegnen sich hier tatsächlich Gesundheit, Moderne und Religion? Die christlichen Kirchen sehen in diesen Phänomenen eher eine Gesundheitsreligion aufziehen, durch die das Individuum das ewige Leben schon im Hier und Jetzt haben und behalten will. Als kulturelles Konzept sei diese Gesundheitsreligion gleichsam das moderne Opium fürs Volk, durch die die durch Wellness freigesetzten Kräfte in gesellschaftliche Wohlfahrt und wirtschaftliches Wachstum konvertiert werden.

In der Tat fehlt dem wohlfahrtsstaatlichen Modell der Bundesrepublik, trotz Diakonie und Caritas, ein religiöses Charisma. Die Gründe dafür liegen in den Konstruktionsprinzipien des gegenwärtigen Gesundheitssystems. Darüber hinaus sind die hohen Werte dieses Modells, das Solidaritätsprinzip und der Grundsatz der Gerechtigkeit, möglicherweise ursächlich für die blutleere Leistungserbringung, die Nähe-Defizite bei der Behandlung und die ausgeprägte Formalisierung der Beziehungen.

Die folgende Untersuchung beleuchtet die sozialstaatliche Systemlogik und forscht nach den darin liegenden Desideraten des Gesellschaftsmodells der Moderne. Aktuell vollzieht sich hier unter dem Leitbegriff Prävention eine subtile Verantwortungsverlagerung zwischen Subjekt und Gesellschaft. Denn die eingeforderte Selbstverantwortung für Gesundheit impliziert auch Momente gesteigerter gesellschaftlicher Kontrolle. Man könnte auch von einer subkutanen Form der Verstaatlichung von Gesundheitsfürsorge sprechen.

Eine theologische Studie kann jedoch nicht bei der kritischen Betrachtung der Gesundheitsförderung der Gegenwart stehenbleiben und in einer Polemik gegen die Moderne verharren. Vielmehr wird der Versuch unternommen, mit Hilfe der Kategorie der Gabe, eine öffnende und weiterführende Interpretationskategorie in das Gefüge von Moderne, Religion und Gesundheit einzubringen.

Dabei liegen die Einwände und Vorbehalte gegen ein solches Ansinnen auf der Hand: Soll mit diesem Begriff etwa das Motiv des gnädigen Gewährens in das Gesundheitssystem eingeführt werden? Soll die Ressourcenverknappung im Gesundheitswesen, die Debatte um Priorisierung oder gar Rationierung von Gesundheitsleistungen religiös überhöht werden? Oder ist der Versuch, von Gesundheit als Gabe zu reden, nicht schlicht naiv angesichts einer Welt, in der Gesundheit geldwerte Ware und Instrument geworden ist?

Diese Argumente sprechen aber nicht gegen, sondern für eine Reflexion des Paradigmas der Gabe. Die Gabe ist eine fundamentale soziale, ökonomische und religiöse Kategorie in der Moderne. Nicht nur auf dem Feld der Gesundheit hat sie ihre Gestalt gewechselt: Die Geldgabe ist, gegen den reformatorischen Einspruch, Voraussetzung des Heilungshandelns geworden, also Geld-Tausch gegen Gesundheit. Damit ist aber das gesundheitsbezogene Gabegeschehen Teil der marktgetriebenen Beschleunigung der Moderne geworden. Die neuen Krankheitsphänomene der Gegenwart nähren allerdings den Zweifel, dass diese instabile Stabilisierung das Erleben ganzheitlicher Genesung und subjektiver Sicherheit generieren kann. Damit gewinnt das Nachdenken über Gesundheit eine kollektive Dimension und löst weitergehende Fragen nach der Reichweite von Heilung aus. Wie ist Teilhabe an und Tausch von Ressourcen unter diesen Herausforderungen zu denken? Kann die Gabe nur reziprok gedacht und als Ausgleich gelebt werden im Sinne des: „Gibst du mir, so gebe ich dir!"? Gabe ruft das unverfügbar Gegebene ins Bewusstsein und weckt die Skepsis am Modus der Herstellung.

Wie verhält sich der Leistungsaustausch gegen Geld, das Grundmotiv gegenwärtiger sozialer Beziehungen, zur religiösen Gestalt der Gabe, zur geistlichen Erfahrung von Gnade, die ‚gratis' widerfährt? Haben Hingabe und Opfer, also Vorstellungen der rückkehrlosen Aussendung des Gegebenen, keinen Ort mehr?

Diese Fragen, aber auch das Bemerken, wie sehr die Suche nach Gesundheit mit religiösen Praktiken und Vorstellungen aus anderen Kulturkreisen verbunden wird, bestätigen die Vermutung der theologischen Erklärungskraft von Gesundheit für die Gegenwartsdeutung. Offensichtlich überlagern und durchdringen sich heute Säkulares und Religiöses in erstaunlichem Maße, so dass die überlieferten Unterscheidungsmodelle von heilig und profan möglicherweise nicht mehr greifen. Der Verschiebung auf dem Feld der Heilmethoden und der Heilquellen korrespondiert einer Überlagerung von Gesundheit und Religion.

Gesundheit, so die These dieser Untersuchung, ist ein Schlüsselwort für das Verstehen der Begegnung von Religion und Moderne. Gesundheitspraktiken können gleichsam als Sakralierungsprozesse gedeutet und als Gestaltungsversuche einer weltlichen Spiritualität verstanden werden. All dieses sind Indizien für eine kulturelle Übergangssituation, in der die Hauptsachen des Lebens unter einem geweiteten Verstehenshorizont neu gedeutet werden. Einige vorläufige Antworten auf die aufgeworfenen Fragen und Hinweise zu einer heilsamen Lebensführung unter den gegenwärtigen Gegebenheiten, versucht die folgende Studien zu geben.

I. Gesundheitsgesellschaft in Deutschland

1. Gesundheit in der Gesellschaft

Die Spannweite, in der Gesundheit gegenwärtig thematisiert wird, kann als das die aktuelle gesellschaftliche Situation bestimmende Charakteristikum angesehen werden. Es lassen sich vier Systemebenen unterscheiden, auf denen sich eine je eigene Phänomenologie der Gesundheitspraxis zeigt. Das Gesundheitsthema findet sich zugleich in dem nach den Sozialgesetzen organisierten Gesundheitssystem, in alternativen Konzepten der Behandlung, in wirtschaftlichen Kontexten betrieblichen Gesundheitsmanagements und in individueller Verantwortung und Gestaltung der persönlichen Lebensführung.

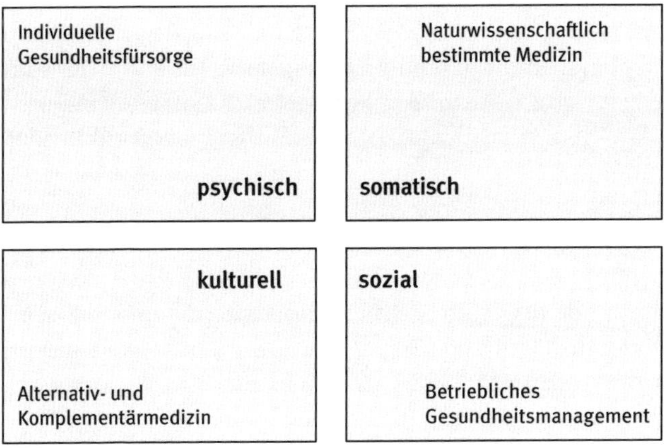

Abb. 1: Mehrdimensionalität von Gesundheit Systemebene

In jedem dieser Felder zeigen sich eigene Entwicklungstendenzen, hinter denen sowohl unterschiedliche Wahrnehmungsperspektiven von Gesundheit und ihrer Praxis wie auch ungleiche Konzeptualisierungen von Gesundheit zu erkennen sind.

Außerdem ist gegenwärtig eine Wechselwirkung zwischen diesen Felder zu beobachten, die sowohl in Konkurrenz wie auch in Annäherung zueinander stehen. Diese Dynamik eröffnet auf der einen Seite ein erweitertes heilkundliches Spektrum und verschiebt auf der anderen Seite gesellschaftlich und kulturell den Wahrnehmungsfokus auf Gesundheit.

Bevor diese These weiter entfaltet wird, soll in einer phänomenologischen Betrachtung und skizzenhaften Darstellung die Gestaltwerdung von Gesundheit auf diesen Feldern beschrieben werden.

a. Gesundheit im Medizinsystem

Auf den ersten Blick scheint das sozialgesetzlich verankerte Medizinsystem in seinen ambulanten und stationären Ausprägungen im Blick auf Gesundheitspraxis und die Definition von Gesundheit immer noch dominant zu sein. Dieses System ist in seiner selbstverständlichen Gegebenheit für die gesundheitliche Grundversorgung akzeptiert und gerät lediglich in den Blick der Öffentlichkeit, wenn Strukturveränderungen, wie z. B. der Verkauf von Krankenhäusern geplant wird. Die strukturellen Rahmenbedingungen sind von Kostendruck, Ressourcenverknappung und Formalisierung, insbesondere auf dem Feld der Qualitätssicherung, bestimmt.

Wenn sich das Medizinsystem in seiner Leitungsfähigkeit präsentiert, dann geschieht dieses ganz überwiegend über neue Behandlungsmethoden von Krankheiten, seien es Operationstechniken oder weiterentwickelte Therapiekonzepte. Der öffentliche Nachweis, auf der Höhe der technischen Entwicklung zu sein, wird auch häufig über die öffentliche Präsentation neuer Diagnosegeräte erbracht.

Daneben zeigt die Medizinforschung ein hohes Innovations- und Entwicklungspotential. Die Praxisrelevanz dieser Forschung bestätigt sich durch die Erfolge der Hochleistungsmedizin, z. B. auf den Feldern der Krebsforschung, der Autoimmunerkrankungen und der Genforschung. Auch die Intervention bei instabilen Gesundheitslagen zeitigen immer wieder frappierende Erfolge, wodurch die Sterberate auf Grund akuter Erkrankungen weiter sinkt. Gleichwohl kann nicht darüber hinweg gesehen werden, dass diese Entwicklungsschritte der Medizin ganz überwiegend von Interessengruppen finanziert werden. Zumindest implizit verbinden sich mit solchen Geldgaben Sichtweisen auf die Entwicklungsrichtung von Medizin.

Auch wenn im Medizinsystem heute niemand mehr ernsthaft die Mehrdimensionalität von Gesundheit in Frage stellen wird, so ist doch in diesem System die von naturwissenschaftlichen Methoden geprägte linear-kausale Perspektive maßgeblich: Krankheiten haben biologische Ursachen, an denen die Behandlung anzusetzen hat. Über evidenzbasierte Verfahren wird dann deren Wirksamkeit nachgewiesen.

Das Missverständnis einer „Reparatur-Medizin" wird aktuell durch das missbräuchliche Vorgehen von einzelnen Ärzten bei der Organtransplantation befördert und berührt das Vertrauen der Bevölkerung in das System, wie die deutlich rückläufigen Zahlen von Organspendern zeigen.

Dieser Vorgang macht deutlich, dass bei allen Forschungs- und Behandlungserfolgen und trotz medizinischer Hochleistungstechnik die Arzt-Patienten-Beziehung ein zentrales Entwicklungsfeld im Medizinsystem ist. Aber die „veradministrierte Behandlungsumwelt"[1], wie der Präsident der Bundesärztekammer 2011 formulierte, lässt keinen Raum für die Beziehungsdimension als wesentlichen Wirkfaktor ärztlicher Tätigkeit und Heilkunst.

b. Alternative Gesundheitsfürsorge

Nach Jahrzehnten gegenseitiger Verdächtigungen und Diffamierungen suchen jetzt maßgebliche Vertreter der „Schulmedizin" das Gespräch mit den häufig so apostrophierten „Alternativmedizinern".[2] Allerdings sind es nicht nur die gegenseitigen Vorurteile, die diesen Dialog erschweren, sondern vielmehr die Viel-

1 Hoppe, Jörg-Dietrich, Schulmedizin und Alternativmedizin: der Dialog hat begonnen. Ärztekammer Nordrhein. 1.2011.

2 Dialogforum der Bundesärztekammer. www.dialogforum-pluralismus indermedizin.de (Stand: 17.03.2014). Vgl. auch: Deutsches Ärzteblatt 2010; 107 (12): A 548–550.

falt der Alternativmedizin in sich und die mit der Schulmedizin oft nicht kompatiblen Begriffswelten.

Anknüpfungspunkte gibt es durchaus zwischen Schulmedizin und Homöopathie, weil diese, in unserem Kulturkreis ihren Ursprung hat und seit mehr als hundert Jahren in Deutschland weit verbreitet ist. In den letzten Jahrzehnten hat das Interesse an naturbelassenen Lebensmitteln auch die Offenheit für Naturheilmittel, wie sie in der Homöopathie verwendet werden, gestärkt. In der homöopathischen Praxis wird eine kleine Dosis eines Naturstoffs verabreicht, der beim gesunden Menschen, in größerer Dosis, zu ähnlichen Symptomen führt, wie sie für eine bestimmte Erkrankung charakteristisch sind.

Bekanntlich ist die Homöopathie vor etwa zweihundert Jahren von dem Arzt und Chemiker Samuel Hahnemann entwickelt worden. „Durch Beobachtung, Nachdenken und Erfahrung fand ich, daß im Gegentheile von der alten Allöopathie die wahre, richtige, beste Heilung zu finden sei in dem Satze: Wähle, um sanft, schnell, gewiß und dauerhaft zu heilen, in jedem Krankheitsfalle eine Arznei, welche ein ähnliches Leiden für sich erregen kann, als sie heilen soll!“[3]

Die Homöopathie steht der vormodernen Heilkunde nahe und ist in der Lage, der naturwissenschaftlich orientieren Schulmedizin die „weiche Heilkunde“ nahezubringen. Im Übrigen ist die Homöopathie eine Heilkunde der Beobachtung und Erfahrung. Gegen das naturwissenschaftliche Kausalprinzip des Krankheitsentstehens setzte Hahnemann seine Erfahrungsheilkunde: „Wenn wir aber auch die den Krankheiten zum Grunde liegenden, innern Körperveränderungen nie einsehen können, so hat doch die Uebersicht ihrer äussern Veranlassungen einigen Nutzen. Keine Veränderung entsteht ohne Ursache. Die Krankheiten werden ihre Entstehungsursachen haben, so verborgen sie uns auch in den meisten Fällen bleiben.“[4] Diese Einsicht kann die Schulmedizin daran erinnern, dass sie im Grunde und in der Tiefe auch Erfahrungswissenschaft ist.

Wie weit der Weg einer Annäherung von Schulmedizin und Naturmedizin sein wird, vermag ein historisches Detail zu be-

3 Samuel Hahnemann, Organon der Heilkunst, 2011. 6. Auflage. S. 50.
4 Samuel Hahnemann, Heilkunde der Erfahrung. Berlin 1805.

leuchten: Aus den Anfängen der Homöopathie ist eine Gesundheitsbewegung in Gestalt der homöopathischen Laienvereine entstanden. In Deutschland bildeten sich von der Mitte des 19. Jahrhunderts bis 1933 mehr als 400 homöopathischen Laienvereine. Diese Gesundheitsbewegung eröffnete Laien den Zugang zu homöopathischem Wissen. Sie waren gleichsam Selbsthilfeorganisationen, in denen auch Selbstbehandlungen nach homöopathischen Grundsätzen aus den homöopathischen Vereinsapotheken gewährt wurden.

Der von der Bundesärztekammer geförderte Dialog zwischen Schulmedizin und Alternativmedizin knüpft an ein verbreitetes Interesse insbesondere von niedergelassenen Ärzten an alternativen Behandlungsmethoden an. Zahlen des Deutschen Zentralvereins homöopathische Ärzte[5] belegen, dass nahezu 60 % der Hausärzte eine oder mehrere Methoden der Alternativmedizin nutzen. Mehr als 50.000 Ärzte haben Weiterbildungen in Naturheilverfahren absolviert, wie z. B. Homöopathie, Akupunktur oder Chirotherapie.

Insofern scheint es ratsam, künftig nicht mehr von der Entgegensetzung von Schul- und Alternativmedizin zu sprechen, sondern von „Komplementärmedizin".

Liegt der Homöopathie die Vorstellung der „Verstimmung der Lebenskraft" als Krankheitsursache zu Grunde, so eröffnen sich von hier aus Verbindungslinien zu fernöstlichen Heilverfahren: in der traditionellen chinesischen Medizin wird vom Chi gesprochen, von der Lebensenergie, die im Prozess der Gesundung wieder in den Fluss gebracht wird. Diese energetische Vorstellung von Gesundheit ist in allen Kulturen verwurzelt: Die japanische Umschrift ist Qi, im indischen Hinduismus ist es das Prana, im hippokratischen Gesundheitsverständnis Griechenlands wurde es als ‚pneuma' bezeichnet, die Ägypter nannten es ‚ka', die Naturvölker Amerikas ‚ashe'.

Gemeinsam nutzen auch diese Heilungswege die Beobachtung und die Wahrnehmung des ganzen Menschen. Ein hohes Maß an Empathie und Achtsamkeit, z. B. in Gestalt der Pulsdiagnose im Ayurveda, bilden die Grundlage der Diagnostik.

5 www.dzvhae.de/homoeopathie-fuer-aerzte-und-fachpublikum/ (Stand: 17.03.2014).

Das Feld komplementärer Medizin hat sich im vergangenen Jahrzehnt in einer Weise ausdifferenziert, dass eine differenzierte Darstellung unmöglich erscheint. Anders als in Deutschland bietet der U. S. Department of Health an Human Services[6] den Bürgern über das „National Center for complementary and alternative medicine“ eine einfache Orientierung auf dem Feld der „complementary and alternative medicine“ (CAM). Dabei werden die verwendeten Heilmittel, bzw. Heilverfahren als Unterscheidungsmerkmal herangezogen:

1) **Natural Products:** Kräuter, Hausmitteln, Nahrungsergänzungsstoffe
2) **Mind and Body Practices:**
   - Schwerpunkt Bewusstsein: z. B. Meditation, Gebet, Geistheilung
   - Schwerpunkt Berührung: z. B. Akupunktur, Chiropraktik, Hypnotherapie,
   - Schwerpunkt Bewegung: Tai chi, Qi gong, Yoga; Feldenkrais, Pilates,
   - Schwerpunkt Entspannung: z. B. progressive Muskelentspannung, Traumreise
   - Schwerpunkt Sinneswahrnehmung: Meridiansingen, Lauschendes Singen, Musiktherapie, Mantrasingen, Chronomedizin
3) **Complementary Health Approaches:** z. B. Traditionelle Chinesische Medizin, Ayurveda, Homöopathie, Naturheilkunde, traditionelle Heiler

In Anlehnung an das nordamerikanische Differenzierungsmodell bietet auch das österreichische „Dokumentationszentrum für traditionelle und komplementäre Heilmethoden“ Kategorien zur Orientierung auf dem Feld an.[7]

In Deutschland sind die genannten komplementären Heilmethoden ebenfalls weit verbreitet und haben z. B. in Gestalt von Entspannungstechniken Einzug in die medizinische Rehabilitation gefunden.

6 U. S. Department of Health an Human Services. Unter: www.nccam.nih.gov (Stand: 17.03.2014).

7 www.cam-tm.com (Stand: 17.03.2014).

Demgegenüber werden die energetischen Verfahren wie z.B. Handauflegen, Atemtherapie und Aufstellungsarbeit immer noch mit Zurückhaltung betrachtet.

c. Gesundheit im Betrieb

Gesundheitsförderung ist in Deutschland vor allem betrieblich orientiert. In der Arbeitswelt gibt es schon seit Jahrzehnten Instrumente, die Gesundheit von Mitarbeitenden im Betrieb zu fördern. Dazu gehören:
- der Arbeits- und Gesundheitsschutz
- die betriebliche Gesundheitsförderung
- das betriebliche Eingliederungsmanagement
- und die betrieblichen Managementstrategien der Human Ressources

Diese verschiedenen Ansätze werden gegenwärtig insbesondere in Großbetrieben in Gestalt eines betrieblichen Gesundheitsmanagements vereint.

Der *betriebliche Arbeits- und Gesundheitsschutz* hat eine mehr als 100jährige Tradition. Das Augenmerk liegt auf arbeitsbedingten Erkrankungen. Die Verhütung dieser Gesundheitsgefahren ist heute im Sozialgesetzbuch VII als Aufgabe der gesetzlichen Unfallversicherung verankert. Das Sozialgesetzbuch V verpflichtet in §20 die Krankenkassen, Leistungen zur primären Prävention vorzusehen.

Das Arbeitsschutzgesetz bildet die Basis und wird konkretisiert durch eine ganze Reihe von Regelungen der Berufsgenossenschaften und des Deutschen Gemeindeunfallverbandes.

Das *betriebliche Eingliederungsmanagement* ist seit 2004 im Sozialgesetzbuch IX im §84 verankert.Das betriebliche Eingliederungsmanagement (BEM) ist eine Aufgabe des Arbeitgebers mit dem Ziel, Arbeitsunfähigkeit der Arbeitnehmer eines Betriebes möglichst zu überwinden, erneuter Arbeitsunfähigkeit vorzubeugen und den Arbeitsplatz des betroffenen Beschäftigten im Einzelfall zu erhalten.

Die *betriebliche Gesundheitsförderung* entwickelt Ansätze der Gesundheitsprävention in den Betrieben fort. Während Prävention von dem Ziel geprägt ist, Krankheiten zu verhüten, richtet sich die Gesundheitsförderung primär auf die Unterstützung der Gesundheitsressourcen von Menschen. Beide Strategien intendierten Gesundheit von Mitarbeitern, aber sie unterscheiden sich in der Art der Zieldefinition wie auch in der Auswahl der Instrumente. Bei der Prävention richtet sich das Augenmerk vornehmlich auf die Vermeidung von gesundheitlichen Schäden, während bei der Gesundheitsförderung Potenziale zur Gesunderhaltung gefördert werden. Der präventive Ansatz will Faktoren identifizieren, die Krankheiten hervorrufen, um diese zu beseitigen oder in ihren Auswirkungen zu verringern. Im Gegensatz dazu argumentiert die Gesundheitsförderung stärker mit dem Expertenwissen von Betroffenen, ihren subjektiven Erfahrungen mit der eigenen Gesundheit und den diese beeinflussenden Rahmenbedingungen.

Das *betriebliche Gesundheitsmanagement* richtet das Augenmerk auf die Anschlussfähigkeit der Logik der Gesundheitsförderung an die betrieblichen Gegebenheiten und Prioritäten. Damit wird Gesundheit als Ziel betrieblichen Handelns verankert und mit den Managementstrategien des Unternehmens verknüpft.

Die Entwicklung solcher Konzepte ist unter anderem angestoßen worden durch die Ottawa Charta zur Gesundheitsförderung der Weltgesundheitsorganisation aus dem Jahr 1986 und die Luxemburger Deklaration zur betrieblichen Gesundheitsförderung in der Europäischen Union aus dem Jahr 1997 in der Fassung vom Januar 2007. Zu erwähnen ist außerdem die Verankerung von Prävention und Selbsthilfe im § 20 des Sozialgesetzbuches V, zu der der Leitfaden Prävention der Spitzenverbände der Krankenkassen vom 02.06.2008 zu zählen ist. Im Sozialgesetzbuch IX im § 3 ist der Vorrang von Prävention und im § 12 die Zusammenarbeit der Rehabilitationsträger sowie § 13 eine gemeinsame Empfehlung verankert. Diese Deklarationen und gesetzlichen Bestimmungen dokumentieren eine neue Orientierung des Gesundheitsschutzes hin zu einem integrierten betrieblichen Gesundheitsmanagement. Die wesentlichen Weichenstellungen sind dabei in der Ressourcenorientierung der betrieblichen Gesundheitsförderung im Sinne der Ottawa Charta zu sehen und in der Verankerung des Gesundheitsaspektes in der Führungsaufgabe.

Gesundheitsprävention wird in keinem anderen gesellschaftlichen Bereich so gefördert wie im Betrieb. Die Mittel, die hierfür von den Organisationen bereitgestellt werden, erreichen inzwischen den Betrag, den die Unternehmen als Arbeitgeberanteil an die gesetzliche Krankenversicherung bezahlen.[8] Die Gründe für dieses erhebliche Engagement der Betriebe liegen in der Absicherung der Produktivität der Betriebe angesichts einer alternden Belegschaft und zunehmender psychischer Belastungen bei den jüngeren Mitarbeitenden.

Die demographische Entwicklung ist für die Unternehmen in Deutschland in doppelter Hinsicht kritisch. Einmal wird das Durchschnittalter der Belegschaften in den nächsten fünf Jahren erheblich steigen. Insbesondere die Anzahl der Mitarbeiter, die 50 Jahre und älter sind, wir deutlich zunehmen. Für Unternehmen, die im DAX 1 und DAX 2 gelistet sind, weist eine entsprechende Untersuchung aus, dass im Jahr 2006 durchschnittlich 28 % der Mitarbeitenden älter als 50 Jahre waren. Im Jahr 2020 werden nach dieser Berechnung 82 % dieser Altersgruppe angehören.[9]

Diese Entwicklung vollzieht sich zum anderen in Deutschland angesichts eines fragilen Gesundheitszustandes dieser Beschäftigten. Im europäischen Vergleich ist nämlich die Zahl der beschwerdefreien Lebensjahre bei deutschen Beschäftigen deutlich geringer als in den anderen europäischen Ländern. Das Europäische Statistikamt hat errechnet, das in Deutschland Frauen ab ihrer Geburt 57,4 Jahre in guter gesundheitlicher Verfassung verleben. Bei Männern in Deutschland liegt die beschwerdefreie Lebenserwartung bei 55,8 Jahren. In anderen Ländern der Europäischen Union sind die Bevölkerungen demnach in besserer gesundheitlicher Verfassung. Schwedische Frauen können 68,7 beschwerdefreie Lebensjahre erwarten, schwedische Männer leben noch länger beschwerdefrei: 69,2 Jahre. Aber auch in Frankreich (Frauen: 64,2; Männer: 62,4) und Spanien (Frauen: 63,2; Männer: 63,7) er-

8 Vgl. Iga-Report 16. Return on Investment im Kontext der betrieblichen Gesundheitsförderung und Prävention.

9 Vgl. BCG Boston Consulting Group, Corporate Health Management im Umbruch. Herausforderungen und neue Strategien. München 2012. S. 12. http://www.bcg.de/documents/file104195.pdf (Stand: 02.04.2014).

lebt die Bevölkerung mehr Jahre in guter gesundheitlicher Verfassung als in Deutschland.[10] Aus diesen und korrespondierenden Daten zum Mitteleinsatz im jeweiligen nationalen Gesundheitssystem könnte sich die Schlussfolgerung ergeben, dass in Deutschland nicht die Ressourcen des Gesundheitssystems, sondern seine Wirksamkeit problematisch ist. Außerdem drängt sich der Eindruck auf, dass die gesundheitliche Inanspruchnahme der Menschen in Deutschland höher ist als in vergleichbar entwickelten Volkswirtschaften.

Auf betrieblicher Ebene wird gegenwärtig aus diesen Gründen erheblich in die Förderung der Mitarbeitergesundheit investiert. Dabei steht nicht so sehr die Krankheitsquote im Vordergrund, sondern die Förderung der Mitarbeitermotivation und der Mitarbeiterzufriedenheit.

Angesichts dessen kommt den Führungskräften eine zentrale Bedeutung zu. Erwiesenermaßen korreliert die Leistungsfähigkeit und Leistungsbereitschaft von Mitarbeitenden ihrer Zufriedenheit mit der eigenen Führungskraft. Die Organisationen werden erfolgreich sein, die Beteiligung ermöglichen, Transparenz herstellen, Vertrauen eröffnen und Wertschätzung zum Ausdruck bringen – also die emotionale Bindung und Dimension in den Vordergrund stellen.

Außerdem ist erkannt worden, welche erheblichen betriebswirtschaftlichen Belastungen durch Mitarbeiter eintreten, die zwar im Unternehmen anwesend sind, aber aus welchen Gründen auch immer nicht den zu erwartenden Grad an Produktivität erreichen. Dieses Phänomen wird unter dem Begriff Präsentismus beschrieben. Im Hintergrund stehen vornehmlich nicht erkannte oder beachtete chronische Erkrankungen und Befindlichkeitsstörungen.

Die Kosten des unterschiedlichen Umgangs mit chronischen Erkrankungen lässt sich beispielsweise an der Dow Chemical Studie[11] aufweisen. Diese und viele andere Untersuchungen belegen,

10 Europäisches Statistikamt, Gesunde Lebensjahre. http://appsso.eurostat.ec.europa.eu/nui/show.do?dataset=hlth_hlye&lang=de. (Stand: 02.04.2014). Vgl. auch: BKK Bundesverband, Zukunft der Arbeit. S. 5; vgl. auch: Steinke, M. Badura, H., Die erschöpfte Arbeitswelt.

11 Zitiert nach: Steinke, M. Badura, H. Präsentismus. Ein Review zum Stand der Forschung. Hg. von der Bundesanstalt für Arbeitsschutz und Arbeitsmedizin. Dortmund 2011. S. 21.

dass die Krankheitskosten bei Präsentismus für den Betrieb um ein Vielfaches höher sind, als die durch das Medizinsystem entstehenden Behandlungskosten und die Fehlzeiten in diesem Zusammenhang. Die betriebswirtschaftliche Betrachtung zielt im Kern natürlich nicht auf diese Aufwendungen, sondern betrachtet die durch Präsentismus und Fehlzeiten verloren gegangene Produktivität, das nicht ausgeschöpfte Mitarbeiter-Know-How, den fehlenden Wissenstransfer. Letztlich steht die Frage im Raum, welche Faktoren eigentlich für den wirtschaftlichen Erfolg einer Volkswirtschaft in Zukunft maßgeblich sind. „Im 21. Jahrhundert werden schwer kopierbare immaterielle Faktoren, wie Kultur und Führung, immer bedeutsamer für die Wettbewerbsfähigkeit."[12]

All diese Themen stehen eigentlich hinter dem öffentlich diskutieren Mangel an Fachkräften und der alternden Belegschaft. Es wird darauf ankommen, ein anderes Verständnis von Gesundheitsförderung zuzulassen, das den monopoldefinierten Systemen der organisierten und staatlich privilegierten Gesundheitsförderung ein alternatives Modell entgegenhält.[13]

d. Individuelle Gesundheitsfürsorge

Die Bedeutung der Arzt-Patient-Beziehung für Gesundung ist im Medizinsystem erkannt. Im dritten Entwicklungsfeld von Gesundheit auf der betrieblichen Ebene tritt entsprechend die Beziehung von Mitarbeiter und Führungskraft dazu. Wie steht es nun um die individuelle Gesundheitsfürsorge und das Interesse der Person an Gesundheit? Vielfach ist belegt, dass das Interesse der Bevölkerung für das Thema Gesundheit kontinuierlich wächst.[14] Offensichtlich ist für viele Bürgerinnen und Bürgern die persönliche Gesundheitsfürsorge elementarer Ausdruck ihrer

12 Keller, Scott, Price, Colin, Beyond performance: How great organizations build ultimate competitive advantage. Hoboken, New Jersey 2011. S. 15.

13 Vgl. zu gesundheitsorientierter Führung: unten VI.3.

14 Vgl. die Untersuchung des Instituts für Demoskopie Allensbach, das das Interesse von 14–65 jährigen Menschen am Thema Gesundheit in Deutschland im Zeitraum von 2007 bis 2011 untersucht hat. Unter: http://de.statista.com/statistik/daten/studie/168740/umfrage/interesse-der-bevoelkerung-fuer-das-thema-gesundheit/ (Stand: 17.03.2014).

Selbstbeziehung und Lebensgestaltung. In weiten Teilen der Bevölkerung besteht die Bereitschaft, für gesunde Lebensführung Geld auszugeben. Man möchte sich „etwas Gutes tun“, und das darf auch etwas kosten. Die Formulierung: „Hauptsache gesund!“ prägt die Lebenshaltung sehr vieler Menschen. Gesundheit wird seit vielen Jahren in Umfragen als höchster Wert bezeichnet. Gesundsein ist gleichbedeutend mit erfülltem und sinnvollem Leben.[15]

e. Gesundheitshaltungen

Dabei sind allerdings sehr unterschiedliche Haltungen zu Gesundheit und Motive der Beschäftigung mit der eigenen Gesundheit zu beobachten. Bezeichnenderweise werden in der gesellschaftlichen Öffentlichkeit bestimmte Formen der Gesundheitsfürsorge mehr und andere weniger gestützt und gefördert. Im Folgenden werden Formen und Motive persönlicher Gesundheitsgestaltung typologisch erfasst.

(1) Gesundheit und Lebensgenuss

Gesundheit und Lebensstil scheinen in dieser Perspektive korrespondierende Begriffe zu sein. Eine Lebensgestalt, die auch Zeiten des Rückzugs kennt und die Aufmerksamkeit für das Schöne, eröffnet für viele Menschen den Blick auf eine alternative Lebensform und versucht in dieser Form einen ersten Schritt zu einem bewussteren Leben zu gewinnen.

Gesunde Ernährung, Bewegung in der Freizeit, wie zum Beispiel Fahrrad fahren oder wandern, Besuche in Museen und Kunstgalerien sind Ausdruck dieser Freizeitgestaltung.

Mit Gleichgesinnten finden sich Menschen auf der Suche nach dem guten oder besseren Leben zusammen. Im Kleinen sind dieses z. B. Wander-Gemeinschaften oder Selbsthilfegruppen. Im Großen sind dieses Bewegungen, wie z. B. Slow Food[16] unter dem

15 Walcher-Schneider, Jacqueline, Walcher, Jörg, Das Wellbeing-Prinzip: Gesund leben. Glücklich sein. 2012.

16 „Slow food ist eine weltweite Bewegung, die sich dafür einsetzt, dass jeder Mensch Zugang zu Nahrung hat, die sein Wohlergehen sowie das der Produzenten und Umwelt erhält.“ Die internationale Non-Profitorganisation wurde 1989 gegründet, um fast food und fast life entgegenzutreten,

Leitgedanken: „Essen bedeutet Genuss, Bewusstsein und Verantwortung."

In der populären öffentlichen Reflexion wird Gesundheit häufig synonym mit „wohlfühlen" verwendet. Für „Wohlfühlurlaub" wird geworben oder schlicht das Wohlfühlen als Kennzeichen glücklichen Lebens beschrieben.[17]

Vordergründig mag diese Gesundheitspraxis sehr am Zeitgeist orientiert zu sein. Aber schon Sigmund Freud nannte ein ähnlich klingendes Kriterium für Gesundheit: „ein genügendes Maß an Genuss- und Leistungsfähigkeit."[18]

(2) Gesundheit als Leistungsgarant

Für viele ist persönliche Gesundheitsfürsorge gleichsam Programm: „Gesundheit ist Indikator für Leistungsbereitschaft und Leistungsfähigkeit".[19] Insofern dienen alle persönlichen gesundheitsorientierten Aktivitäten der Selbstpräsentation des Individuums in beruflichen, familiären und anderen sozialen Kontexten. Der Besuch des Fitness-Studios, das Ausüben von Extremsportarten, wie Klettern, Surfen, Drachenfliegen, sollen die eigene Einsatz- und Risikobereitschaft anzeigen. Ausdauersportarten wie Laufen und Fahrradfahren werden extensiv betrieben.

So empfiehlt man sich durch die Veröffentlichung eigener Gesundheitsaktivitäten, wie z. B. die Teilnahme an betrieblichen Sportgruppen, das Engagement im Verein am Wohnort, für ‚höhere' Aufgaben im Beruf. Gesunde Lebensführung dient der Sicherung der eigenen Attraktivität auf dem Arbeitsmarkt und ist

um das Verschwinden lokaler Traditionen aufzuhalten, um die Menschen wieder dafür zu interessieren, wo ihr Essen herkommt, wie es schmeckt, und wie sich unsere Ernährungsgewohnheiten auf die Ernährung der Menschen in anderen Teilen der Welt auswirken." Unter: www.slowfood.de (Stand:17.03.2014).

17 Vgl. ADR Themenwoche Glück vom 18.–23.11.2013. Unter: http://www.ard.de/home/themenwoche/Startseite_ARD_Themenwoche_2013_Zum_Glueck/236964/index.html (Stand: 17.03.2014).

18 Freud, Sigmund, Vorlesungen zur Einführung in die Psychoanalyse. Gesammelte Werke, Bd. XI, S. 476. Frankfurt 1. Auflage 1944.

19 Ohlbrecht, Heike, Schönberger, Christine (Hg.), Gesundheit als Familienaufgabe: Zum Verhältnis von Autonomie und staatlicher Intervention. Weinheim 2010. S. 7.

gleichsam soziales Versprechen: „Ich bin fit und gesund, ihr könnt euch auf mich verlassen!"

Für andere ist persönliche Gesundheitsfürsorge eine Überlebensnotwendigkeit. Um den Belastungen in Beruf, Familie und Freundeskreis gewachsen zu sein, werden in der Regel „stille" Formen der Gesundheitsförderung gewählt: Yoga, Nordic Walking, gesunde Ernährung, Entspannungsübungen, Massagen und Meditationen.

Beide Weisen der Aufmerksamkeit für die eigene Gesundheit sind zweckorientiert: Angesichts der Belastungen am Arbeitsplatz möchte man sich durch gesunde Lebensführung für den Wettbewerb stärken. Gesundheit ist nach diesem Selbstverständnis das Produkt eigener Leistung und Anstrengung. Die Abwesenheit wird als Ausdruck eigenen Ungenügens und Versagens bewertet.

(3) Perfektionierung der Person

Eine andere Variante der Gesundheitsorientierung zeigt sich in der Neigung, den eigenen Körper zu optimieren. Schönheitsoperationen sind schon seit langem Ausdruck der Perfektionierung der eigenen Person. Andere Formen der Stilisierung, wie Piercing oder Tattoos, sind inzwischen weit verbreitet. Gesundheit wird zum eigenen Markenkennzeichen, zum Lifestyle. Die Person möchte sich nicht in erster Linie als Produkt genetischer Disposition und sozialen Gewordenseins verstehen, sondern als Ergebnis eines selbstentworfenen Designs. Selbstbildung erfährt im Kontext von Gesundheit eine neue, ungewohnte Bedeutung. Eine dezentere Form der Gesundheitsfürsorge zeigt sich im deutlich gewachsenen Interesse an „Körperpflege". Unter der Überschrift „Wohlfühlangebote" wird dem eigenen Körper besondere Aufmerksamkeit, z. B. durch Massagen und Behandlung mit Ölen, gewidmet. Gesundheitsfürsorge hat in diesem Zusammenhang auch die Aufgabe, die natürlichen Alterungsprozesse des Körpers zu verlangsamen oder unsichtbar zu machen.

(4) Reifung und Religion

Eine andere Wahrnehmung von Gesundheit zeigen Menschen, die durch schwere Krankheiten gehen oder gegangen sind. In der Folge achten die Genesenen nicht nur mehr auf ihren Körper, sondern sind häufig zutiefst berührt von der Fragilität ihrer Gesundheit. Sie fragen nach dem Sinn von Krankheit und Gesundheit und nach einer ihnen angemessenen Lebensgestalt und gewichten angesichts ihrer Gesundung ihrer Lebensprioritäten neu. Gesundheit und Krankheit werden als fragiles Wechselspiel erlebt; als tägliche Aufgabe, die Balance zu behalten, oder wieder zu gewinnen. Dafür werden Bewältigungsformen gesucht.

Andere stellen die Frage nach den eigenen Ressourcen radikaler und erleben Spiritualität bzw. Religiosität als kraftschenkende innere Haltung, um mit Krankheit und Leid umgehen zu können. Dieses belegen z. B. Studien der Lehrstühle für Spiritualität oder spiritual care an den Universitäten Herdecke und München.[20] Diese Studien belegen einen messbaren Unterschied im Krankheitsumgang bei Menschen mit bzw. ohne spirituelle Bindung/Praxis.

Auf die Frage nach dem Benefit durch spirituelle/religiöse Bindung bei chronischer Krankheit benannten von allen Befragten:[21]

61 % bewussterer Umgang mit dem Leben
58 % tiefere Beziehung mit Umwelt und Mitmenschen
63 % Zufriedenheit und innerer Friede
54 % fördert innere Kraft
52 % hilft, mit Krankheit besser umzugehen
42 % hat geholfen, geistige/körperliche Gesundheit wieder zu erlangen

Die Bedeutungsinhalte der Spiritualität sind nach Untersuchungen von Arndt Büssing et al. (2006) vom weltanschaulichen Kontext abhängig, beziehen sich aber immer auf eine immaterielle, nicht sinnlich fassbare Wirklichkeit (Gott, Wesenheiten, etc), die dennoch erfahr- oder erahnbar ist (Erwachen, Einsicht, Erkennen) und die der Lebensgestaltung eine Orientierung gibt. Zu unterscheiden sind hier eine suchende Haltung und eine glaubend annehmende bzw. eine wissend erkennende Haltung. Sie stellt

20 Professur für spiritual care. Unter: http://www.klinikum.uni-muenchen.de/Klinik-und-Poliklinik-fuer-Palliativmedizin/de/professur-fuer-spiritual-care/ (Stand: 17.03.2014) Lehrstuhl für Medizintheorie, Integrative und Anthroposophische Medizin. Unter: http://www.uni-wh.de/university/staff/details/show/Employee/buessing/ (Stand: 17.03.2014).

21 Büssing, Arndt, Spiritualität – inhaltliche Bestimmung und Messbarkeit. Prävention 02/2008, S. 35–37.

einen Bezugsrahmen für die Frage nach Sinn und Bedeutung des Lebens dar sowie nach dem, was trägt, Hoffnung und Orientierung gibt. Menschen wollen von ihrer Lebenserfahrung etwas weitergeben. Sie treten dabei gleichsam aus der Rolle des Kranken heraus – um anderen, aus ihrer Lebenserfahrung schöpfend, etwas geben, ihnen helfen zu wollen. Auf diesem Hintergrund verwundert es nicht, dass auch eine Wechselwirkung zwischen Gesundungsprozessen und spiritueller oder religiöser Bindung von Patienten festzustellen ist. Auf diese Haltungen und Bedürfnisse von Patienten wird hier und dort durch die Verknüpfung von behandlungsorientierter Pflege mit „spiritual care" geantwortet.

Die Erkrankung selbst und der Weg der Genesung werden als Reifungsprozess erlebt, in dem Erlebens- und Erfahrungsdimensionen in den Blick geraten sind, die in der bisherigen Lebensweise keinen Raum hatten. So kann es zu Neubewertungen von Krankheit oder einer Umbewertung der Erkrankung kommen: Krankheit ist etwas Wertvolles, an dem die Person wachsen kann. Lebensdimensionen bekommen eine Bedeutung, die bisher unbeachtet oder unbewusst waren.[22] In der Folge finden Menschen Zugang zu religiösen Praktiken, wie z. B. der Meditation oder sogar zu schamanischen Heilungswegen.

(5) Gesundheit als selbstgewählte Pflicht

Über Gesundheit wird in der medialen Öffentlichkeit so gesprochen, als läge bei der Gesundheitsfürsorge alles in der Hand des Einzelnen: Weniger und gesünder essen, mehr bewegen, regelmäßig Entspannungsübungen machen und schon geht alles besser! Die Gesundheitsempfehlungen kommen allerdings in einer Gestalt daher die Zweifel sät: Projekte, Programme, Trainings-, Zeit- und Ernährungspläne .... All diese Methoden sind aus dem beruflichen Feld bekannt. Wer sich diszipliniert daran hält, so wird suggeriert, der wird Erfolg haben.

Die persönliche Gesundheitsfürsorge in den geschilderten Erscheinungsformen geschieht weitgehend unter Ausblendung des Kontextes. Zwar vollziehen sich diese vielfältigen gesundheitsför-

22 Vgl. auch: Klein, Constantin, Berth, Hendrik, Balck, Friedrich, (Hg.), Gesundheit – Religion – Spiritualität. Konzepte, Befunde und Erklärungsansätze. Weinheim 2011.

derlichen Aktivitäten im privaten Raum und werden auch ganz überwiegend privat finanziert, aber der Zusammenhang mit der beruflichen Tätigkeit ist offensichtlich. Das persönliche Interesse an Gesundheit hat im Blick auf die Beschäftigungsverhältnisse eine ökonomische Seite und auch eine volkswirtschaftlicher Perspektive. Schon 1972 wurde der Zusammenhang von individueller Gesundheitsfürsorge und persönlicher Investition in Gesundheit in das sog. Grossmann Modell gefasst.[23] Neben die Ökonomie der Gesundheit auf der Systemebene tritt hier auf der Individualebene die „Ökonomik der Gesundheit".[24] In all dem zeigen sich „die Konturen symbolischer Gesundheit, in der sich ökonomische Produktivität und optimale Selbstmodellierung zum ‚Kapital Gesundheit' verschränken."[25]

Die Betonung persönlicher Gesundheitsfürsorge kann, wie der nächste Abschnitt zeigen wird, in den Kontext sozialstaatlicher Programmatik gestellt werden. Die „Pflicht zur Gesundheit" scheint zu einer handlungsleitenden Maxime zu werden und die Menschen werden für ihren Gesundheitszustand immer stärker haftbar gemacht. Dies korrespondiert mit einem neuen Leitbild von Gesundheit als permanenter, selbst zu verantwortender Aufgabe. Eine solche „flexible Selbstmodellierung"[26] wird über die Gesundheitspraxis inszeniert.

Das Panorama der gegenwärtigen Gesundheitsgesellschaft ist damit fürs Erste abgeschlossen. Diese Beschreibungen umfassen mehr als lediglich eine Phänomenologie aktueller Trends und Moden auf dem Feld von Gesundheit. Sie können als Reflexe gesellschaftlicher Problemstellungen gelesen werden und als Versuche, bisherige Konzeptionierungen von Gesundheit zu überschreiten.

Wie verhält es sich nun mit der Konzeptionierung von Gesundheit im System der gesetzlichen Krankenversicherung und im korrespondieren Medizinsystem?

23 Grossman, Michael, „On the Concept of Health Capital and the Demand for Health," Journal of Political Economy, 1972. Vol. 80, S. 223–255.

24 Breyer, Friedrich, Zweifel, Peter, Kifmann, Mathias, Gesundheitsökonomik. Berlin 2005.

25 Brunnett, Hegemonie symbolischer Gesundheit. 2009. S. 1.

26 Heike Ohlbrecht, Christine Schönberger (Hg.), Gesundheit als Familienaufgabe. 2010. S. 7.

2. Gesundheit im System sozialer Sicherung

Das Gesundheitssystem in Deutschland hat eine Leitfunktion für die anderen Systeme der Daseinsvorsorge, weil seine Leitprinzipien, die im Folgenden dargestellt werden, analog für diese ebenso gelten. Allerdings sind im Gesundheitssystem schon seit mehr als zwei Jahrzehnten sowohl rechtlich wie auch strukturell deutlich mehr Veränderungen als in den anderen Systemen der staatlichen Daseinsvorsorge, wie z. B. der Sozialhilfe oder der Arbeitslosenversicherung zu beobachten. Die im Jahr 2003 vollzogene und öffentlich viel diskutierte Zusammenlegung von Sozialhilfe und Arbeitslosenhilfe im Sozialgesetzbuch II scheint ein anderes Bild zu vermitteln. Und tatsächlich stellt dieser Schritte einen fundamentalen Wechsel der zuvor leitenden Prinzipien dar. Aber davon betroffen sind nur ca. 15 % der Bevölkerung. Aufs Ganze gesehen bleibt es dabei: das Gesundheitssystem nimmt eine Vorreiterrolle in der Veränderung staatlicher Daseinsvorsorge ein. Auf diesem Feld werden Pfade gebahnt für eine noch effektivere und kostengünstigere Produktion von gesellschaftlicher Wohlfahrt.

Das Gesundheitssystem ist zudem Ausdruck einer Konzeptualisierung von Gesundheit. Diese ist aus den Konstruktionsprinzipien klar ablesbar. Gesundheit wird durch das System definiert, das die Aufgabe übernommen hat, diese herzustellen. Gesundheit stellt sich insofern pfadabhängig dar.

Schließlich ist am Gesundheitssystem nicht nur die Pfadgebundenheit im Blick auf Weg und Ziel von Gesundheit abzulesen, sondern auch die dahinterstehende Konzeptualisierung von Gesellschaft insgesamt. Die Art und Weise wie Gesundheit hergestellt wird, legt auch Zeugnis davon ab, wie insgesamt Wohlfahrt produziert werden soll.

Der Pfad, auf dem sich das Gesundheitssystem der Bundesrepublik Deutschland bewegt, soll im Folgenden an Hand von drei Grundcharakteristika beschrieben werden. Dies sind erstens der Erwerbsbezug, zweitens das Versicherungsprinzip und drittens das Leistungsprinzip. Das rechtliche Konstrukt der Versicherung bildet den Rahmen von Gesundheitsfürsorge; sozialversicherungspflichtige Beschäftigung reproduziert dieses System unter den Maßgaben von ökonomischen Regulierungsprinzipien.

a. Erwerbsbezug

Kennzeichnend für das Deutsche Sozialstaatskonzept ist die „Konzentration der Sozialpolitik auf die im Arbeits- und Wirtschaftsleben tätigen Personen“[27]. Folgerichtig wird Gesundheit innerhalb dieses Systems weitgehend mit Beschäftigungsfähigkeit gleichgesetzt. Der Zweck des Gesundheitssystems liegt also in der Wiederherstellung von Erwerbsfähigkeit.

Darin spiegelt sich die Geschichte der Krankenversicherung in Deutschland wider: Im Jahr 1813 wurde die Grundlage für die Krankenversicherung als Pflichtversicherung geschaffen, indem der preußische Staat ein Gesetz erließ, das die Gründung von Hilfskassen für Arbeiter erlaubte und eine Zwangsmitgliedschaft damit verband. 1883 ist als Geburtsstunde der gesetzlichen Krankenversicherung anzusehen, durch die Arbeiter im Krankheitsfall Unterstützung erhalten konnten. In der Entstehungssituation waren dies ganz überwiegend Krankengeldzahlungen und kaum medizinische Leistungen. Diese Leistungen wurden mit dem Ziel gewährt, den Versicherten als tätiges, der Solidarität fähiges Mitglied der Gemeinschaft erneut in den Arbeitsprozess zu integrieren.

Die Reichsversicherungsordnung (RVO) aus dem Jahr 1911 fasste dann die Krankenversicherung, die Unfallversicherung und die Rentenversicherung in einem Gesetzeswerk zusammen. In der Reichsversicherungsordnung ist die Basis für die heutigen Sozialgesetzbücher I–XII zu sehen.

Das im Jahr 1996 verabschiedete Neunte Sozialgesetzbuch durchbricht auf den ersten Blick die Engführung auf die Integration in das Arbeitsleben. Analog zu dem psychosozialen Modell von Gesundheit[28], das von der Weltgesundheitsorganisation im Jahr 2001 verabschiedet wurde, liegt dem SGB IX ein funktionales Verständnis von Gesundheit zu Grunde, das zugleich die Teilhabe am sozialen Leben, wie auch die körperlichen Voraussetzungen und die Fähigkeiten dazu umfasst.

27 Lampert, Heinz, Lehrbuch der Sozialpolitik. Berlin 1980. S.180.

28 Die materielle Ausgestaltung des biopsychischen Gesundheitskonzeptes der WHO findet sich in der „Internationalen Klassifikation der Funktionsfähigkeit, Behinderung und Gesundheit“ (ICF).

Im SGB IX wird allerdings begrifflich auch die Pfadgebundenheit des deutschen Gesundheitssystems noch einmal unterstrichen. Auf dem Feld der Rehabilitation wurde der bisherige Begriff „Leistungen zur beruflichen Rehabilitation" in „Leistungen zur Teilhabe am Arbeitsleben" geändert.

Die Weltgesundheitsorganisation fasst jedoch das Verständnis von Rehabilitation weiter: „Rehabilitation umfasst den koordinierten Einsatz medizinischer, sozialer, beruflicher, pädagogischer und technischer Maßnahmen sowie Einflussnahmen auf das physische und soziale Umfeld zur Funktionsverbesserung zum Erreichen einer größtmöglichen Eigenaktivität zur weitest gehenden Partizipation in allen Lebensbereichen, damit der Betroffene in seiner Lebensgestaltung so frei wie möglich wird."[29]

Auf der einen Seite wird in vielen Verlautbarungen zur Inklusion von Menschen mit Behinderungen dieses umfassende Verständnis von Teilhabe und Gesundheit betont, auf der anderen Seite wird insbesondere auf dem Feld der medizinischen und beruflichen Rehabilitation die Integration in das Erwerbsleben als oberstes Ziel angegeben. Axel Reimann, Direktor der Deutschen Rentenversicherung Bund, fordert: „Eine partnerschaftlichere und stärkere Orientierung an den Bedürfnissen der Rehabilitanden bedeutet auch, die individuelle Berufs- und Erwerbsorientierung im Rehabilitationsprozess noch stärker auszubauen. Aufgrund des absehbar höheren Rehabilitationsbedarfs der durchschnittlich älter werdenden anspruchsberechtigten Versicherten ist in der Zukunft auch mit einem höheren Bedarf an berufs-und arbeitsbezogenen Leistungen zu rechnen. Wir müssen daher berufliche Elemente in der medizinischen Rehabilitation stärker berücksichtigen und die einzelnen medizinischen Rehabilitationsangebote mit Leistungen zur Teilhabe am Arbeitsleben besser vernetzen."[30]

29 WHO: Disability prevention and rehabilitation. Technical Report Series 668. Genf. 1981. S. 9.

30 Reimann, Axel, Aktuelle Entwicklungen im Bereich der Rehabilitation, in: Aktuelles Presseseminar der Deutschen Rentenversicherung Bund vom 20.–21. November 2007 in Würzburg. Bad Homburg 2007. S. 8. Weiter führt Reimann aus: „Alle Beteiligten sind gefordert, künftig die Notwendigkeit für Rehabilitationsleistungen mit arbeitsbezogener Ausrichtung frühzeitiger als bisher zu erkennen und ihre rechtzeitige In-

Die Erwerbsorientierung zeigt sich insbesondere in den neuesten Konzepten der medizinisch-beruflich orientierten Rehabilitation (MBOR)[31]. Die Leistungen dienen dem Ziel der Integration in das Erwerbsleben (§ 9 SGB VI). Entsprechend der genannten Maßgaben der Deutschen Rentenversicherung Bund werden berufsbezogene Fragestellungen in den gesamten Prozess der medizinischen Rehabilitation einbezogen. Gleich zu Beginn der Rehabilitation soll geklärt werden, ob neben der körperlichen oder seelischen Erkrankung auch berufliche Hinderungsgründe für die spätere Rückkehr an den Arbeitsplatz vorliegen.[32]

Die Erwerbsorientierung als Quelle gesellschaftlicher Integration wird häufig mit dem protestantischen Arbeitsethos in Verbindung gebracht. Das ist insofern sachgerecht, als das Verständnis Luthers von Arbeit und Beruf im 19. und 20. Jahrhundert säkular überformt worden ist. Allerdings hat Martin Luther die gegenüber der Antike in der frühen Neuzeit vorgenommene Hochschätzung von Arbeit theologisch eingeordnet. Der religiöse und nicht der wirtschaftliche Deuterahmen charakterisiert das lutherische Verständnis von Arbeit.

„Erst seit der Aufklärung avanciert Arbeit zum Inhalt des Lebens. Darin unterscheidet sich die Arbeit in der Arbeitsgesellschaft kategorial in einer Weise von vorangegangenen nichtkapitalistischen Gesellschaften. Im Kapitalismus zählt nur die Arbeit, die sich rentiert und Geld einbringt. Arbeit wird zu einem Instrument und wie eine Ware behandelt. Andere für das Leben notwendige Tätigkeiten werden im Gegenzug abgewertet und unsichtbar gemacht, zumeist Arbeit von Frauen, die sich nicht am Ort der

anspruchnahme zu ermöglichen. Wir benötigen also künftig neben einem entsprechenden Angebot in den Rehabilitationseinrichtungen selbst auch eine enge Kooperation mit den Betrieben, Rehabilitationsberater an und Einrichtungen zur beruflichen Rehabilitation…“, A. a. O. S. 9.

31 Müller-Fahrnow, W., Radoschewski, F. M., Theoretische Grundlagen der medizinisch-beruflichen Orientierung in der medizinischen Rehabilitation. In: Müller-Fahrnow, W., Hansmeier, T. (Hg.), Wissenschaftliche Grundlagen der medizinisch-beruflich orientierten Rehabilitation S. 36–46. Lengerich 2006.

32 Streibelt, M., Buschmann-Steinhage, R., Ein Anforderungsprofil zur Durchführung der medizinisch-beruflich orientierten Rehabilitation aus der Perspektive der gesetzlichen Rentenversicherung. In: Die Rehabilitation, 2011.50 (3), S. 160–167.

Produktion, sondern in der Privatsphäre vollzieht."[33] Das reformatorische Verständnis von Arbeit ist demgegenüber weiter gefasst und beschränkt sich keinesfalls auf die Erwerbsarbeit, wie sie für die sozialen Sicherungssysteme in Deutschland charakteristisch ist.[34] Arbeit ist Ausdruck von Berufung und Gottesdienst im Alltag der Welt.

Das heutige „post-fordistische Zeitalter"[35] ist mit entgrenzten Erwerbsarbeitskonzepten verbunden, die den Beschäftigten ein hohes Maß an Flexibilität, Mobilität, Verantwortungs-, Lern- und Veränderungsbereitschaft abverlangt. Neue, wissensbasierte Organisationsformen gehen nicht nur mit einer höheren Eigenständigkeit einher, sondern auch mit psychischen Belastungen und Verunsicherungen. Auf der individuellen Ebene zeigen sich veränderte, subjektivierte Arbeitseinstellungen[36]. Diese Subjektivierung und Entgrenzung von Beschäftigung schwächt die für die „alten" sozialen Sicherungssysteme kennzeichnende Solidaritätsvorstellung. Eine Kranken- und Rentenversicherung wird damit zu einer individuellen Absicherung.

b. Versicherungsprinzip

Das zweite charakteristische Merkmal der kollektiven Gesundheitsvorsorge in Deutschland ist das Versicherungsprinzip. Grundsätzlich besteht die Versicherungs- und Beitragspflicht für alle Arbeitnehmer in sozialversicherungspflichtigen Beschäftigungsverhältnissen.

33 Segbers, Franz, Vom protestantischen Arbeitsethos zu einer neuen Arbeitsethik: Überlegungen zu Würde und Wert der Arbeit. Bremen 2011. S. 3.

34 Huber, Wolfgang, Hat das protestantische Arbeitsethos Zukunft? Göttingen 2000.

35 Vgl. Baethge, Martin: Arbeit, Vergesellschaftung, Identität. Zur zunehmenden normativen Subjektivierung der Arbeit. In: Soziale Welt 42,1 (1991), 6–19. Voß, Günter, H. J. Pongratz (Hg.): Arbeitskraftunternehmer. Erwerbsorientierung in entgrenzten Arbeitsformen. Berlin 2003.

36 Vgl. Bundeszentrale für politische Bildung. Unter: http://www.bpb.de/politik/grundfragen/deutsche-verhaeltnisse-eine-sozialkunde/138707/ausblick (Stand: 17.03.2014).

Gemeinsam mit der Unfallversicherung, der Arbeitslosenversicherung und der Rentenversicherung deckt die Krankenversicherung alle existenzgefährdenden Risiken, wie Krankheiten, Invalidität, Arbeitslosigkeit, Alter oder Tod ab.

Die Beiträge der Sozialversicherungen werden grundsätzlich von Arbeitgeber und Arbeitnehmer je zu Hälfte bezahlt. Die Bemessung der Beiträge orientiert sich an dem Einkommen der Versicherten. Bei der gesetzlichen Unfallversicherung hingegen zahlt nur der Arbeitgeber die Beiträge, das persönliche Risiko eines Arbeitsunfalls trägt der Arbeitnehmer, das finanzielle Risiko trägt der Betrieb.

Die mit dieser Versicherung erworbenen Leistungsansprüche sind für alle Mitglieder gleich.

Die Renten- und Arbeitslosenversicherung ist durch das Äquivalenzprinzip gekennzeichnet. Die Höhe der gezahlten Beiträge und die Höhe der Leistungsansprüche entsprechen einander. In der Rentenversicherung erwerben die Mitglieder durch ihre Beitragszahlungen eigentumsähnliche Rechte auf eine spätere Rentenzahlung. In der Kranken- und Pflegeversicherung gibt es keine solche Entsprechung von Beitragshöhe und Leistungsansprüchen: Die Beiträge werden nach Maßgabe der wirtschaftlichen Leistungsfähigkeit erhoben, und die Leistungen werden nach dem Bedarf gewährt. Diese sind in den Leistungskatalogen definiert. Diese Leistungskataloge können nicht umfassend sein, sie sind begrenzt. Bei den Gesundheitsleistungen werden einbezogen: ambulante und stationäre Versorgung, Arzneimittel, Heil- und Hilfsmittel, Pflege im Pflegefall und Versorgung bei berufsbedingten Unfällen und Berufskrankheiten.

Man kann jedoch auch in diesen beiden Sozialversicherungszweigen zumindest von einer „gruppenmäßigen Äquivalenz“[37] sprechen: Den von allen Beitragszahlern aufgebrachten Mitteln steht ein bestimmtes Leistungsvolumen gegenüber.

Durch die gesetzliche Pflichtversicherung und das nicht durchgängige Äquivalenzprinzip ist ein Vertragsverhältnis insofern nur

37 Bundeszentrale für politische Bildung. Dossier Gesundheitspolitik. Die gesetzliche Krankenversicherung (GKV) im System der sozialen Sicherung. Unter: http://www.bpb.de/politik/innenpolitik/gesundheitspolitik/72496/gkv-soziale-sicherung. (Stand: 17.03.2014).

eingeschränkt gegeben. Zwar ist inzwischen das Wahlrecht für die Krankenversicherung eröffnet worden, aber es handelt sich um kollektive Verträge, die nicht der Disposition des Vertragsnehmers unterliegen.[38] Die staatliche Einwirkung auf dieses Versicherungsverhältnis ist durch den rechtlichen Rahmen im SGB I und SGB V festgehalten.

Die Sozialversicherungen sind außerdem nur im Unterschied und in der Bezogenheit zu den anderen beiden Säulen des Sozialen Sicherungssystems zu sehen. Diese Versicherungsansprüche sind etwas anderes als die im Rahmen der Versorgung oder der Fürsorge vom Staat gewährten Leistungen. „Der Staat hat die unbestrittene Aufgabe, über den Staatshaushalt und über die öffentlichen Versicherungen die aus dem Marktprozess resultierenden Einkommensströme umzuleiten und soziale Leistungen zu ermöglichen. Das alles gehört zum Wesen dieser Ordnung, und es wäre eine Farce, nur den unbeeinflussten Marktprozess zu sehen, ohne seine vielfältige Einbettung in unsere staatliche Ordnung."[39]

Diese Aussagen aus den 70er Jahren des vergangenen Jahrhunderts beschreiben treffend den durch staatliches Handeln zu vollziehenden Sozialausgleich. „Die Verankerung natürlicher Prozesse in der staatlichen Ordnung (und nicht umgekehrt) zeichnet das deutsche Modell spätestens seit Mitte der sechziger Jahre aus und ist sowohl Gegenstand heftiger Kritik als auch größter Bewunderung aus dem Ausland. … Markt und Staat sind komplementär aufeinander bezogen."[40]

38 Im SGB II ist die dem Versicherungsprinzip zu Grunde liegende Kontraktpflicht besondere herausgestellt: In Gestalt der Eingliederungs-Vereinbarung, die mit dem zuständigen Fallmanager entwickelt wird. Die behördliche Bestimmung über das Leben der Hilfebedürftigen hat zugenommen. Wird die Eingliederungsvereinbarung vom Hilfebedürftigen nicht unterschrieben, folgt zwingend eine Sanktion: Kürzung der Regelleistung um 20 % für 3 Monate.

39 Erhard, Ludwig, Müller-Armack, Alfred (Hg.), Soziale Marktwirtschaft – Ordnung der Zukunft – Manifest, 72. Frankfurt 1972. S. 26.

40 Bernhard Blanke, Rolf Brandel, et. al., Sozialstaat im Wandel. Herausforderungen • Risiken • Chancen • neue Verantwortung. Wissenschaftliche Eingangsuntersuchung für das Ministerium für Frauen, Jugend, Familie und Gesundheit des Landes Nordrhein-Westfalen. Düsseldorf 2000. S. 7.

Daraus ergibt sich die für Deutschland typische Verknüpfung und teilweise Durchdringung der einzelnen Säulen der sozialen Sicherungssysteme. Das Gesamtsystem dient nämlich einem übergeordneten Prinzip: „Das Recht des Sozialgesetzbuches soll zur Verwirklichung sozialer Gerechtigkeit und sozialer Sicherheit Sozialleistungen einschließlich sozialer und erzieherischer Hilfen gestalten. Es soll dazu beitragen, ein menschenwürdiges Dasein zu sichern, gleiche Voraussetzungen für die freie Entfaltung der Persönlichkeit, insbesondere auch für junge Menschen, zu schaffen, die Familie zu schützen und zu fördern, den Erwerb des Lebensunterhaltes durch eine frei gewählte Tätigkeit zu ermöglichen und besondere Belastungen des Lebens, auch durch Hilfe zur Selbsthilfe, abzuwenden oder auszugleichen."[41]

Das auf der Erwerbsarbeit basierende Versicherungsprinzip ist aber schon seit langem nicht mehr in der Lage, aus sich selbst heraus die notwendigen Leistungen zu tragen. Durch steuerfinanzierte Sozialleistungen werden, wie es vornehmlich die Politik des Ausbaus des Sozialstaates in den siebziger und achtziger Jahren war, das „grundlegende Defizit des erwerbsarbeitszentrierten Systems kompensiert"[42].

Die vielfältigen Hinweise zum demographischen Wandel legen offen, wie gefährdet diese erste Säule des sozialen Sicherungssystems in Deutschland ist, wenn die Beitragszahler in dem statistisch prognostizierten Maße abnehmen werden.

Folgerichtig unterliegen die sozialen Sicherungssysteme, die als Versicherungen aufgebaut sind, in besonderem Maße wirtschaftlichen Anforderungen.

Demgegenüber haben im Sozialgesetzbuch IX neue und erweiterte Konzeptualisierungen von Gesundheit, wie zum Beispiel der Inklusionsgedanke, Eingang gefunden. Aus diesen werden Leistungsansprüche auch in anderen Rechtskreisen des Sozialgesetzbuches ausgelöst. Dadurch wird gleichzeitig die Refinanzierungsproblematik in der gesetzlichen Krankenversicherung noch erhöht.

Die staatlich garantierte Balance zwischen Markt und öffentlicher Daseinsvorsorge führt zu immer neuen Reformversuchen

41 Sozialgesetzbuch: Erstes Buch (SGB I) § 1.

42 Blanke, Sozialstaat im Wandel, S. 10.

und Einsparkonzepten, beispielsweise durch das „Krankenversicherungs-Kostendämpfungsgesetz“ (1977) und das „Gesundheitssystemmodernisierungsgesetz“ (2003). Ohne durchschlagendes Ergebnis ist auch versucht worden, die Finanzierung der gesetzlichen Krankenversicherung auf eine neue Basis zu stellen. Konzepte sind die Gesundheitsprämie oder die sog. Kopfpauschale. Durch die Reform der Krankenhausfinanzierung sind das Prinzip der Kostendeckung und die Krankenhausbudgets mittels der Fallpauschalen in drei Stufen bis zum Jahr 2009 endgültig durch das Leistungsprinzip abgelöst worden.

Auf Grund seiner Pfadgebundenheit stößt das Sozial- und Gesundheitssystems an Grenzen. Ursächlich dafür sind einerseits die Konstruktionsprinzipien:

- Erwerbsorientierung in Verbindung mit deutschem Arbeitsrecht und Mitbestimmung
- Beitragsfinanzierte Einkommensumverteilung zum Ausgleich der Systemdefizite
- Betonung des Subsidiaritätsprinzips in der Leistungserbringung.

Andererseits liegen die Gründe in der gesellschaftlichen Veränderung:

- Dem demographischen Wandel, durch den sich das Verhältnis von Beitragszahler zu Leistungsempfänger verändert
- Dem medizinischen Fortschritt, durch den sich die Leistungskataloge ausweiten.

Auf dem Hintergrund dieser Konstruktionsprinzipien und der gesellschaftlichen Veränderungen ist das deutsche Sozialversicherungssystem in eine Refinanzierungskrise geraten. Der Ausweg wird über die Herausstellung der Kategorie der Leistung gesucht. Ökonomische Kategorien akzentuieren den Pfad des deutschen Sozialversicherungssystems und richten ihn damit noch enger an der Zweckorientierung aus.

c. Leistungsprinzip

Auch an dieser Stelle verdeutlicht der Wandel der Begriffe den Übergang in einen anderen Denkhorizont und Bezugsrahmen: Bis vor etwa zehn Jahren war es noch selbstverständlich, von der Krankenkasse oder der Rentenversicherung zu sprechen, heute präsentieren sich diese Institutionen als „Leistungsträger", sie schließen „Leistungsvereinbarungen" mit den „Leistungserbringern". Unter diesen vereinheitlichenden Begriffen des Leistungsprinzips verschwinden die Besonderheit und die Geschichte der subsidiären Institutionen der Wohlfahrtspflege, die es nach wie vor in der Diakonie und Caritas gibt.

Die Leistungen erhält der Leistungsempfänger auf Grund der gesetzlich oder vertraglich fixierten Leistungszusage. Der Leistungsbegriff ist offensichtlich die Leitkategorie geworden.

Zu den Leistungsträgern, die in den §§ 18–29 SGB I benannt werden, zählen u. a.:

- die Bundesagentur für Arbeit mit ihren Dienststellen
- die Träger der Grundsicherung für Arbeitssuchende (Jobcenter oder optierende Kommunen)
- die Krankenkassen
- die Pflegekassen
- die Berufsgenossenschaften, die Gemeindeunfallversicherungsverbände und weitere Unfallkassen
- die gesetzliche Rentenversicherung und die landwirtschaftlichen Alterskassen
- die Versorgungsämter und Landesversorgungsämter
- die Hauptfürsorgestellen und Integrationsämter
- die Familienkassen
- die Landkreise und die kreisfreien Städte.

Der nach dem Sozialgesetzbuch I korrekte Begriff der Sozialleistungsträger wird gegenwärtig nicht mehr verwendet.

Demgegenüber sind Leistungserbringer im deutschen Gesundheitssystem die Personengruppen und Institutionen, die für die Versicherten der Krankenkassen Leistungen erbringen. Das Sozialgesetzbuch V regelt in den §§ 69–140 die Beziehung zwischen Leistungserbringern und Leistungsträgern.

Darin ist festgelegt, dass die Leistungserbringer eine Zulassung durch die Leistungsträger benötigen. Darüber hinaus müssen mit diesen Verträge über die Erbringung von Leistungen geschlossen werden. Diese Verträge stellen Leistungs- und Qualitätsvereinbarungen dar, in denen der Gesichtspunkt der Wirtschaftlichkeit eine zentrale Stellung einnimmt.

Im Sozialgesetzbuch V § 2 heißt es dazu:
(1) Die Krankenkassen stellen den Versicherten die im Dritten Kapitel genannten Leistungen unter Beachtung des Wirtschaftlichkeitsgebots (§ 12) zur Verfügung, soweit diese Leistungen nicht der Eigenverantwortung der Versicherten zugerechnet werden. Behandlungsmethoden, Arznei- und Heilmittel der besonderen Therapierichtungen sind nicht ausgeschlossen. Qualität und Wirksamkeit der Leistungen haben dem allgemein anerkannten Stand der medizinischen Erkenntnisse zu entsprechen und den medizinischen Fortschritt zu berücksichtigen.
(4) Krankenkassen, Leistungserbringer und Versicherte haben darauf zu achten, daß die Leistungen wirksam und wirtschaftlich erbracht und nur im notwendigen Umfang in Anspruch genommen werden.[43]

Das Vertragsprinzip zwischen Leistungsträger und Leistungserbringer ist Ausdruck des dem Gesundheitssystem insgesamt zu Grunde liegenden Vertragsprinzips zwischen Leistungsempfängern, Leistungsträgern und Leistungserbringern.

Neben der geänderten Begrifflichkeit wird mit der Forderung nach einer wirksamen und wirtschaftlichen Leistungserbringung der Leistungsbegriff ökonomischen Kriterien unterworfen. Beide Veränderungen haben einen Rückhalt in den gesetzlichen Bestimmungen und gleichzeitig realwirtschaftliche Auswirkungen im Gesundheitssystem. Die Organisation der Leistungserbringung wird den Kriterien von Effizienz und Effektivität unterworfen.

Die Haltung des Mitarbeitenden, der diese Leistung erbringt, oder die Atmosphäre der Institution, in der der Leistungsempfänger behandelt wird, sind nicht im Blick. Damit wird selbstverständlich nicht das Berufsethos des Mitarbeitenden und die

43 SGB V § 2.

Kultur der Einrichtung ausgeschlossen, sondern lediglich festgehalten, dass diese Dimensionen nicht Gegenstand der Leistungsvereinbarung sind und dementsprechend nicht durch die Versichertengemeinschaft refinanziert werden.

„Was hier aber auch noch deutlich wird, ist, dass die verschiedenen Leistungsverständnisse in unterschiedlichem Grade hegemoniefähig sind. So gelingt es denjenigen, die sich auf den modernen Wert der Authentizität – oder auch auf den Bezugsrahmen des Marktes – beziehen, sehr viel besser, für ihre Relevanzsetzung den Anspruch auf allgemeingültige Wertigkeit zu erheben. Und indem sie die Werte von Selbstverwirklichung und Authentizität als wesentlichen Gehalt von ‚Leistung' adeln, können sie gegenüber denjenigen noch Distinktionsgewinne verbuchen, die über die nötigen Ressourcen nicht verfügen oder deren Arbeit für Selbstverwirklichung keine Basis liefert."[44]

Die Veränderung des Leistungsbegriffes zeigt sich weiterhin in der Entwicklung von Leistungsklassifikationen, „die man als Verschiebung von der Input- zur Outputseite und von der sachlichen Dimension zur ökonomischen Dimension der Leistung beschreiben kann. Auch die Leistung der einzelnen Mitarbeiter und von Arbeitsgruppen wird immer mehr im Sinne ihres unmittelbaren ökonomischen Outputs verstanden. In Abwandlung eines bekannten Spruchs kann man sagen, dass sich nicht mehr die erbrachte Leistung lohnen soll, sondern dass nur das als Leistung gelten soll, was sich auch lohnt.

Zum andern wird die Leistungsbewertung in den Organisationen auf den Abschluss von Zielvereinbarungen umgestellt. Auch auf diese Weise wird das Ergebnis auf Kosten des Inputs zum Kern dessen, was als Leistung gewertet wird. Solche Ziele können Ziele der Produktqualität, also des sachlichen Outputs sein, aber auch z. B. Ertrags- und Umsatzziele. Damit wird zweierlei möglich: Die Leistungsbewertung kann unmittelbarer mit den Unternehmenszielen und damit u. U. mit dem Erfolg am Markt verbunden werden."[45]

44 Voswinkel, Stephan, Das Leistungsprinzip in unserer Gesellschaft. Villigst 2009. S. 12. Unter: http://www.stephan-voswinkel.de/Aktuelles/Voswinkel-Leistungsprinzip-Villigst.pdf. (Stand: 17.03.2014).

45 Voswinkel, a. a. O. S. 6.

Das Leitbild der Ökonomie, das zweckorientierte Handeln, wird als das maßgebliche Handeln in den Vordergrund gestellt. Leistung wird erbracht, um Ertrag für das System des Leistungserbringers zu generieren und den Aufwand für die Organisation des Leistungsträgers möglichst niedrig zu halten. Dieser inneren Logik der Leistungserbringung entspricht auch ihre äußere Struktur. Die Leistungserbringung verwandelt sich unter diesen Rahmenbedingungen zu einem Produktionsprozess von Gesundheit, der in seiner Gestaltung industriellen Produktionsprozessen vergleichbar wird. Maßgeblich ist die vergleichbare und reproduzierbare Leistung. Medizin ist auf serielle Herstellung von Gesundheit unter standardisierten Qualitätsaspekten ausgerichtet. Der Mensch erscheint in diesem Kontext als Produkt, in das ingenieurhaft eingegriffen wird. Wirksamkeit und Wirtschaftlichkeit werden an Hand objektivierbarer, evidenzbasierter, rationaler Kriterien gemessen.

Die Ablaufpläne in den Operationssälen der Krankenhäuser und die Qualitätssicherungsinstrumente in der Sozialwirtschaft finden ihre Entsprechungen in Qualitätssicherungssystemen des industriellen Bereichs. Auch die Prozesssteuerung ist vergleichbar: Prozessmanagement und Case Management sind die neuen Erscheinungsformen von Formalisierung.

> „Bürokratismus kann man als Methode definieren, bei der a) Menschen wie Dinge verwaltet werden und b) Dinge nach quantitativen statt qualitativen Gesichtspunkten behandelt werden, um die Quantifizierung und Kontrolle zu erleichtern und zu verbilligen. Das bürokratische Verfahren wird von statistischen Daten gesteuert; Bürokraten handeln aufgrund starrer Regeln, die auf statistischen Daten basieren, nicht in spontaner Reaktionen auf die vor ihnen stehenden Personen. Sie entscheiden Sachfragen anhand der Fälle, die statistisch am häufigsten vorkommen.“[46]

Das Gesundheitssystem, aber auch die individuelle Gesundheitsvorsorge hat die Aufmerksamkeit der Volks- und Betriebswirtschaft gewonnen. Mit theoretischen und empirischen Methoden der Volkswirtschaftslehre wird die Funktionsweise des Gesundheitswesens und der sozialen Sicherungssysteme erforscht.

46 Erich Fromm, Haben oder Sein. Die seelischen Grundlagen einer neuen Gesellschaft. München 1979. S. 177.

Diese Ökonomisierung des Sozialen hat die Wandlung bestimmender gesellschaftlicher Orientierungs- und Ordnungsmuster zum Hintergrund. Die wohlfahrtsstaatliche Entwicklung der Jahrzehnte nach dem Zweiten Weltkrieg „resultiert aus der Vermittlung zwischen Wirtschaft, Politik und Kultur; genauer aus der Vermittlung zwischen der Eigendynamik des wirtschaftlich-technischen Fortschritts und seiner sozioökonomischen Folgen einerseits und ihrer öffentlichen Thematisierung in normativen Diskursen sowie den durch sie und vielfältige Interessenlagen motivierten und durch das jeweilige politische System vorstrukturierten politischen Entscheidungen andererseits. Sie ist deshalb ein zentrales Moment der fortgesetzten Auseinandersetzung eines politischen Gemeinwesens mit Veränderungen in seiner äußeren und inneren Umwelt, d.h. eine bestimmte Weise, in der es sich seiner Identität vergewissert. Wie die soziale Frage gestellt wird, wie also das Leitproblem der jeweiligen Sozialpolitik zu Beginn der Entwicklung formuliert wurde, wird [...] als ein aussagekräftiger Schlüssel für das Verständnis nationaler Entwicklungen der Wohlfahrtsstaatlichkeit postuliert."[47] Hier leuchtet die „alte" Pfadgebundenheit des Deutschen Sozialsystems auf, die ihre Wurzeln u.a. in der katholischen Soziallehre hatte, denn der Begriff des Wohlfahrtsstaates impliziert „zwangsläufig normative Annahmen"[48].

Die Ökonomie kann aber gerade deshalb eine Eigendynamik entfalten, weil sie sich aus dem Ordnungsrahmen nationaler Sozialstaatlichkeit herausbewegt und dessen Grundsätze nicht mehr vollends den Ausgleich zwischen Gesellschaft und Marktwirtschaft leisten[49]. „Die Ökonomie sprengt heute den Ordnungsrahmen, den sie im Rahmen des Nationalstaates gehabt hat."[50]

Der erkennbare Mangel, ein gemeinsames sozialpolitisches Leitbild zu entwickeln, hat seinen Grund in der vergessenen Inhaltlichkeit und dem Verzicht, Solidarität inhaltlich zu be-

47 Kaufmann, Franz-Xaver, Varianten des Wohlfahrtsstaats. Der deutsche Sozialstaat im internationalen Vergleich. Frankfurt 2003. S. 32f.

48 Kaufmann, a.a.O. S. 9.

49 Vgl. Schmid, Günther, Gewährleistungsstaat und Arbeitsmarkt. Neue Formen von Governance in der Arbeitsmarktpolitik. WZB 2004. 1.

50 Geisler, Heiner, Braunschweiger Zeitung vom 06.11.2006.

gründen. Demokratische Prozesse benötigen, um allgemeine Verbindlichkeit und Akzeptanz bei den Bürgern zu erlangen, eine inhaltliche Legitimation und Plausibilität.

Die Pfadgebundenheit des deutschen Gesundheitssystems in seiner Bindung an ein sozialversicherungspflichtiges Beschäftigungsverhältnis und seiner vertragsförmigen Ausprägung als Versicherungs- und Leistungssystem wird durch die gegenwärtig dominante ökonomische Perspektive in gefährlicher Weise verstärkt. Die Reproduktion des Systems wird allein auf Wirtschaftskreisläufe bezogen: Wachstum der Beiträge und Abnahme der Leistungen des Gesundheitssystems zu günstigen Preisen durch die Leistungsträger. In gesundheitsökonomischer Perspektive wird Gesundheit als Humankapital erfasst. „Denn die gesundheitsökonomische Konzeptualisierung von Gesundheit als Humankapital ist nicht mehr auf den Bereich der Gesundheitsversorgung beschränkt [...]. Sie leitet die nationale Gesundheitsberichterstattung an [...]und wird in der europäischen Politik [...] oder in der Gesundheitssoziologie [...] zunehmend als wissenschaftliche Grundlage für die Betrachtung der sozialen Folgen, Ursachen und Kontexte von Gesundheit in der Bevölkerung herangezogen. Auch in der Öffentlichkeit wird ‚Gesundheit als Humankapital' popularisiert."[51]

Im Kern wird dabei übersehen, dass die Aufrechterhaltung und Finanzierung der sozialen Sicherungssysteme nur die eine Seite des Wohlfahrtsystems in unserem Lande sind. Das Humanvermögen einer Gesellschaft reproduziert sich notwendigerweise an einem komplementären Ort: „Jedes Gemeinwesen und erst recht moderne demokratische Wirtschaftsgesellschaften sind für ihre Zwecke auf qualifizierte Humanvermögen angewiesen. Hierunter sind nicht nur das wirtschaftliche Humankapital, sondern auch die vielfältigen sonstigen Fähigkeiten der Bürger zu verstehen, die für das Gemeinwesen nützlich sind, insbesondere Kompetenz und Bereitschaft zum politischen und gemeinnützigen Engagement sowie Motive und Fähigkeiten zur Übernahme von Elternverantwortung oder zur Hilfe unter nahestehenden Menschen.

51 Brunnett, Regina, Die Hegemonie symbolischer Gesundheit. Eine Studie zum Mehrwert von Gesundheit im Postfordismus. Bielefeld 2009. S. 6.

Der Ort der Reproduktion von Humanvermögen sind die privaten Haushalte."[52]

Die Familie und das Gemeinwesen als Reproduktionsorte von Sozialität und Wohlfahrt sind in der Fachdiskussion entdeckt und beschrieben[53]. In diesen Zusammenhang gehört auch die Aufmerksamkeit für ehrenamtlichen Systeme und ihre Bedeutung für die gesellschaftliche Wohlfahrt. In institutionstheoretischer Hinsicht stoßen wir hier auf die Wechselwirkung von Bewegung und Institution, die für die Entwicklung und den Bestand gesunder Gesellschaften von hoher Bedeutung ist.

Nur an ganz wenigen Stellen können allerdings Ehrenamtliche im Gesundheitssystem tätig sein. Und wenn das geschieht, dann unter den Maßgaben des Systems.[54] Gleichzeitig ist aber auch die Unzufriedenheit mit dieser neuen Akzentuierung des Gesundheitssystems durch ökonomische Fragestellungen unübersehbar: Patienten fehlt die persönliche Wahrnehmung, sie kritisieren den Zeitmangel des Medizinpersonals. Aber auch von ärztlicher Seite wird diese Ausprägung des Gesundheitssystems vielfach eher durchlitten als begrüßt.

d. Leitbild

Das Selbstverständnis und die leitenden Prinzipien eines Systems bündeln sich in Leitbildern oder charakteristischen Metaphern. Für die gesetzliche Krankenversicherung scheint dieses Bild im sog. „Vitruvianischen Menschen" gegeben zu sein. Nahezu alle Krankenversicherungen, sowohl die gesetzlichen wie die privaten, bilden auf den Mitgliedskarten der Versicherten diese auf Leonardo da Vinci zurückgehende Darstellung des Vitruvianischen Menschen ab. Welche Grundannahmen über Gesundheit impli-

52 Kaufmann, Franz Xaver, Der deutsche Sozialstaat in international vergleichender Perspektive. Vortrag im Rahmen des Kolloquiums Bielefeld 2000+ am 09.12.1999. S. 5.

53 Stempin, Lothar, Ortsnah. Versuche einer menschen- und lebensraumnahmen Diakonie. In: Gott dem Herrn Dank sagen. Festschrift für Gerhard Heintze. Wuppertal 2002.

54 Vgl. unten: II.2. Hospizbewegung.

ziert aber dieses Bild? Leonardos Interesse an Proportion habe zu diesem Kunstwerk der Renaissance geführt. Das ist die verbreitete und sicherlich zutreffende Interpretation: Der Mensch kann in seiner Gestalt in Korrelation zu Kreis und Quadrat gesetzt werden.[55] Man kann auch in diesem Werk aus dem Skizzenbuch des Künstlers einen Ausdruck von Leonardos Ordnungsdenken und seinem Interessen an genauer Naturbeobachtung sehen. Die Zeichnung wäre dann ein Vorbild und Vorgriff auf das Prinzip „more geometrico" des Rationalismus. Leonardo habe, so könnte man meinen, Spinoza zu seinem Werk Ethica. Ordine Geometrico demonstrata (Die Ethik mit geometrischer Methode dargelegt) aus dem Jahr 1677 inspiriert.

Aber ein solcher Zusammenhang ist nicht erwiesen. Ganz im Gegenteil: Leonardos Zeichnung, die heute zu den weltweit am meisten reproduzierten Kunstwerken gehört, gewann erst seit den 1930er Jahren über den engsten Kreis der Leonardo Forscher und die Kenner der Fachliteratur zur Proportionslehre an den Kunstakademien hinaus internationale Aufmerksamkeit. In der vom faschistischen Regime 1939 in Mailand organisierten Ausstellung zu Ehren des Künstlers wurde dieses Kunstwerk als programmatischer Ausdruck des faschistischen Menschenbildes missbraucht.[56] Die Rezeption dieser Sicht auf den Menschen durch die deutschen Nationalsozialisten muss nicht weiter entfaltet werden. Der menschenverachtende und grausame Vollzug dieser ‚Körpermedizin' ist vor aller Augen. Die Erinnerung an diese

55 Leonardo bezieht sich hierbei auf die Proportionslehre des antiken Architekten Vitruv, der die idealisierten Maßverhältnisse des menschlichen Körpers auf geometrische Grundformen und die modularen Grundlagen der Zahlensysteme zurückführte. Vitruv entfaltete diese Lehre ohne jeden religiösen Bezug und auch von Leonardo sind solche Hintergründe nicht überliefert. Insofern ist es fragwürdig, eine Verbindung zwischen der Darstellungsform des Viturvianischen Menschen und dem Chakren-Konzept des tantrischen Hinduismus, des tantrischen Buddhismus und des Yoga herzustellen.

56 Vgl. Leuschner, Eckhard, Wie die Faschisten sich Leonardo unter den Nagel rissen: eine architekturgeschichtliche Station des „Vitruvianischen Menschen" auf dem Weg zum populären Bild. In: Beständig im Wandel: Innovationen – Verwandlungen – Konkretisierungen. Festschrift für Karl Möseneder zum 60. Geburtstag, hg. Von Christian Hecht. Berlin 2009, S. 425–440.

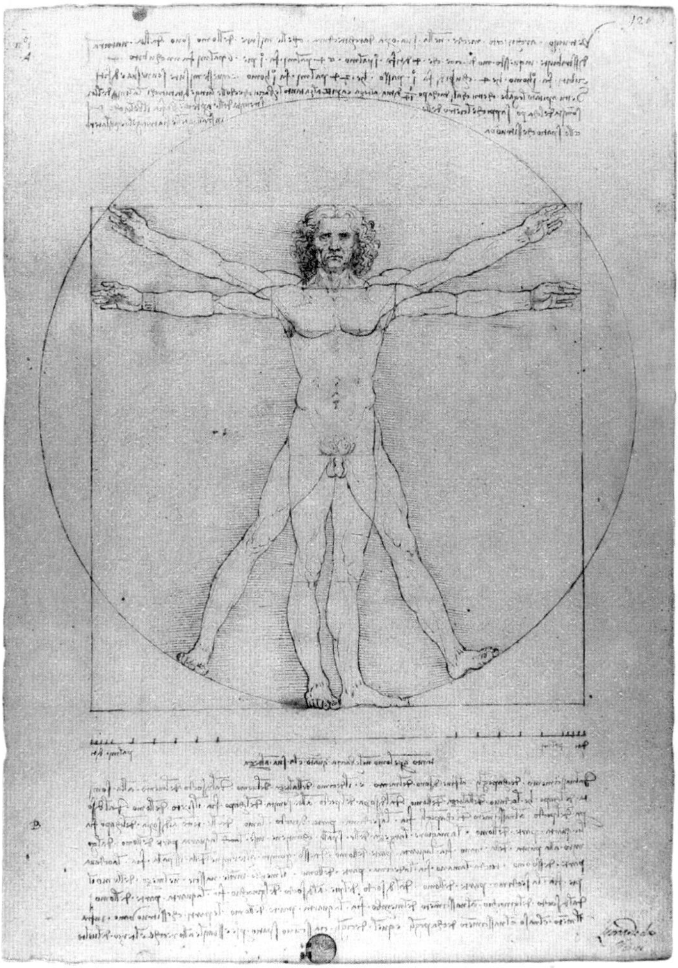

Abb. 2: Vitruvianischer Mensch

Zusammenhänge ist geeignet, den impliziten Metaphern Aufmerksamkeit zu schenken und zu fragen, warum heute das gesetzlich geordnete Gesundheitssystem sich dieses Leitbildes bedient. Findet sich hier ein weiterer Grund für die Körperorientierung der Gesundheitsfürsorge in Deutschland?

Bezeichnenderweise gibt auf diese Frage nicht die Sozialforschung, sondern die Ethnologie eine prägnate Antwort: Die „Biopolitik der klassischen Moderne hatte einen eindeutigen Akteur, den Staat, und eindeutige Objekte, Bevölkerungen, die hygienischen Regimes, der Bevölkerungsplanung und Risikovorsorge unterworfen wurden. Neuere biomedizinische Verfahren und Erkenntnisse scheinen in diese Arbeits- und Verantwortungsverteilung einzugreifen: Zunehmend sind nun Individuen aufgefordert, aktiv an ihrem Körper zu arbeiten, Verantwortung für ihr Gesundheitsschicksal zu übernehmen und ein komplexes Risikomanagement zu betreiben. Der Körper wird damit zu einem bedeutenden Handlungsraum in individualisierten Gesellschaften, der ethnographische Aufmerksamkeit verdient. Die in diesem Heft zusammengestellten Studien analysieren am Beispiel heterogener Felder gegenwärtige Veränderungen und Verschiebungen in Körperpraxen, -diskursen und -techniken, wie sie durch biomedizinsiche Entwicklungen sowie biopolitische Machtverschiebungen ausgelöst werden."[57]

3. Gesundheitsinterpretationen

Für die gesellschaftliche Konstruktion der Wirklichkeit[58] in Deutschland bildet Gesundheit eine Schlüsselkategorien. Die Dominanz und Differenziertheit des gesetzlich geordneten Gesundheitssystems ist dafür ebenso ein Indiz, wie die beschriebene Dynamik auf dem Feld von Gesundheit in der bundesdeutschen Gesellschaft. Die Metapher Gesundheit bündelt zudem zentrale gesellschaftliche Diskurse.

57 Beck, Stefan, Knecht, Michi, Körperpolitik – Biopolitik. Ethnographische und ethnologische Momentaufnahmen. Binder, Beate (Hg.), Band 29. Münster 2003. S. 10.

58 Bei dieser Formulierung handelt es sich lediglich um eine sprachliche Anleihe bei: Berger, Peter L., Luckmann, Thomas, Die gesellschaftliche Konstruktion der Wirklichkeit. 1969 dt. Engl. The Social Construction of Reality. 1966.

a. Gesundheit im Plural

Das Panorama der aktuellen Phänomene der Gesundheitsgesellschaft und die vergleichende Kontrastierung mit der Logik und dem Geist des geordneten Gesundheitssystems offenbaren eine deutliche Erweiterung der Wahrnehmung von Gesundheit in Deutschland in den vergangenen 60 Jahren. Die unterschiedlichen Wahrnehmungshinsichten auf Gesundheit basieren auf je eigenen Wirklichkeitszugängen, erkenntnistheoretischen Perspektiven und sozialen Blickwinkeln. In der folgenden schematischen Darstellung wird dementsprechend zwischen einem rational-kausalen sowie funktional-strukturellen Wirklichkeitszugang auf der rechten Seiten und einem personal-kulturellen auf der linken Seite unterschieden. Hinsichtlich der Erkenntnistheorie kann zwischen einer empirischer und einer phänomenologischen Perspektive differenziert werden.

Der phänomenologische Blick auf die Erscheinungsformen von Gesundheitsfürsorge legen die Vermutung nahe, dass der bisher dominante Wahrnehmungsfocus, der auf der naturwissenschaftlich orientierten Medizin und der Leistungserbringungen durch das geordnete Gesundheitssystem lag, sich verschiebt. Diese Verlagerung des Fokus ist durch die Ellipsen angedeutet.

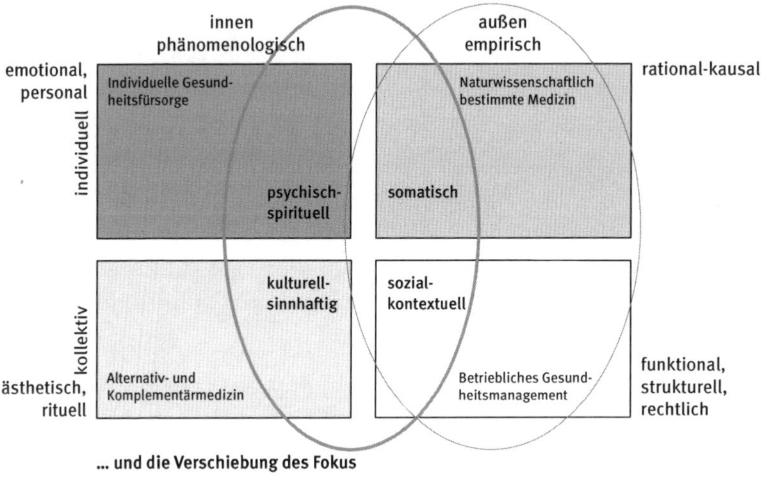

Abb. 3: Wahrnehmungsperspektiven auf Gesundheit

- die biomedizinische Perspektive wird ergänzt um alternative Zugängen zu Gesundheit und Heilung. Die naturwissenschaftlich geprägte Medizin öffnet sich damit gegenüber dem kulturellen Wissen um Gesundheit, sowohl aus unserem eigenen, wie auch aus anderen Kulturkreisen.
- die betriebliche Perspektive von Arbeitsschutz und Gesundheitsprävention wird ergänzt um Beziehungsparadigmen wie Anerkennung, Wertschätzung von Mitarbeitenden und Führungskultur. Die Wahrnehmung des Mitarbeiters als Person trifft in bisher nicht gesehener Weise in den Vordergrund.
- die individuelle Perspektive auf Gesundheit wird bereichert durch Gesundheitswissen und Lebensführungskompetenz anderer Kulturen und vertieft durch die Dimension der Beziehungsqualität sowie die Frage nach dem Lebenssinn und der spirituellen Erfahrung.

Insgesamt wird Gesundheit also inhaltlich weiter gefasst als bisher und gesundheitsfördernde Praktiken werden nicht lediglich somatisch ausgerichtet. Die Akzentverschiebung wird zugleich

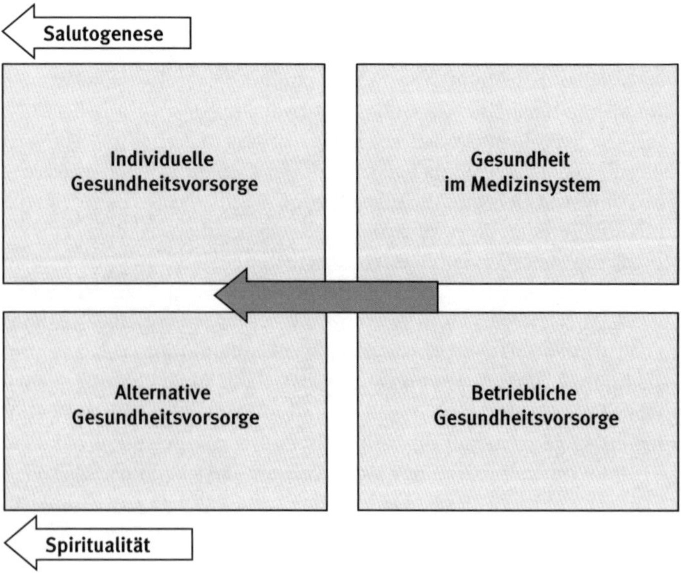

Abb. 4: Veränderte Wahrnehmungsfocus auf Gesundheit

mit neuen Leitbegriffen verbunden: Das Konzept der Salutogenese verknüpft das Bemühen um gesundes Leben mit Lebenssinn und Lebenskunst. Die vielfach unspezifische Rede von Spiritualität kann als noch weitergehender Versuch beschrieben werden, religiöse Vorstellungswelten und geistliches Leben als wesentliche Dimensionen von Heilung zu integrieren. Dieser alternative Blick auf Gesundheit weitet sich aus auf die Systemebene: Gesundheitsförderung in diesem weiteren Sinn ist nicht allein in den sozialen Sicherungssystemen verortet, sondern umfasst auf der einen Seite eine wiedergewonnene persönliche Lebensgestaltung und auf der anderen eine gesundheitsfördernde Unternehmenskultur.

Wesentlicher Anstöße für diese Entwicklung sind von der Weltgesundheitsorganisation ausgegangen, die keineswegs zufällig schon in der Schlussphase des 2. Weltkrieges und in der Nachkriegszeit andere Bilder von Gesundheit und damit auch andere Vorstellungen von der Weltgesellschaft entwickelt wurden.

b. Erweiterter Gesundheitsbegriff der WHO

Die Erweiterung des biomedizinischen Konzeptes von Krankheit und Gesundheit ist wesentlich durch die Weltgesundheitsorganisation im Jahr 1946 angestoßen worden. In ihrer Verfassung findet sich die bekannte Definition: „Gesundheit ist ein Zustand vollkommenen körperlichen, geistigen und sozialen Wohlbefindens und nicht allein das Fehlen von Krankheit und Gebrechen."[59] Diese Formulierung ist und wird insbesondere von Teilen der deutschen Ärzteschaft in Deutschland infrage gestellt: „Dieser Gesundheitsbegriff ist irreal. Gesundheit ist die aus der personalen Einheit von subjektivem Wohlbefinden und objektiver Belastbarkeit erwachsende körperliche und seelische, individuelle und soziale Leistungsfähigkeit der Menschen."[60] Dabei wurde allerdings der Kontext dieser Verfassungsaussage über-

59 „Health is a state of complete physical, mental and social well-being and not merely the absence of disease or infirmity." WHO (1946).

60 Bundesärztekammer, Gesundheits- und sozialpolitische Vorstellungen der deutschen Ärzteschaft. Beschlossen vom 89. Deutschen Ärztetag 1986 in Hannover. Köln 1986. S. 6.

sehen: Unmittelbar nach dem Ende des Zweiten Weltkrieges hat die Weltgesundheitsorganisation einen Zusammenhang zwischen Weltfrieden und Weltgesundheit herstellen wollen. Gesundheit symbolisiert ein individuelles und soziales Gleichgewicht und eine Harmonie der Nationen. Die Zielrichtung der WHO „Gesundheit für alle“ war eine Konkretion dieser Absicht.

Die Gesundheitsdefinition der WHO ist umfassend, überwiegend aber unter Ausblendung der weltpolitischen Dimension, rezipiert worden. Ein mehrdimensionales Verständnis von Gesundheit, das die Interaktion von physischen, psychischen und sozialen Faktoren umfasst, ist zum Allgemeingut geworden und bei der Behandlung von Krankheiten ist eine entsprechende interdisziplinäre Betrachtung zur Selbstverständlichkeit geworden.

Mit der Ottawa Charta zur Gesundheitsförderung aus dem Jahr 1986 hat die WHO erneut einen wesentlichen Impuls zum Thema Gesundheit gegeben. Mit der Ottawa Charta sollte ein sehr viel weiter gehender Paradigmenwechsel im Gesundheitsverständnis und in der Gesundheitspolitik angeregt werden. Die Zielrichtung zeigt sich in dem Titel „Gesundheitsförderung“ der Ottawa Charta und im Text selbst wird programmatisch formuliert:

> „Gesundheitsförderung zielt auf einen Prozess, allen Menschen ein höheres Maß an Selbstbestimmung über ihre Gesundheit zu ermöglichen und sie damit zur Stärkung ihrer Gesundheit zu befähigen. Um ein umfassendes körperliches, seelisches und soziales Wohlbefinden zu erlangen, ist es notwendig, dass sowohl einzelne als auch Gruppen ihre Bedürfnisse befriedigen, ihre Wünsche und Hoffnungen wahrnehmen und verwirklichen sowie ihre Umwelt meistern bzw. verändern können. In diesem Sinne ist die Gesundheit als ein wesentlicher Bestandteil des alltäglichen Lebens zu verstehen und nicht als vorrangiges Lebensziel. Gesundheit steht für ein positives Konzept, das in gleicher Weise die Bedeutung sozialer und individueller Ressourcen für die Gesundheit betont wie die körperlichen Fähigkeiten. Die Verantwortung für Gesundheitsförderung liegt deshalb nicht nur bei dem Gesundheitssektor, sondern bei allen Politikbereichen und zielt über die Entwicklung gesünderer Lebensweisen hinaus auf die Förderung von umfassendem Wohlbefinden hin.“[61]

61 WHO. Ottawa Charter for Health Promotion. 1986. S. 1.

Die in den aktuellen Gesundheitsdiskursen betonten und bis heute im Gesundheitssystem nicht vollends eingelösten Dimensionen Selbstbestimmung und Ressourcenorientierung haben hier ihren Ursprung. Die Ottawa Charta hat darüber hinaus das Augenmerk auf gesundheitsförderliche Lebenswelten gerichtet.[62] Damit wird auf den ganz alltäglichen Ort von Gesundheit in den Lebensvollzügen aufmerksam gemacht. Gesundheitsförderung ist nicht nur eine individuelle Aufgabe, sondern eingebettet in soziale Kontexte. Es mussten fast 30 Jahre vergehen, bis auch in Deutschland Gesundheitsförderung zu einem maßgeblichen Thema geworden ist. Dabei ist die Rezeption des Gesundheitsverständnisses der WHO in Deutschland vielfach oberflächlich geblieben. Ein Grund dafür mag in der Übertragung des englischen Begriffs „well-being" durch das deutsche Wort „Wohlbefinden" liegen. Von dieser Übersetzung ist es nur ein kleiner Schritt, Gesundheit lediglich mit „Wohlfühlen" zu beschreiben. Die Tiefendimension des WHO-Ansatzes, in der letztlich ein politisches Konzept von Gesundheit entfaltet wird, wird so vollständig verfehlt.

Die Ottawa Charta der Weltgesundheitsorganisation ist interessanterweise auch vom Weltrat der Kirchen rezipiert worden in einer Definition über Gesundheit aus dem Jahr 1990: „Gesundheit ist eine dynamische Seinsart des Individuums und der Gesellschaft, ein Zustand körperlichen, seelischen, geistigen, wirtschaftlichen, politischen und sozialen Wohlbefindens, der Harmonie mit den anderen, mit der materiellen Welt und mit Gott."[63]

Und wieder ist es die Weltgesundheitsorganisation, die die spirituelle Dimension von Gesundheit programmatisch formuliert: 1995 wurde in einem WHO Positionspapier der Quality-of-Life-assessment-group Lebensqualität als multidimensional beschrie-

62 Altgeld, Thomas, Kolip, Petra, Wirksame Gesundheitsförderung heute. Die Herausforderung der Ottawa Charta. In: Petra Schmidt, Petra Kolip (Hg.), Gesundheitsförderung im aktivierenden Sozialstaat. München 2007. S. 33–45.

63 Healing and Wholeness. The Churches' Role in Health. The report of a study by the Christian Medical Commission, Geneva, WCC, 1990. S. 5: „Health is a dynamic state of well-being of the individual and society; of physical, mental, spiritual, economic, political and social well-being; of being in harmony with each other, with the material environment, and with God."

ben, die vier Aspekte umfasst: den physischen, den psychischen, den spirituellen und den sozialen. Die Bangkok Charter von 2006 ist dann das erste offizielle WHO Dokument, das die spirituelle Dimension ausdrücklich benennt: „Gesundheitsförderung [...] bietet ein positives und umfassendes Konzept der Gesundheit als einen Bestimmungsfaktor für Lebensqualität einschließlich des psychischen und spirituellen Wohlbefindens."[64]

Die kontextbezogene Gesundheitsförderung der Weltgesundheitsorganisation wird hier ergänzt um die religiöse Dimension. Damit sind die wesentlichen Themenfelder eines erweiterten Gesundheitsverständnisses und einer ausgeweiteten Gesundheitspraxis benannt.

Auch im sozialgesetzlich geordneten Gesundheitssystem finden sich erste Ansätze zu einem erweiterten Gesundheitsbegriff. Insbesondere das Sozialgesetzbuch IX bietet programmatische Formulierungen, die auf den erweiterten Gesundheitsbegriff der Weltgesundheitsorganisation Bezug nehmen. Im § 3 ist der Vorrang von Prävention vor allen weiteren medizinischen Maßnahmen festgehalten. Zu erwähnen ist außerdem die Verankerung von Prävention und Selbsthilfe im § 20 des Sozialgesetzbuches V.

Aus diesen Hinweisen wird deutlich, dass sich die Konzeptualisierung von Gesundheit in den vergangenen Jahrzehnten tiefgreifend gewandelt hat. Der Perspektivenwechsel zeigt sich auch hier in der Begrifflichkeit. Der Krankheitsbegriff ist abgelöst durch den Gesundheitsbegriff. Inhaltlich zeigt das die Verschiebung von der dysfunktionalen Betrachtung zur Ressourcenorientierung.[65]

Das *biomedizinische Konzept*, das Krankheit als körperliche Funktionsstörung wahrnimmt und durch Anamnese und Diagnose pathologischer Prozesse als Ursache erschließt, ist in theoretischer Hinsicht abgelöst. Die Suche nach biophysikalischen und chemischen Kausalketten für Krankheit entspricht zwar der

64 Weltgesundheitsorganisation, Bangkok Charta für Gesundheitsförderung in einer globalisierten Welt, Arbeitsübersetzung aus dem Englischen. 2006. S. 1.

65 Die Verwendung des Krankheitsbegriffs kann als Beharren auf dem funktionalistischen Krankheitsverständnis nach C. Boorse missverstanden werden. Vgl. dazu: C. Boorse, Health as a theoretical concept. 1977. In: Philosophy of Science 44, S. 542–573.

naturwissenschaftlichen Methodik der Medizin, führt aber zu einem verengten Blick auf den erkrankten Menschen. Letztlich wird mit der biomedizinischen Betrachtungsweise die Krankheit von der Person getrennt.

Das *psychosomatische Krankheitsmodell* hat demgegenüber eine Wahrnehmung von dem Zusammenspiel von Körper und Seele. Der Kranke ist nicht nur Patient, nicht in erster Linie Objekt ärztlicher Kunst, sondern Akteur im Prozess der Gesundung. „Krankheit und Gesundheit schließen sich dann nicht mehr gegenseitig aus, sondern bilden offene, einander durchdringende Gleichgewichtsprozesse. Krankheit ist nicht nur Defizit und Unordnung, sondern auch „Umordnung zu neuen Möglichkeiten" (Hartmann) im Zusammenhang mit dem Leben und seinen sozialen Gleichgewichten."[66]

Maßgeblich ist heute das *biopsychosoziale Krankheitsmodell.* Die dahinter stehende Theorie erfasst den Menschen als System mit physischen, psychischen und sozialen Dimensionen. Krankheiten sind Störungen, die auf jeder Systemebene auftauchen können und in Wechselwirkung zueinander stehen. Krankheiten entstehen, wenn der Mensch in seiner Fähigkeit zur Regulation der auftretenden Störungen eingeschränkt ist. Gesundheit und Krankheit sind nach dieser systemischen Betrachtungsweise dynamische Prozesse, sie vollziehen oder ereignen sich täglich aufs Neue. Das biopsychosoziale Krankheitsmodell bezieht auch die über das Individuum hinausgehenden Systemebenen, wie zum Beispiel gesellschaftliche Rahmenbedingungen sowie kulturelle Gegebenheiten, mit ein.

c. Spannungszustände

Diese Entwicklungen können wiederum je nach Perspektive und Interessenlage unterschiedlich bewertet werden. Unter dem Gesichtspunkt von Komplementarität würde dadurch eine Balance unterschiedlicher heilkundlicher Modelle wiedergewonnen. Aber auch eine kritische Interpretation bietet sich an: Es handelt sich

66 Kießig, Manfred, Stempin, Lothar, (Hg.), Evangelischer Erwachsenenkatechismus. Glauben. Erkennen. Leben. 6. Auflage. Gütersloh 2000. S. 335.

um eine spannungsvolle Dynamik, weil gesellschaftliche Teilsysteme um Einfluss und den Zugriff auf gesellschaftliche Ressourcen ringen. Beide Deutungen rechnen mit Disbalancen, durch die dann wesentliche Aspekte ausgeblendet werden. Dieses wiederum führt zu Aporien innerhalb der Teilsysteme. Nach solchen Spannungszuständen soll im Folgenden gefragt werden.

(1) Gesundheitssystem

Zweifellos ist das gesetzlich geordnete Gesundheitssystem im Blick auf Größe und die ihm zur Verfügung stehenden Ressourcen gegenüber den alternativen Formen von Gesundheitsförderung dominant. Auch das Gesundheitskonzept der naturwissenschaftlich geprägten Medizin nimmt insgesamt noch die Definitionshoheit für Gesundheit in Anspruch. Das lebensweltliche und kontextuelle Verständnis von Gesundheit, das die Weltgesundheitsorganisation ins Gespräch bringt[67], steht jedoch in Spannung zu dem in sozialrechtlichen, ökonomischen und strukturellen Verstrickungen blockiertem Gesundheitssystem.

Außerdem wird innerhalb der Schulmedizin über das dem eigenen Handeln zu Grunde liegende Gesundheits- und Heilungskonzept gestritten. „*Da die Medizin es versäumt hat, ein integriertes Modell für Heilen zu entwickeln, scheint die Theorie der Medizin selbst heilungsbedürftig zu sein – oder anders formuliert –, der Mangel einer medizinischen Theorie für Heilen zwingt uns vor allem anderen, uns um eine Heilung der Theorie der Medizin zu bemühen.*“[68]

Schließlich erfährt das pfadgebundene deutsche Gesundheitssystem durch die Verknappung der Ressourcen eine noch stärkere Zweckorientierung. Die Effektivitätslogik verbindet sich mit einer biomedizinischen Engführung des Gesundheitsverständnisses.

67 Altgeld, Thomas, Kolip, Petra, Wirksame Gesundheitsförderung heute. Die Herausforderung der Ottawa Charta. In: Schmidt, Petra, Kolip, Petra (Hg.), Gesundheitsförderung im aktivierenden Sozialstaat. München 2007. S. 33–45.

68 Uexküll, Thure von, Wesiack, Wolfgang, Theorie der Humanmedizin. München 1998. S. 324.

(2) Gesundheitsmarkt

„Nimmt man die bisherigen Beobachtungen zusammen, so zeichnet sich folgendes Bild ab: Die hohe Wertschätzung von Gesundheit in der Bevölkerung und das ganzheitlich-psychosomatische Gesundheitsverständnis sind von einer Ökonomisierung der Gesundheits- und Sozialpolitik, einem Strukturwandel der Produktion und der Arbeit sowie einer Aufwertung des ökonomischen Werts von Gesundheit begleitet."[69]

Aber gerade in dieser Marktförmigkeit von Gesundheit sehen andere einen die Gesellschaft beflügelnden Trend. Folgt man den Trend- und Zukunftsforschern, so gehört Gesundheit sogar zu den „Megatrends"[70]. Aber auch vorsichtigere Einschätzungen gehen davon aus, dass die drei Gesundheitsmärkte in Deutschland, der erste auf der Basis der Krankenversicherung, der zweite, der von den privaten Konsumenten getragen wird, und der dritte, der betrieblich finanziert wird, mit einer Bruttowertschöpfung von mehr als 300 Mrd. Euro p.a. inzwischen die größte volkswirtschaftliche Wertschöpfungskette bilden und künftig deutlich wachsen werden.[71] Prognosen zur Entwicklung dieser Märkte sind im Auftrag des Bundesministeriums für Wirtschaft und Technologie im Detail erstellt worden.[72]

In der Vorgängerstudie (*Gesundheitstrends 2010*) zu dem oben genannten Papier konstatiert Matthias Horx, dass Wohlfühlen und Gesundheit derzeit zum Konsumgut und zum Lifestyle-Pro-

69 Brunnett, Hegemonie. S. 15.

70 Gatterer, Harry, Seitz, Janine, Kühmayer, Franz, Kirig, Anja, Huber, Jeanette, Huber, Thomas, Healthness. Die nächste Stufe des Megatrends Gesundheit. Kelkheim 2012. Eine ausführliche Darstellung dieser These folgt im IV. Kapitel.

71 Deutscher Industrie- und Handelskammertag, Wachstumsmarkt Gesundheit. 2010. S. 3: „Die Gesundheitswirtschaft in Deutschland entwickelt sich unbestritten zu einem der Wachstumsmotoren der Volkswirtschaft. Eine Bruttowertschöpfung von über 200 Mrd. Euro p.a., mehr als 5 Mio. Erwerbstätige und Wachstumsprognosen für die Bruttowertschöpfung dieses Wirtschaftssektors von gut 2 % p.a. bis 2030 sind Ausweis dieser Entwicklung. Bis zu 100.000 neue Arbeitsplätze können hier in den nächsten zwei Dekaden pro Jahr entstehen."

72 Erstellung eines Satellitenkontos für die Gesundheitswirtschaft in Deutschland. Forschungsprojekt im Auftrag des Bundesministeriums für Wirtschaft und Technologie (BMWi) 2009.

dukt mutieren. In der ‚Health Society' würde Gesundheit zur exklusiven Signatur von Wohlstand und Modernität.

(3) Gesundheitskultur

Aber genau dieser Gesellschaftsentwicklung wird vielfältig widersprochen. Diese Ökonomisierung von Gesundheit sei eine Abkehr von dem Gesundheitsverständnis und der Gesundheitskultur in Deutschland.

In der Tat: „Gesundheit berührt als gesellschaftlich einflussreicher Leitdiskurs mittlerweile fast jeden Lebensbereich: Nichts, was sich nicht mit Gesundheit verknüpfen lässt. Sie ist zunehmend normativ aufgeladen und entwickelt sich zu einem individuellen und kollektiven Lebensstil, indem sie sich mit den Diskursen um Körper, Schönheit, Fitness und Leistungsfähigkeit verbindet und zu einer lebenslangen Aufgabe wird. Gesundheit vereint als zentraler Kode desperate Bereiche des Lebens und Arbeitens in einem einzigen Deutungsfeld (Brunnett 2009,77). … Gesundheit hat sich zu einer Schlüsselkategorie im gesellschaftlichen Diskurs transformiert, … ."[73]

Allerdings wird dieser Diskurs häufig in der schlichten Entgegensetzung von Ökonomisierung und solidarischer Gesundheitsfürsorge geführt. Dabei wird jedoch ausgeblendet, dass das gesetzliche Gesundheitssystem im Kern selbst ökonomisch getrieben ist. Auch die Tendenz des Systems, den Versicherten immer größere individuelle Verantwortungsübernahme aufzubürden, wird in seinen Wirkungen nicht hinreichend bedacht. „Der Public Health Ansatz hat sich im Kontext von New Public Health zu einer generellen Strategie einer gesunden Lebensführung gewandelt, in der ein neuer Selbstverantwortungs – und Selbstverschuldungsdiskurs (Schmidt 2008) und ein neues Leitbild von Gesundheit als permanenter Aufgabe entsteht, die mit flexibler Selbstmodellierung und gelingender Subjektivität (Brunnet 2009) verknüpft ist."[74]

Ein Gesundheitssystem, das unter dem verdeckten Diktat des Staates oder den offensichtlichen Zwängen bzw. Verlockungen der Ökonomie steht und dem Einzelnen die Verantwortung für seine Gesundheit zuschiebt, kennzeichnet die gegenwärtig Lage wohl

73 Ohlbrecht, Schöneberger, a. a. O. S. 7.

74 Ebd.

zutreffender. Wohin das in Zukunft führen kann, beschreibt Juli Zeh in ihrer Gesellschaftsapokalypse ‚Corpus delicti'[75]. Zeh wählt den Gesundheitswahn der heutigen Gesellschaft als Folie für eine totalitäre Anti-Utopie, in der der Körper zum Fetisch einer „Fitnessdiktatur" wird.

(4) Gesundheitsreligion

Über die Formulierung von Gesundheitskonzepten und die Modellierung von Gesundheitssystemen werden in der Tat Utopien oder Apokalypsen bebildert. Gesundheit wird zum Medium einer kulturellen Großerzählung, die die wesentlichen Grundüberzeugungen der Kultur symbolisiert. Die Dissense spiegeln die Spannung zwischen verschiedenen Gesellschaftsmodellen.

Während im englischsprachigen Raum „well-being" ein selbstverständlicher und inhaltsvoller Ausdruck für Gesundheit ist, wird im deutschsprachigen Raum „Wellness" als praktizierter Hedonismus kritisiert. In der Folge wird dann das gewachsene Interesse an Gesundheit als Gestalt von Genuss und Lebensfreude diffamiert.[76] Gleichwohl verbindet sich für sehr viele Menschen ihre Verantwortung für die eigene Gesundheit mit der Inanspruchnahme von Wellness-Angeboten. Anderen öffnen sich durch das Bemühen um Gesundheit oder die Bewältigung von Krankheit spirituelle Erfahrungsräume.

Aber gegen diese „Gesundheitsreligion" und diesen „Wohlfühlglauben" wird von den großen Kirchen in Deutschland Einspruch erhoben. Besonders prägnant geschah dieses in der „Woche für das Leben" im Jahr 2008. In seiner Predigt zur Eröffnung dieser von der evangelischen und katholischen Kirche getragenen Veranstaltung formulierte der damalige Ratsvorsitzende der EKD Bischof Huber: „Wo es früher noch um das Heil der Seele ging, geht es heute nur noch um den heilen Körper. Unsere Großeltern hofften auf die Erlösung; wir hoffen nur noch auf Gesundheit. [...] Die Werbung redet uns das ein. Ihre Botschaft heißt: Gesundheit ist machbar – für den, der sie bezahlen kann. Manche Erwar-

75 Zeh, Juli, Corpus delicti. Ein Prozess. Frankfurt 2009.

76 Klein, Constantin, Berth, Hendrik, Balck, Friedrich (Hg.), Gesundheit – Religion – Spiritualität: Konzepte, Befunde und Erklärungsansätze. Weinheim 2010.

tungen an die medizinische Forschung laufen in eine ähnliche Richtung. Chronische Krankheiten sollen heilbar sein; alternde Organe lassen sich erneuern. Immer länger soll ein Leben in Gesundheit dauern. Die denkbare Lebensspanne soll ausgeschöpft werden. An solchen Versprechungen wollen wir alle nippen. Es ist ja auch völlig richtig, Sport zu treiben und sich gesund zu ernähren. Aber es ist nicht richtig, die Gesundheit zum Idol zu machen. Gesundheit – höchstes Gut?"[77]

Von beiden Kirchen ist gleichsam als Gewährsmann ihrer Haltung der Arzt und Theologe Manfred Lütz aufgeboten worden, der prägnant formuliert: „… und das höchste Gut ist doch die Gesundheit! – kaum eine Geburtstagsansprache kommt ohne diesen Satz aus, und doch ist er blanker Unsinn. Niemals in der gesamten philosophischen Tradition des Ostens und des Westens ist etwas so Zerbrechliches wie die Gesundheit der Güter höchstes gewesen. Noch bei Kant war das höchste Gut die Einheit von Heiligkeit und Glückseligkeit oder Gott. Doch heute ist alles anders. Wir leben im Zeitalter der real existierenden Gesundheitsreligion. Alle Üblichkeiten der Altreligionen sind inzwischen im Gesundheitswesen angekommen. Halbgötter in Weiß, Wallfahrten zum Spezialisten, Krankenhäuser als die Kathedralen unserer Zeit, die das „Gefühl schlechthinniger Abhängigkeit" erzeugen, das nach Friedrich Schleiermacher Religion charakterisiert. Wir erleben den bruchlosen Übergang von der katholischen Prozessionstradition in die Chefarztvisite. Diätbewegungen gehen als wellenförmige Massenbewegungen über Land, in ihrem Ernst die Büßer- und Geißlerbewegungen des Mittelalters bei Weitem übertreffend. Unbewusst, aber umso machtvoller richtet sich die religiöse Ursehnsucht der Menschen nach ewigem Leben und ewiger Glückseligkeit heute an Medizin und Psychotherapie."[78]

77 Wolfgang Huber, Predigt zur Eröffnung der Woche für das Leben, Würzburg 2008. Unter: http://www.ekd.de/woche/w2008/veranstaltungen.htm (Stand: 17.03.2014).

78 Manfred Lütz, Eröffnungsstatement der Podiumsdiskussion bei der Eröffnung der Woche für das Leben 2008 in Würzburg. Unter: http://www.ekd.de/woche/w2008/aktuelle_informationen.htm (Stand: 17.03.2014). Vgl. auch: Manfred Lütz, Gesellschaft: Erhebet die Herzen, beuget die Knie. Gesundheit als Religion: Vorsorge, Enthaltsamkeit, Sport – das ist die neue Dreifaltigkeit. Ein Gotteslästerer, der dies bezweifelt. DIE ZEIT, 17.04.2008 Nr. 17.

In der Eröffnungsveranstaltung formulierte Huber noch kritischer: „Zugespitzt formuliert: Der früheren Hoffnung auf die Erlösung über den Tod hinaus entspricht heute die Hoffnung auf die Erhaltung der Gesundheit und die Heilung von Krankheiten."[79]

In der Tat ist Gesundheit nicht herstellbar. Der menschliche Körper ist keine Maschine, die optimal produziert oder repariert werden kann. Auch die ernst zu nehmenden Vertreter der Gesundheitsbewegung würden diesem Einwand folgen, gleichzeitig aber darauf hinweisen, dass ganzheitliche Gesundheit nicht auf den Körper, sondern auf den Leib abhebt.[80] In den zitierten Äußerungen aus der Evangelischen Kirche kann man immer noch die Aversion gegen den Körperkult der Nationalsozialisten heraushören. Diese Abwehrhaltung hat aber auch die Entwicklung einer Theologie verhindert, die erweiterte Vorstellungen von Gesundheit zu integrieren vermag.

(5) Gesundheitsgefährdungen

Die Weltgesundheitsorganisation hat in der jüngeren Vergangenheit maßgeblich für dieses Verständnis den Weg gebahnt. Gesundheit ist wesentlich die Fähigkeit von Menschen, antagonistische Kräfte immer wieder in die Balance zu bringen. Der großen Intonierung des Gesundheitsthemas in der Gegenwart steht offenbar eben dieses Empfinden der Brüchigkeit von Gesundheit und die Notwendigkeit des Ausbalancierens zur Seite. Neben der akut und unversehens einbrechenden Krankheit tritt die chronische Erkrankung als Gefährdung des Gleichgewichts. Die innere Erschütterung durch diese Krankheitsform ist von anderer Art als beim schicksalhaften Einbruch von Krankheit. Mehr als akute Krankheiten erzwingen chronische Erkrankungen eine dauernde Änderung des Lebensstils. Und die Irritation reicht tiefer in das Seelenleben der Betroffenen, weil der Zusammenhang von Lebensweise und Erkrankung erkennbar wird und als erzwungene Lebensstiländerung täglich präsent bleibt.

79 Pressemitteilung der Deutschen Bischofskonferenz und der Evangelischen Kirche in Deutschland vom 07.03.2008. Unter: http://www.ekd.de/woche/w2008/aktuelle_informationen.htm (Stand:17.03.2014).

80 Die Unterscheidung von Körper und Leib ist beispielhaft von Karlfried Graf Dürckheim vorgenommen worden, indem er von „dem Körper, den man hat" und „dem Leib, der man ist" spricht.

Die Statistiken der Kranken- und Rentenversicherungen legen die erschreckende Zunahme von psychischen Erkrankungen als Gründe für Arbeitsunfähigkeit oder Frühverrentung offen.

Die Deutsche Rentenversicherung Bund meldet: Im Jahr 2011 machten rund 41 Prozent der Arbeitnehmer, die eine Erwerbsminderungsrente beantragten, Depressionen, Angstzustände oder andere psychische Erkrankungen geltend, wie die Zeitung unter Berufung auf die DRV-Daten schreibt. Im Jahr 2000 hatte dieser Anteil bei 24 Prozent gelegen; bis 2010 war er auf 39 Prozent gestiegen.[81]

Der folgende Aufruf zur psychosozialen Lage in Deutschland[82] ist ein Warnruf angesichts dieser dramatischen Entwicklung und ein Weckruf, neben dem individuellen Schicksal auch die kulturellen und gesellschaftlichen Gründe für diese psychischen Belastungen wahrzunehmen.

„Wir sind Fachleute, die Verantwortung für die Behandlung seelischer Erkrankungen und den Umgang mit psychosozialem Leid in unserer Gesellschaft tragen. Wir möchten unsere tiefe Erschütterung über die psychosoziale Lage unserer Gesellschaft zum Ausdruck bringen. In unseren Tätigkeitsfeldern erfahren wir die persönlichen Schicksale der Menschen, die hinter den Statistiken stehen. Seelische Erkrankungen und psychosoziale Probleme sind häufig und nehmen in allen Industrienationen ständig zu.

Circa 30 % der Bevölkerung leiden innerhalb eines Jahres an einer diagnostizierbaren psychischen Störung. Am häufigsten sind Depressionen, Angststörungen, psychosomatische Erkrankungen und Suchterkrankungen. Der Anteil psychischer Erkrankungen an der Arbeitsunfähigkeit nimmt seit 1980 kontinuierlich zu und beträgt inzwischen 15–20 %.

Der Anteil psychischer Erkrankungen an vorzeitigen Berentungen nimmt kontinuierlich zu. Sie sind inzwischen die häufigste Ursache für eine vorzeitige Berentung. Psychische Erkrankungen und Verhaltensprobleme bei Kindern und Jugendlichen nehmen kontinuierlich zu. Psy-

81 Steffens, Markus, Zunehmende Bedeutung psychischer Störungen – Auswirkungen auf die berufliche Leistungsfähigkeit, den Arbeitsmarkt, die Rentenversicherung und mögliche neue Aufgaben für das Schwerbehindertenrecht. Diskussionsforum Reha- und Teilhaberecht C9/2012. Unter: http://www.reha-recht.de/fileadmin/download/foren/c/2012/C9-2012_Zunehmende_Bedeutung_psychischer_Stoerungen.pdf (Stand: 17.03.2014).

82 www.psychosoziale-lage.de (Stand: 17.03.2014).

chische Störungen bei älteren Menschen sind häufig und nehmen ständig zu.

Nur die Hälfte der psychischen Erkrankungen wird richtig erkannt, der Spontanverlauf ohne Behandlung ist jedoch ungünstig: Knapp ⅓ verschlechtert sich und knapp die Hälfte zeigt keine Veränderung, chronifiziert also ohne Behandlung.

In allen Altersgruppen, bei beiden Geschlechtern, in allen Schichten und in allen Nationen zunehmenden Wohlstands nehmen seelische Erkrankungen zu und besitzen ein besorgniserregendes Ausmaß. Die gesellschaftlichen Kosten der Gesundheitsschäden durch Produktivitätsausfälle, medizinische und therapeutische Behandlungen, Krankengeld und Rentenzahlungen sind enorm. Eine angemessene medizinische und therapeutische Versorgung ist weltweit nicht möglich. Trotz der kontinuierlichen Zunahme an psychosozialen-medizinischen Versorgungsangeboten ist die Versorgung auch in Deutschland angesichts der Dynamik und des Ausmaßes der seelischen Erkrankungen nur in Ansätzen möglich.

Die Ursache dieser Problemlage besteht nach unseren Beobachtungen in zwei gesellschaftlichen Entwicklungen:

1. Die psychosoziale Belastung des Einzelnen durch individuellen und gesellschaftlichen Stress, wie z. B. Leistungsanforderungen, Informationsüberflutung, seelische Verletzungen, berufliche und persönliche Überforderungen, Konsumverführungen usw. nimmt stetig zu.
2. Durch familiäre Zerfallsprozesse, berufliche Mobilität, virtuelle Beziehungen, häufige Trennungen und Scheidungen kommt es zu einer Reduzierung tragfähiger sozialer Beziehungen und dies sowohl qualitativer als auch quantitativer Art.

Die Kompetenzen zur eigenen Lebensgestaltung, zur Bewältigung psychosozialer Problemlagen und zur Herstellung erfüllender und tragfähiger Beziehungen sind den Anforderungen und Herausforderungen dieser gesellschaftlichen Entwicklungen bei vielen Menschen nicht gewachsen. Angesichts der vorherrschenden gesellschaftlichen Orientierung an materiellen und äußeren Werten wird die Bedeutung des Subjektiven, der inneren Werte und der Sinnverbundenheit dramatisch unterschätzt.

Wir benötigen einen gesellschaftlichen Dialog über die Bedeutung des Subjektiven, des Seelischen, des geistig-spirituellen, des sozialen Miteinanders und unseres Umgangs mit Problemen und Störungen in diesem Feld.

Wir benötigen einen neuen Ansatz zur Prävention, der sich auf die grundlegenden Kompetenzen zur Lebensführung, zur Bewältigung von Veränderungen und Krisen und zur Entwicklung von tragfähigen und erfüllenden Beziehungen konzentriert.

Wir benötigen eine Gesundheitsbildung, Erlernen von Selbstführung und die Erfahrung von Gemeinschaft schon im Kindergarten und in der Schule, z.B. in Form eines Schulfaches „Gesundheit". Wir benötigen eine ganzheitliche, im echten Sinne psychosomatische Medizin, die die gegenwärtige Technologisierung und Ökonomisierung der Medizin durch eine Subjektorientierung und eine Beziehungsdimension ergänzt. Wir benötigen eine Wirtschaftswelt, in der die Profit- und Leistungsorientierung ergänzt wird durch eine Sinn- und Lebensorientierung für die Tätigen. Wir benötigen einen integrierenden, sinnstiftenden und soziale Bezüge erhaltenden Umgang mit dem Alter. Wir benötigen eine das Subjektive und Persönliche respektierende, Grenzen achtende und Menschen wertschätzende Medienwelt. Wir benötigen ein politisches Handeln, das bei seinen Entscheidungen die Auswirkungen auf das subjektive Erleben und die psychosozialen Bewältigungsmöglichkeiten der Betroffenen reflektiert und berücksichtigt.
Wir benötigen mehr Herz für die Menschen."

Die Denkschrift der Evangelischen Kirche in Deutschland aus dem Jahr 1998 zu Grundlagen, Aufgaben und Zukunftsperspektiven der Diakonie trägt den Titel: „Herz und Mund und Tat und Leben."[83] Hier wird die Herzensbildung der diakonisch Tätigen ins Verhältnis gesetzt zu den wirtschaftlichen Rahmenbedingungen einer sozialstaatlich beauftragten Diakonie. Dieser Spannung wird im nächsten Abschnitt nachgegangen.

83 Herz und Mund und Tat und Leben. Grundlagen, Aufgaben und Zukunftsperspektiven der Diakonie. Eine evangelische Denkschrift. Kirchenamt der EKD (Hg.) im Auftrag des Rates der Evangelischen Kirche in Deutschland. Gütersloh 1998.

II. Gesundheit mit Herz und Hand

Gesundheit tritt gegenwärtig in Deutschland, wenn man der bisherigen Darstellung folgt, in vier voneinander unterscheidbaren Weisen in Erscheinung. Dabei liegt die Nähe zwischen der überwiegend somatisch orientierten Medizin und dem gesetzlich geordneten bundesdeutschen Gesundheitssystems auf der Hand. Die Schulmedizin ist zentrale Methode der Gesundheitsfürsorge. Darüber hinaus sind beide Systeme auch im Blick auf die zu Grunde liegende Wirklichkeitskonstruktion eng verbunden.

Auf der anderen Seite ist auch die Verwandtschaft zwischen der individuellen Gesundheitsfürsorge mit den alternativen Formen des Gesundheitswissens erkennbar. Insofern könnte die ursprüngliche Vierteilung zu einer Zweiteilung der Erscheinungsweisen von Gesundheit reduziert werden. Die rechte Seite wäre dann als systemisch-funktional zu charakterisieren und die linke Seite als innerlich bewegt oder als Bewegung. Noch einfacher könnte man den Unterschied in das Bild von Herz und Verstand fassen.[1]

Beide Erscheinungsformen sind hoch ausdifferenziert und stehen durchaus in Spannung zu einander. Wobei im Gesundheitssystem durch die biomedizinische Logik und naturwissenschaftliche Evidenzbasierung auf Einheitlichkeit hingearbeitet wird. Gesundheit als Bewegung ist in seiner Erscheinung aufgrund der vielen alternativen Zugänge zu Gesundheit völlig uneinheitlich, unstrukturiert und z. T. auch widersprüchlich. Dieses gehört zum Charakter einer gesellschaftlichen Bewegung.

Dieses Strukturmerkmal zeigt sich besonders deutlich in der Diakonie. In ihren Erscheinungsweisen als blaue und violette Diakonie offenbart sie Systemspannungen, die auch unter anderer Trägerschaft von Gesundheitsdiensten gegeben sind.

1 Hinter dieser Formulierung steht die Unterscheidung von raison de la mathematique und raison du cœur von Blaise Pascal. Der Hintergrund dieses Gedankens und seine Wirkungsgeschichte werden in Kapitel IV entfaltet.

1. Blaue und violette Diakonie

Diakonie ist Teil des Gesundheitssystems Deutschlands; das ist offensichtlich im Betrieb von Krankenhäusern, Altenheimen und anderen Pflegeinstitutionen. Diese Erscheinungsform von Diakonie, die im Folgenden als „blaue“ Diakonie bezeichnet werden soll, ist ebenfalls der Systemlogik von Effizienz und Wirtschaftlichkeit unterworfen. Die blaue Diakonie unterliegt den sozialrechtlichen und ökonomischen Prinzipien des Gesundheitssystems in gleicher Weise wie andere Leistungsträger.

Diakonie als Bewegung findet sich in der neuzeitlichen Diakonie in Gestalt christlicher Lebensführung, authentischer und glaubensgegründeter Berufstätigkeit. Die Sorge um den anderen und die seelsorgerliche Nähe prägen diese Erscheinungsform von Diakonie. Im Folgenden soll diese Erscheinungsform von Diakonie als „violette“ Diakonie bezeichnet werden.

Die violette und die blaue Diakonie haben jeweils eine Prävalenz im Blick auf ihre strukturelle Erscheinungsform. Während sich die blaue Diakonie überwiegend in diakonischen Einrichtungen manifestiert, findet sich die violette Diakonie überwiegend in ehrenamtlichen Systemen und in kirchlicher Verfasstheit.

Die blaue Diakonie arbeitet unter den Rahmenbedingungen, die das Gesundheits- und Sozialsystem Deutschlands vorgibt. Sie ist Teil des Wohlfahrtsystems in Deutschland sowohl in ihrer unternehmerischen wie auch in ihrer verbandlichen Ausprägung. Unter die Bezeichnung blaue Diakonie fallen die Mitglieder der Diakonischen Werke, die in eigener Rechtsform im Rahmen des Gesundheits- und Sozialsystems Deutschlands Leistungen erbringen.

Diese erste Beschreibung wird im Folgenden durch fünf Hinsichten vertieft, in denen jeweils die blaue und violette Diakonie erscheinen: Orte, Organisationen, Personen, Geld und Kontexte.

a. Blaue Diakonie

Orte: Die blaue Diakonie, die die Tradition der Inneren Mission fortsetzt, hat ihre Ursprungsgestalt in der Komplexeinrichtung, die häufig in der zweiten Hälfte des 19. und in der ersten Hälfte des 20. Jahrhunderts entstanden ist. Diese Einrichtungen sind eigene Lebensräume mit Küche und Kirche, mit Krankenhaus und Altenheimen, mit Wohnungen für die Mitarbeitenden, gelegentlich sogar mit eigenen Friedhöfen. Die großen diakonischen Orte treten z. B. vor Augen in Kaiserswerth, in Alsterdorf, in Stetten und an vielen anderen Orten. Hier wird bzw. wurde Diakonie ausgehend von Diakonischen Gemeinschaften mit eigenem Profil gelebt. Gleichzeitig sind sie den Kirchen und deren Diakonischen Werken zugeordnet, auf deren Territorium sie agieren. Diese stationäre Form überwiegt auch gegenwärtig noch deutlich. Gegenwärtig werden in etlichen Einrichtungen die Mauern der alten Anstalten durchbrochen und eine Dezentralisierung in Gang gesetzt.

Strukturen und Organisation: Die betrieblichen Arbeitsformen in den Einrichtungen der blauen Diakonie unterscheiden sich aufgrund staatlicher Regulierung und Anforderungen der Leistungsträger von gewerblichen Anbietern auf dem Markt im Grundsatz nicht. Eine Besonderheit liegt in der überwiegend gemeinnützigen Rechtsform, die sich aus der steuerlichen Privilegierung gemeinwohlorientierter Tätigkeit ergibt.

Diakonie arbeitet sich ab an sozialstaatlichen Konzepten, nutzt Managementtheorien zur Optimierung von Diakonie im Wettbewerb mit anderen sozialstaatlichen Akteuren oder rettet sich in formale, an Qualitätssicherungssystemen orientierten Leitbildformulierungen, die Unternehmenskultur in sehr generalisierter Weise zum Thema machen.

Diakonie ist in Gestalt der Diakonischen Werke Teil des korporativen Systems der Bundesrepublik. Sie sind Spitzenverbände der Freien Wohlfahrtspflege; sie sind Werke der jeweiligen Kirche; sie sind Mitgliederverbünde. Diese Dachverbände sind durch Satzungen, Kirchengesetze und staatliche Gesetze in ihren Aufgaben definiert.

Personen: Berufliche Tätigkeit prägt die blaue Diakonie. Die aufgrund von Leistungsvereinbarungen geforderte Fachkraftquote führt zu dieser Prägung. Die eigentliche Leistungserbringung in diakonischen Einrichtungen ist damit beruflich Tätigen vorbehalten. Daneben, und ohne jede Refinanzierung, werden ehrenamtlich Tätige eingebunden. Sie sind Ehrenamtliche in Organisationen, die nach wie vor hauptamtlich geprägt sind. Die Logik dieser Systeme ist also die der beruflichen Tätigkeit und des durch förmliche Qualifikation bestimmten Status.

Geld: Hinsichtlich der Leistungserbringung unterliegt die Diakonie den Anforderungen, die an alle gewerblichen und gemeinnützigen Leistungserbringer gestellt wird: Leistungs- und Qualitätsvereinbarungen sind die Basis der Tätigkeit. Aus der Zeit des Kostendeckungsprinzips hat sich der Begriff der „Kostensatzverhandlungen“ erhalten. Entsprechend der Logik der Leistungserbringung wird jetzt von „Leistungsentgelten“ gesprochen.

Kontexte: Die blaue Diakonie ist Teil des Gesundheitssystems der Bundesrepublik. Sie teilt dessen Pfadgebundenheit: Diakonie ist Teil der subsidiären Ordnung des Gesundheits- und Sozialsystems der Bundesrepublik. In ihrer sozialstaatlichen Einbindung ist die blaue Diakonie gleichzeitig verwoben mit den offenen Fragen, die sich mit dem bundesdeutschen Modell von sozialer Daseinsfürsorge in europäischen Kontexten abbilden. Die europäische Einbindung wird überwiegend als Einschränkung des Handlungsspielraums von Diakonie gesehen. Ein Entwicklungsimpuls durch europäische oder andere Herausforderungen ist nicht zu erkennen.

Blaue Diakonie ist in doppelter Weise pfadgebunden – neben der Bindung an das Gesundheitssystem ist die kirchliche Bindung wesentlich. Dem entspricht eine doppelte Privilegierung: die steuerrechtliche und die arbeitsrechtliche Sonderstellung der Diakonie.

Unter dem Druck des Nationalsozialismus bog die Innere Mission auf den Weg der Kirche ein: Als Lebens- und Wesensäußerung der Kirche wurde die Diakonie definiert und war damit wie die verfasste Kirche vor dem staatlichen Zugriff geschützt.

Das Grundgesetz der Bundesrepublik Deutschland übernahm diese Begründungsfigur und sieht die Diakonie als Teil der Kirche und gewährt dieser die Privilegien des kirchlichen Selbstbestimmungsrechtes: „Die Evangelische Kirche in Deutschland und ihre Gliedkirchen sind gerufen, Christi Liebe in Wort und Tat zu verkündigen. Diese Liebe verpflichtet alle Glieder der Kirche zum Dienst und gewinnt in besonderer Weise Gestalt im Diakonat der Kirche. Demgemäß sind die diakonisch-missionarischen Werke Wesens- und Lebensäußerung der Kirche."[2]

Ein neuer Aufbruch vollzog sich nach 1945 aus der Notsituation des Kriegsendes heraus. Charakteristisch für ihn ist die Entstehung des Evangelischen Hilfswerkes im Jahr 1945. Träger dieser diakonischen Bewegung waren bewusst und planmäßig die Kirchengemeinden. Nicht nur als Verteilstellen der Carepakete, sondern auch als Mobilisierungsstellen der Hilfe. Dieser Impuls hat zweifellos auch im Jahr 1948 die Formulierung der Grundordnung der EKD bestimmt.[3]

Die Diakonischen Werke der Landeskirchen sind in der Regel durch Kirchengesetz und nach ihren Satzungen Werke der jeweiligen Kirchen, weil die Diakonischen Werke und ihre Mitgliedseinrichtungen kirchliche Grundfunktionen nach kirchlichem Selbstverständnis wahrnehmen. Die Aussage ‚kirchliche Grund-

2 Evangelische Kirche in Deutschland. Grundordnung, Artikel 15. Die Kirchen und mit ihnen die ‚diakonisch-missionarischen Werke' unterliegen nach Artikel 4 Grundgesetz der Religionsfreiheit und haben nach Art 140GG, in Bezug auf Artikel 136, 137, 138, 139 und 141 der Weimarer Reichsverfassung das Recht, ihre Angelegenheiten selbst zu ordnen. Dieses wird als das kirchliche Selbstbestimmungsrecht bezeichnet.

3 EKD Grundordnung. Der Artikel 15 lautet vollständig: (1) Die Evangelische Kirche in Deutschland und die Gliedkirchen sind gerufen, Christi Liebe in Wort und Tat zu verkündigen. Diese Liebe verpflichtet alle Glieder der Kirche zum Dienst und gewinnt in besonderer Weise Gestalt im Diakonat der Kirche; demgemäß sind die diakonisch-missionarischen Werke Wesens- und Lebensäußerung der Kirche.
(2) Die Evangelische Kirche in Deutschland fördert die in ihrem Gesamtbereich arbeitenden Werke der Inneren Mission, ungeachtet deren Rechtsform. Ihre Verbindung mit der Kirche und den Gemeinden sowie die freie Gestaltung ihrer Arbeit werden in Vereinbarungen und entsprechenden Richtlinien gesichert.
(3) Das Hilfswerk der Evangelischen Kirche in Deutschland wird von der Evangelischen Kirche in Deutschland, den Gliedkirchen und ihren Gemeinden getragen. Es dient dem kirchlichen Wiederaufbau sowie der Linderung und Behebung der Notstände der Zeit. Die Ordnung des Hilfswerkes bedarf eines Gesetzes der Evangelischen Kirche in Deutschland.

funktion nach kirchlichen Selbstverständnis‘, ist in diesem Zusammenhang wesentlich, weil damit angezeigt wird, dass Einrichtungen nicht durch eigene Erklärung und satzungsmäßige Bestimmung Lebens- und Wesensäußerung der Kirche sind, sondern allein durch Zueignung durch die jeweilige Landeskirche. Die Zuordnung einer Diakonischen Einrichtung zur Amtskirche kann also nur von dieser ausgesprochen werden. Sie dokumentiert sich in der Mitgliedschaft zum jeweiligen Diakonischen Werk. Dieses wird von der Amtskirche verpflichtet, über die Gestaltung der Satzung an die Mitglieder Anforderungen für die Mitgliedschaft zu formulieren, die die Kirchlichkeit gewährleisten.

Diese „Verkirchlichung“ der Diakonie ist von vielen Diakonischen Einrichtungen offensichtlich nicht mit vollzogen wurde. Es gibt deutliche Anzeichen, dass die mit dem kirchlichen Selbstbestimmungsrecht verbundenen Normen, wie z. B. der sog. Dritte Weg, nicht mehr von allen Diakonischen Einrichtungen mitgetragen werden.

In weiten Bereichen hat sich die Diakonie von der Gemeinde und die Gemeinde von der Diakonie entfernt. Inzwischen ist auch die Alten- und Krankenpflege aus den Gemeinden ausgewandert.

Am ehesten ist noch die Aktion „Brot für die Welt“, das Herzstück ökumenischer Diakonie, direkt mit den Gemeinden verbunden und hat hier häufig noch einen hohen Stellenwert.

Gleichwohl ist die doppelte Pfadgebundenheit von Diakonie nach wie vor prägend: Die kirchlichen und die sozialstaatlichen Bindungen bleiben bestimmend und werden jeweils als Rahmung und Bedingung der Bestandssicherung eingefordert.

Das spannungsvolle Verhältnis von blauer und violetter Diakonie drängt auf Klärung: Ist die blaue Diakonie unter den vorherrschenden wettbewerblichen Rahmenbedingungen noch als Ausdrucksgestalt von Kirche zu interpretieren und im Rechtsrahmen des staatskirchenrechtlichen Privilegs der verfassten Kirchen zu halten?

b. Violette Diakonie

Orte: Die violette Diakonie will seit jeher Diakonie an den Lebensorten der Menschen sein. Diakonie hat ein Gesicht durch den unmittelbaren diakonischen Dienst in den Gemeinden und Städten. In vielfältigen Formen wenden sich Menschen ihren Nächsten zu, unterstützen, beraten sie und helfen ihnen. Dieser lebensraumbezogene unmittelbare Dienst hat zwar auch institutionelle Formungen erhalten, wie z. B. die der Sozialberatung oder der unmittelbaren Existenzsicherung durch Tafeln und Kleiderkammern. Aber die Hilfeformen haben ihren Notfallcharakter behalten und ihre Nähe zu diakonischen Initiativen bewahrt. Bis heute versuchen Kirchengemeinden in dieser Weise auf die unmittelbare Not der Menschen vor Ort zu antworten. Unmittelbare Solidarität und Spontanität prägen diese Diakonie in der Tradition des Evangelischen Hilfswerkes.

Betrachtet man die sozialpolitische Entwicklung, dann gibt es gute Gründe, von einem Bedeutungsgewinn der Orte zu reden. Die Kommunalisierung sozialer Aufgaben, die in den vergangenen Jahren eine neue Dynamik entwickelt hat, könnte der Grund für diese Annahme sein.[4]

Struktur und Organisation: „In der vertikalen Aufgabenteilung zwischen Bund, Ländern und Kommunen haben die Kommunen insgesamt seit den siebziger Jahren einen Aufgabenzuwachs erfahren. Die Kommunalisierung betrifft sowohl die finanzielle als auch die fachliche Verlagerung von öffentlicher Verantwortung für die soziale Infrastruktur auf die örtliche oder regionale Ebene [...]. Was schon in der Vergangenheit üblich war, die großen Unterschiede zwischen den Bundesländern in der Kinder- und Jugendhilfe, zeigt sich auch verstärkt in der Sozialhilfe, insbesondere bezüglich der Hilfen für Menschen in besonderen sozialen Schwierigkeiten, der Altenhilfe, Behindertenhilfe und der Dis-

4 Die Kommunalisierung ist im Kern ein politisches Programm: Seiner inneren Logik werden wir an anderer Stelle nachgehen müssen. Ob darin wirklich das föderale und subsidiäre Prinzip in der Bundesrepublik neu zur Geltung kommt, muss im Einzelnen diskutiert werden.

kussion um die Zusammenlegung von Arbeitslosen- und Sozialhilfe."[5] Im Kern geht es bei diesen Budget-Lösungen letztlich um Einspareffekte und um einen vergrößerten Einfluss der Kommunen auf die Ausgestaltung aller sozialen Angebote.[6]

In der Kommunalisierung sozialer Dienstleistungen kann man durchaus auch positive Effekte entdecken: eine bessere Einbettung in das Gemeinwesen mit einer größeren Verantwortung der Kommunen für die Gesamtentwicklung und die Vernetzung mit bestehenden Institutionen. In dieser Perspektive könnten hier für Diakonie und Kirchen sowie für die kirchenkreisbezogene soziale Arbeit ganz neue Chancen liegen[7]. Unverhofft könnte die Kommunalisierung sozialer Aufgaben eine neue Stunde der Gemeinde einläuten, die „Bekehrung der Kirchengemeinde zur Diakonie"[8] befördern.

Die gemeindebezogene Gesundheitsversorgung, die heute in Aufnahme der Ottawa Charta vielfach ins Gespräch gebracht wird[9], könnte an die Praxis der Gemeindeschwester anknüpfen, die im kollektiven Gedächtnis von Kirchengemeinden als Ausdruck diakonischer Präsenz im Gemeinwesen noch lebendig ist.

5 Stempin, Lothar, Ortsnah. Begründungen und Beispiele einer regional verwurzelten Diakonie; In: Schmidt-Rost, Reinhard, Dennerlein, Norbert, Hahn, Udo (Hg.), Soll ich meines Bruders Hüter sein? Erkundungen und Reflexionen zum spannungsreichen Verhältnis von Kirche und Diakonie. Hannover 2005. S. 25–50.

6 Im Vordergrund der Betrachtung steht im Folgenden nicht die sozialpolitische Auseinandersetzung mit der Kommunalisierung. Dazu ist nur so viel zu sagen, dass von der Diakonie auf Mindeststandards gedrängt werden muss, die von allen Kommunen bei der Bereitstellung sozialer Leistungen angewendet werden müssen. Außerdem ist es für die weitere Diskussion wichtig, die Vereinnahmung der öffentlichen Haushalte und die Kommunalisierung zu trennen.

7 Kleinert, Ulfrid, Forschungs- und Fortbildungsprojekt Kirchenkreissozialarbeit. Dresden 1999.

8 Sommer, Jens: Der Dienst der Kirchen für eine Zukunft in Solidarität und Gerechtigkeit. Sozialdiakonie in Gemeinde und Kirchenkreis. In: Liedke, Ulf, Ins Wort fallen … Leipzig 1999, S. 168.

9 Krause, Regina, Gemeindebezogene Gesundheitsförderung. Studienbrief Weiterbildung „Gemeindebezogene Gesundheitsförderung" Modul P 01 Magdeburg: Hochschule Magdeburg-Stendal (FH), 2002.

Personen: Die violette Diakonie ist gleichzeitig von Hauptamtlichkeit und Ehrenamtlichkeit geprägt. Diakonische Initiativen werden von Ehrenamtlichen geprägt. Die Sozialarbeit vor Ort ist jedoch hauptamtlich besetzt. In dieser Gleichzeitigkeit liegt eine Spannung; außerdem lässt sich an dieser Eigenart ein Charakteristikum des Sozial- und Gesellschaftssystems Deutschlands ablesen. Betrachtet man demgegenüber das Verhältnis von Ehrenamtlichkeit und Hauptamtlichkeit im angelsächsischen Bereich auf der einen und in Deutschland auf der anderen Seite, so finden sich hier zwei ideen- und geistesgeschichtliche Entwicklungslinien im Verständnis von Ehrenamt bzw. von Zivilgesellschaft:

- Bürgerschaftliches Engagement ist Teil der Konstitutionsebene von Gesellschaft: Zivilgesellschaft bezeichnet nämlich eine fundamentale Verfasstheit, eine Lebensdimension der gesamten Gesellschaft. Theoretisch wird diese Auffassung frühneuzeitlich von Montesquieu und neuzeitlich von Hannah Arendt und Jürgen Habermas vertreten. Für das Gleichgewicht in der Gesellschaft, für eine funktionierende Gewaltenteilung und Gewaltenverschränkung sind „freie Assoziationen" oder der „öffentliche Raum" unabdingbar.
- Ehrenamtlichkeit ist ein intermediäres System in der Gesellschaft, ein gesellschaftsinternes Zwischenreich, das aber nicht ein wohlumgrenztes Teilsystem darstellt, sondern eher ein vermittelndes Geflecht zwischen den gesellschaftlichen Funktionssystemen.

Geld: Die violette Diakonie speist sich im Wesentlichen aus drei Quellen:

- Staatliche Zuwendungen, die überwiegend als freiwillige Leistungen gewährt werden
- Kirchliche Zuwendungen aus Kirchensteuern
- Spenden – Gabenfinanzierte Diakonie

Damit ist die violette Diakonie im Unterschied zur blauen Diakonie nicht Kostensatz finanziert.

Kontexte: Violette Diakonie interpretiert sich selbst in einem anderen Referenzrahmen: Das Gleichnis vom barmherzigen Samariter wird als Ursprungs- und Legitimationsgeschichte der neuzeitlichen Diakonie wieder und wieder erzählt. Aber dieser Ursprungsmythos beinhaltet die Gleichzeitigkeit von Empathie und Institution. Auf das kurzzeitige Aufleuchten des Erbarmens gegenüber dem, der unter die Räuber gefallen ist, folgt sogleich die Suche nach dem institutionellen Rahmen für die Weiterbetreuung.

Auf beiden Feldern zeigt sich in der Diakonie ein tiefgreifender Wandel. Das spannungsvolle Verhältnis von blauer und violetter Diakonie drängt auf Klärung: Ist die blaue Diakonie unter den vorherrschenden wettbewerblichen Rahmenbedingungen noch als Ausdrucksgestalt von Kirche zu interpretieren und im Rechtsrahmen des staatskirchenrechtlichen Privilegs der verfassten Kirchen zu halten?

Stoßen wir hier wieder auf die Wechselwirkung von Ereignis und Institution? Ist das Erbarmen gebunden an das Hier und Jetzt, an den Moment der Einfühlung? Und selbst wenn das so ist, benötigt diese gleichsam religiöse Erhebung mit offenen Händen und offenem Herzen nicht ihre Verstetigung in einer diakonischen Struktur?

Gibt es Beispiele, die Anlass zur Hoffnung geben, dass die Dualität von blauer und violetter Diakonie überwunden wird? Auf die Hospizbewegung hat sich diese Hoffnung gerichtet, weil hier gleichzeitig die Verbindung von Gesundheitssystem und alternativer Gesundheitsfürsorge, die Verbindung von klassischer Medizin und ganzheitlicher Sorge um den anderen Menschen am Ende des Lebens möglich werden könnte.

2. Hospizbewegung und die spezialisierte ambulante palliative Versorgung

Der Wunsch, sich schwer erkrankter und sterbender Menschen anzunehmen, bewegte viele Christen in den 80er Jahren und Anfang der 90er Jahre des vergangenen Jahrhunderts. Evangelische und katholische Gemeinden sahen in der Trauer- und Sterbebegleitung einen Weg, diakonisch aktiv zu werden. Christen und ihre Kirchen waren Vorreiter der sich in Deutschland ausbreitenden Hospizbewegung. Wesentliche Impulse zur Ausbreitung der Hospizbewegung sind von der evangelischen und katholischen

Kirche ausgegangen. Den Weg bereitet hat u.a. die Synode der VELKD im Jahr 1993[10].

Seither tritt die Hospizbewegung in Deutschland für eine Sterbebegleitung ein, bei der die Wünsche und Bedürfnisse des Sterbenden im Mittelpunkt stehen und eine gute Schmerzbehandlung und umfassende pflegerische Versorgung möglich sind. Aber sie hat sich tiefgreifend gewandelt. Heute, zwanzig Jahre später, kann man betrachten, wie ein auf Freiwilligkeit basierendes System unter die Logik des Gesundheitswesens gezwungen wird. Deutlich wird dieses, seit im Sozialgesetzbuch V die spezialisierte ambulante palliative Versorgung verankert worden ist. Einher geht dieses mit Leistungs- und Qualitätsanforderungen an diese Tätigkeit, die dann aber nur durch fachlich geschultes Personal erbracht werden kann. In der Umsetzung dieser so genannten SAPV werden die ambulanten Hospizdienste, die in der Häuslichkeit Sterbebegleitung anbieten, verdrängt.

a. Langlaufende Kontroversen

Aber schon vorher ist der Grundkonflikt zwischen Freiwilligkeit und Professionalität, zwischen zweckfreier Zuwendung zum Nächsten und ökonomischem Interesse in der Auseinandersetzung der Hospizbewegung mit Organisationen der aktiven Sterbehilfe exemplarisch deutlich geworden[11].

Im Rahmen der öffentlichen Debatte um aktive Sterbehilfe hat die FDP-Fraktion im niedersächsischen Landtag am 28. November 2005 eine Fachtagung zum Thema veranstaltet, zu der auch Vertreter von Dignitas e. V.[12] eingeladen wurden. Schon im ersten

10 Schmidt-Rost, Reinhard: Sterben, Tod, Trauer: vom Umgang mit der Grenze des Lebens in der modernen Gesellschaft. Stuttgart 1995; „Hospiz-Bewegung“: ein Arbeitsbericht für die Generalsynode der VELKD/Hrsg.: Luther. Kirchenamt d. VELKD. – (Texte aus der VELKD; 39). Hannover, 1990.

11 Die folgenden Darstellung beruht auf: Lothar Stempin, Hospize – eine Antwort auf den Wunsch nach aktiver Sterbehilfe? 2006. 73–81.

12 „DIGNITAS – Menschenwürdig leben – Menschenwürdig sterben“ ist ein Verein Schweizerischen Rechts und wurde am 17. Mai 1998 auf der Forch (bei Zürich) gegründet. Die Organisation hat statutengemäß den Zweck, ihren Mitgliedern ein menschenwürdiges Leben wie auch ein menschenwürdiges Sterben zu sichern.

Beitrag dieser Veranstaltung wurde deutlich, dass zwischen der Hospizbewegung und den Organisationen, die aktive Sterbehilfe praktizieren, manche Rechnungen offen sind. So wurde behauptet, dass es keinen Zusammenhang zwischen der relativ schlechten palliativ-medizinischen Versorgung in Deutschland und dem Wunsch nach aktiver Sterbebegleitung gebe. Wenn von Seiten der Hospizbewegung behauptet würde – so fuhr der Redner fort –, eine flächendeckende palliativ-medizinische und hospizliche Versorgung in Deutschland werde den Ruf nach aktiver Sterbehilfe zum Verstummen bringen, so könnte diese Behauptung nur als Marketing in eigener Sache verstanden werden.

Damit werden die Hospizbewegung mit ihren ambulanten Diensten und stationären Hospizen auf der einen Seite und die Organisationen der aktiven Sterbehilfe auf der anderen Seite in ein Marktgeschehen eingeordnet, in dem die Teilnehmer um Marktanteile ringen und den Menschen scheinbar Tröstliches wohlfeil angeboten wird.

Die Hospizbewegung ist stattdessen als eine gesellschaftliche Reformbewegung zu verstehen, als eine Alternative im Gesundheitssystem und drittens als ein Zuhause in der letzten Lebensphase. Diese drei Merkmale hospizlicher Arbeit sollen im Folgenden entfaltet und der Forderung nach aktiver Sterbehilfe entgegengestellt werden. Danach wird deutlicher sein, ob Hospize eine Antwort auf die Frage nach aktiver Sterbehilfe sein können.

b. Gesellschaftliche Reformbewegung

Ambulante Hospizdienste und stationäre Hospize sind aus Bürgerbewegungen erwachsen; in Deutschland sind heute ca. 1.300 Hospizvereine bekannt. In Niedersachsen wurde im Jahr 1993 die Landesarbeitsgemeinschaft Hospiz gegründet; seither hat sich die Zahl ihrer Mitglieder mehr als verfünffacht. Die Debatte um aktive Sterbehilfe befördert die Gründung von weiteren Hospizinitiativen, wie sich in den Bereichen Helmstedt und Goslar in der Ev.-luth. Landeskirche in Braunschweig erkennen lässt. Demgegenüber ist die Zahl der Mitglieder in der DGHS über mehr als ein Jahrzehnt bei ca. 40.000 konstant geblieben.

Basisbewegungen greifen vergessene oder verborgene Themen einer Gesellschaft auf und bemühen sich, eine Alternative in der Lebensgestaltung zu entwickeln. Die ambulante Hospizarbeit und die stationären Hospize geben Trauer und Abschied eine bisher nicht gekannte Tiefe und Gestalt. Damit wird die Abschiedskultur unserer Gesellschaft insgesamt weiterentwickelt. Über das individuelle Sterben in Würde hinaus, werden implizit Trauer- und Übergangsphänomene in der Gesellschaft bearbeitet. Deutschland hatte in den vergangenen eineinhalb Jahrzehnten gleichzeitig das Sterben eines Staates und die Krise der sozialen Sicherungssysteme zu bewältigen. Die viel beklagte Verdrängung des Todes hat also auch eine kulturelle Komponente. Die kollektiven Konzepte, die Strategien der Wirklichkeitsbewältigung geraten an eine Grenze. Wie ist es um die individuelle und gesellschaftliche Fähigkeit bestellt, die eigene Fragilität, Gefährdung und Bedürftigkeit in den Blick zu nehmen?

Zu den sozialgeschichtlichen Aspekten kommen weitere dazu: Die Erkenntnisweise der exakten Naturwissenschaften strukturiert und dominiert das Zusammenwirken der Gesellschaft, so auch das moderne Bild vom Tod. Die gesellschaftliche Macht der Institutionen der Produktion und Verwaltung bilden in der Moderne die ranghöchsten Erkenntnis- und Praxisinteressen. Sie dominieren auch das Gesundheitssystem.

Die Debatte um aktive Sterbehilfe lässt weitgehend diese gesamtgesellschaftliche Betrachtung und die kulturelle Dimension des Themas vermissen. Es wird versucht, das Phänomen aus medizinischer, juristischer, ethischer Sicht zu erfassen. Entsprechend wird dann entweder die Entscheidungssituation am Krankenbett herausgestellt, auf die Notwendigkeit einer Patientenverfügung abgehoben oder die Frage der Patientenautonomie diskutiert.

Hospize und die Hospizarbeit insgesamt können als transdisziplinäre und ganzheitliche Bewältigungsformen kultureller und gesellschaftlicher Veränderungsprozesse verstanden werden. Allein von dieser Betrachtung her wird die enorme Resonanz erklärbar, die dieses Thema auslöst. Sterbebegleitung wie auch aktive Sterbehilfe sind als Rückfragen an die Tragfähigkeit von sozialen Beziehungen und die behütende Kultur des Gemeinwesens zu verstehen. Wo sind in der Krise die Orte, an denen das Bleiben tröstlich ist? Zu Hause, im Krankenhaus, im Pflegeheim – oder in einem stationären Hospiz? Oder soll man sich solchen Institutionen besser nicht anvertrauen und selbst ein Ende machen, weil scheinbar nichts mehr zu machen ist?

Hospize sind Such- und Sammelräume für die Klärung dieser zentralen Fragen – hier sind die perfekten Antworten nicht schon da, aber ein Raum der Klärung und Gestaltung wird geöffnet, ohne die Abkürzung der aktiven Sterbehilfe zu suchen. Wie müssen aber die gesellschaftlichen Räume und die institutioneller Gegebenheit gestaltet sein, dass darin Personsein in Würde und Sterben in Achtung möglich sind?

c. Alternative im Gesundheitssystem

Die hospizliche Arbeit ist neben dem Gesagten konkreter Ausdruck und Teil der Reform des Gesundheitswesens der Bundesrepublik. Das gilt in struktureller, finanzieller und fachlicher Hinsicht. Im fünften Sozialgesetzbuch (SGB V) werden Leistungsausschlüsse und Zuzahlungen definiert. Die Abkehr vom Kostendeckungsprinzip und die Deckelung der Leistungen ist erstmals im stationären Hospiz umgesetzt worden. Ähnlich wie in der Pflegeversicherung ist bei der hospizlichen Versorgung deutlich geworden, dass das deutsche Gesundheitssystem kein Vollleistungssystem mehr ist. Dies bedeutet, dass die Kostenträger lediglich 90 % der Aufwendungen auf der Basis eines verhandelten Bedarfssatzes tragen. Der Restbetrag muss vom Leistungserbringer selbst bereitgestellt werden, ohne dass die Patienten herangezogen werden dürfen. Die Finanzierung der stationären Hospize weicht auch bei den Investitionskosten deutlich von der Praxis im Krankenhaus- und Pflegeheimbereich ab: Es gibt keine Investitionskostenzuschüsse von Seiten des Landes oder anderer Kostenträger für das Gebäude.

Die Hospizarbeit leistet einen eigenen Beitrag zur Weiterentwicklung unseres Gesundheitssystems. Angesichts einer Verkürzung der Verweildauer im Krankenhaus durch die Einführung der Fallpauschalen wird hier ein integratives System von ambulanter und stationärer Versorgung bereitgestellt. Insbesondere zielt die Hospizbewegung auf eine flächendeckende hospizliche und palliativmedizinische Versorgung mit ganzheitlicher Pflege im Angesicht des Todes und mit effektiver Symptomkontrolle unter Ausschöpfung aller palliativ-pflegerischen Möglichkeiten. Der Sterbende und seine Bedürfnisse stehen dabei im Mittelpunkt, insbesondere sein Bedürfnis nach Kontakt und spiritueller Begleitung. Die Einbeziehung der Angehörigen, die Mitarbeit Ehrenamtlicher sind weitere Elemente des Hospizkonzeptes. Diese umfassenden Kontakte und die Einbettung von Hospizen in die Städte machen Sterben wieder zu einem Teil des Lebens.

d. Überformung durch die spezialisierte ambulante palliative Versorgung

Der Impuls der Hospizbewegung, Menschen auf dem letzten Lebensweg nahe zu sein, ist in den vergangenen zwei Jahrzehnten mehrfach überformt worden. Für viele Hospizbewegte ist der maßgebliche Ort dieser Begleitung die Häuslichkeit der Menschen. Die Gründung stationärer Hospize wurde deshalb von etlichen mit Skepsis betrachtet.

Die sozialgesetzliche Verankerung der Palliativmedizin und strukturelle Einbettung der spezialisierten ambulanten palliativen Versorgung in das Sozialgesetzbuch V erscheint als endgültige Überformung der Bewegung durch das Medizinsystem. Vollfinanzierung, Leistungsvereinbarung, Leistungsmessung, Qualitätssicherung, flächendeckende Versorgung – das sind die Leitprinzipien, die deutlich machen, dass die Logik des Medizinsystems vollständig Einzug gehalten hat in das hospizliche Feld. Die SAPV Richtlinie offenbart einen Zugang zur Begleitung Schwerstkranker und Sterbender, der durch die Steuerungshoheit durch das Medizinsystem[13] und Kategorien des Managements[14]

13 Richtlinie des Gemeinsamen Bundesausschusses zur Verordnung von spezialisierter ambulanter Palliativversorgung (Spezialisierte Ambulante Palliativversorgungs-Richtlinie/SAPV-RL) vom 20. Dezember 2007, veröffentlicht im Bundesanzeiger 2008, S. 911 zuletzt geändert am 15. April 2010, veröffentlicht im Bundesanzeiger, S. 2 190, in Kraft getreten am 25. Juni 2010.

14 SAPV Richtlinie, § 5 Abs. 3: Führung eines individuellen Behandlungsplans, vorbeugendes Krisenmanagement, Bedarfsinterventionen – Ruf-, Notfall- und Kriseninterventionsbereitschaft rund um die Uhr für die im Rahmen der SAPV betreuten Patienten zur Sicherstellung der im Rahmen der SAPV erforderlichen Maßnahmen.

geprägt ist. Auch der Netzwerkgedanke wird hier in der spezifischen Perspektive des Gesundheitssystems umgesetzt. „Inhalte der SAPV sind insbesondere:

- Koordination der spezialisierten palliativmedizinischen und palliativpflegerischen Versorgung unter Einbeziehung weiterer Berufsgruppen und von Hospizdiensten im Rahmen einer multiprofessionellen Zusammenarbeit
- Symptomlinderung durch Anwendung von Medikamenten oder anderen Maßnahmen
- apparative palliativmedizinische Behandlungsmaßnahmen (z. B. Medikamentenpumpe)
- palliativmedizinische Maßnahmen, die nach ihrer Art, Schwere oder Komplexität eine Kompetenz erfordern, die der einer Ärztin oder eines Arztes mit Zusatzweiterbildung Palliativmedizin entspricht
- spezialisierte palliativpflegerische Leistungen, die nach ihrer Art, Schwere oder Komplexität eine Kompetenz erfordern, die der einer Pflegefachkraft mit einer curricularen Weiterbildung zu Palliative Care entspricht
- Führung eines individuellen Behandlungsplans, vorbeugendes Krisenmanagement, Bedarfsinterventionen
- Ruf-, Notfall- und Kriseninterventionsbereitschaft rund um die Uhr für die im Rahmen der SAPV betreuten Patienten zur Sicherstellung der im Rahmen der SAPV erforderlichen Maßnahmen
- Beratung, Anleitung und Begleitung der Patienten und ihrer Angehörigen zur palliativen Versorgung einschließlich Unterstützung beim Umgang mit Sterben und Tod
- spezialisierte Beratung der betreuenden Leistungserbringer der Primärversorgung
- psychosoziale Unterstützung im Umgang mit schweren Erkrankungen in enger Zusammenarbeit z. B. mit Seelsorge, Sozialarbeit und ambulanten Hospizdiensten
- Organisation regelmäßiger Fallbesprechungen
- Dokumentieren und Evaluieren der wesentlichen Maßnahmen im Rahmen der SAPV“[15]

15 SAPV Richtlinie, § 5 Abs. 3.

Sterbebegleitung, auch in der Häuslichkeit, wird medizinischer Logik unterworfen. Es besteht die Gefahr, dass SAPV die familiäre und ehrenamtliche Präsenz verdrängt. Die interdisziplinäre Zusammenarbeit ist zwar Ziel der Richtlinie. Aber in der Praxis wird durch die SAPV Sterbebegleitung als Geschäftsfeld entdeckt. Die Modalitäten der Anerkennung als SAPV-Dienst bestätigen diese Einschätzung.

Letztlich wird das Lebensführungsthema ‚Sterben' auf das Gesundheitssystem übertragen und damit dessen Logik unterworfen. Die Reste von kultureller Kompetenz im Umgang mit Sterben und Tod werden damit an den Rand gedrängt.

Während zu Beginn der neunziger Jahre des vergangenen Jahrhunderts das Thema Sterbebegleitung von Seiten der Kirchen sehr geprägt wurde, haben sich mittlerweile die evangelische und katholische Kirche aus der Trägerschaft fast aller stationären Hospize zurückgezogen. Auch ihre Mitarbeit in den Hospizvereinen ist weniger prägend als in der Anfangsphase dieser Bewegung. Damals waren die Kirchen gleichsam bei ihrem genuinen Thema, als sie sich mit der Begleitung schwerstkranker und sterbender Menschen befasst haben. Aus den genannten Gründen haben sie die Themenhoheit an dieser Stelle aufgegeben bzw. verloren.

In den Diakonischen Werken hat es hier und da weiterhin Verbindungen zu Hospizbewegungen gegeben, einzelne Diakonische Werke sind auch in die Trägerschaft von Hospizen mit eingetreten. Auf Seiten des Diakonischen Werkes der EKD ist der Wandel von der Hospizbewegung zur Bundesarbeitsgemeinschaft Hospiz und Palliativmedizin ohne größeren Widerstand mit vollzogen worden. Die Möglichkeit, über die spezialisierte ambulante palliative Versorgung endlich zu einer Vollfinanzierung hospizlicher Arbeit zu kommen, hat bis auf Ausnahmen sogar Gründergestalten der Hospizbewegung bewogen, diese Entwicklung ausdrücklich zu begrüßen. Kritisch äußerte sich Peter Godzik: „Die Hospizbewegung ist schon jetzt deutlich in diesen Prozess der Medikalisierung und Ökonomisierung des Sterbens eingebunden. Ihr ist es zugleich zu verdanken, dass heute mehr Geld für Menschen am Lebensende zur Verfügung steht. Sie gerät dabei immer deutlicher in Konkurrenz zur Palliativmedizin, die die Früchte des Hospizerfolgs zu ernten begonnen hat.[16]

Diesem Aufruf an die Hospizbewegung, die Logik der Palliativmedizin zu übernehmen, liegt ein fundamentales Missverständnis zu Grunde. Die hospizliche Begleitung von Sterbenden und die Palliativtherapie sind zwar nicht hinsichtlich der Patienten zu unterscheiden, wohl aber – und darauf kommt es an – im Blick auf die implizite Botschaft an die Sterbenden. Die Palliativtherapie sieht den Leidenden und erbarmt sich seiner durch lindernde Behandlung und Pflege. Die hospizliche Haltung sieht die „höhere Gesundheit“[17] hinter der Krankheit, um eine Formulierung Friedrich Nietzsches aufzugreifen. Exemplarisch findet sich diese Einstellung in dem in der Hospizbewegung häufig zitierten Sätzen ihrer Gründerin Cicely Saunders: „Wir können dem Leben nicht mehr Tage geben, aber den Tagen mehr Leben.“ Und „Sterben ist Leben, Leben vor dem Tod“[18]. Die Satzungen der Hospizvereine sprechen davon, dass die hospizliche Begleitung dem Gast ermöglichen solle, in Würde sterben zu können.[19] Aus diakonischer Perspektive und unter Bezug auf die biblische Tradition ist

16 Godzik, Peter, Hospizbewegung quo vadis. 2011. S. 6: „Wenn sie dennoch mithalten will, dann muss die Hospizbewegung deutlich machen, dass sie das, was die Palliativmedizin kann, (fast) auch alles kann: Standardisierung von Angeboten, Qualitätskontrolle, unablässige Fortbildungsmaßnahmen, Zertifizierungen. Die Hospizbewegung wird erfahren, dass sie in diesem Wettlauf nicht mithalten kann, sondern den Kürzeren zieht. Die Hospizbewegung, die ein Sterben in Würde und mit menschlicher Zuwendung wollte, sieht sich heute auf dem Weg zum „qualitätskontrollierten Sterben“, sieht sich zunehmend unter dem Zwang zur Dokumentation, zur Bürokratisierung, zur Verwaltung von Geldern, wenn sie im Vergleich mit der Palliativmedizin satisfaktionsfähig bleiben will.“

17 Nietzsche, Friedrich, Menschliches, Allzumenschliches I. Kritische Gesamtausgabe. IV.2. Berlin 1967. S. 17.

18 Vgl. z. B. Hospizverein Preetz. Unter: http://www.hospizverein-preetz.de (Stand: 17.03.2014).

19 Vgl. Satzung des Deutschen Hospiz- und Palliativverbandes e. V.: „Im Zentrum stehen die Würde des Menschen am Lebensende und der Erhalt größtmöglicher Autonomie. Voraussetzung hierfür sind die weitgehende Linderung von Schmerzen und Symptomen schwerster lebensbeendender Erkrankungen durch palliativärztliche und palliativpflegerische Betreuung sowie eine psychosoziale und spirituelle Begleitung der Betroffenen und ihrer Angehörigen.“ Unter: http://www.dhpv.de/ueber-uns_der-verband_satzung.html (Stand: 17.03.2014).

diese Vorstellung anschlussfähig und einleuchtend. Die neutestamentliche Botschaft von Kreuz und Auferstehung sieht durch das Leid auch das Leben. Die prophetische Überlieferung des Gottesknechtes verbindet Krankheit mit Erlösung und Befreiung.[20] Durch den Hospizgedanken erweitert sich damit die Vorstellung von Gesundheit um die religiöse und spirituelle Dimension![21]

Diese Unterscheidung erlaubt es auch, in der Palliativmedizin eine Bereicherung und Ergänzung der Schulmedizin zu sehen. Bei aller berechtigten Kritik an dieser Entwicklung sollte nicht übersehen werden, dass durch die Rückkehr der Palliativmedizin in die Krankenhäuser ein bisher dort weitgehend ausgeblendetes Heilkonzept seine Wirkung entfaltet, und zwar nicht nur für die Patienten, sondern auch für die Ärzte!

Faktisch beansprucht eine alternative Weise des Heilens Platz im Medizinsystem. Diese Heilkunst fordert den Arzt als Person in seiner kommunikativen und emotionalen Kompetenz vielmehr als die gelegentlich wortkarge technische Medizin. Die Palliativmedizin hält der reparativen Medizin, ihrem Drang zur Lebensverlängerung, ein anderes Bild entgegen. Angesichts des Sterbens steht das Lindern der Schmerzen im Vordergrund, auf alle grandiosen maschinenmedizinischen Möglichkeiten muss verzichtet werden. Die Heiltechnik wird, wenn es gut geht, in der Palliativmedizin in eine neue Balance mit der Heilkunde gebracht.

Für die Diakonie führt die Erinnerung an das Heilen mittels des „palliums“ in die eigene Ursprungsüberlieferung zurück. Der Mantel kann als das christliche Sinnbild der Barmherzigkeit gelten. Bezeichnenderweise ist der große Arzt Paracelsus für eine von der Barmherzigkeit getragene Heilkunde in der Überzeugung eingetreten, dass „die Lieb und Barmherzigkeit den Arzt kunstreich macht…“[22]

20 Vgl. z. B. Lukas 23–24 und Jesaja 53.

21 Bei dieser These wird keineswegs übersehen, dass die Hospizbewegung in der Breite sich dezidiert nicht konfessionell versteht und sich der Inanspruchnahme durch die historischen Kirchen in Deutschland entzogen hat.

22 Zitiert nach: Preu, Heinrich Adolph, Das System der Medicin des Theophrastus Paracelsus: aus dessen Schriften ausgezogen und dargestellt. Berlin 1838. S. 79.

3. Gesundheit: Thema der Diakonie

Durch die beschriebene Verhältnisbestimmung von Hospizbewegung und Palliativmedizin sind wesentliche Motive christlichen Gesundheitshandelns sichtbar geworden. Wie steht es nun heute um diese Grundhaltungen und Gesten der Diakonie und der christlichen Lebensäußerung in den diakonischen Einrichtungen? Bringt die Diakonie diese Weisen der Gesundung und Genesung in das aktuelle Gesundheitswegen ein?

Mit den schon im ersten Teil dieses Abschnittes eingeführten Kriterien wird der Frage nach der Präsenz und dem Stellenwert des Themas Gesundheit in der Diakonie und der verfassten Kirche nachgegangen.

Orte: Entsprechend der Gesamtentwicklung im Gesundheitswesen verbinden auch diakonische Einrichtungen ihre Marken bzw. Firmenbezeichnung mit dem Gesundheitsthema. Dabei sind drei Erscheinungsformen zu beobachten:

Erstens findet sich die Bezeichnung „Diakonie Gesundheitszentrum“, wie zum Beispiel bei den Diakoniekliniken in Kassel. Doch „Gesundheitszentrum“ ist lediglich ein Alternativbegriff für Krankenhaus oder Klinikum. Der gesellschaftlich positiv besetzte Begriff Gesundheit wird verwendet, um das eigene Geschäftsfeld attraktiv erscheinen zu lassen.

Zweitens wird der Begriff Gesundheitszentrum der Diakonie für ein erweitertes Leistungsspektrum und ein neues Konzept von Kliniken verwendet. Beispielhaft dafür steht das Gesundheitszentrum des Evangelischen Diakoniewerkes in Schwäbisch Hall.

Eine dritte Variante findet sich beispielhaft im Diakonie- und Gesundheitsladen Nordstadt Hannover. „Der Diakonie- und Gesundheitsladen wendet sich vor allem an Kinder, Jugendliche und junge Erwachsene, denen durch Armut, Benachteiligung und Ausgrenzung Schaden an ihrer Gesundheit droht, oder bei denen bereits ein gesundheitlicher Schaden eingetreten ist.“[23]

23 Vgl. unter: http://www.diakonisches-werk-hannover.de/beratung_behandlung/spenden/gesundheitsladen_nordstadt.html (Stand: 17.03.2014).

In einem Stadtteil, in dem überdurchschnittlich viele sozial benachteiligte Menschen leben, ist ein Stadtteilladen, in dem bisher schon allgemeine Sozialberatung sowie Haushalts- und Budgetberatung angeboten worden sind, in dem auch eine Kleiderkammer existiert, in seinem Themenspektrum um Gesundheitsberatung und Ernährungsberatung ergänzt worden. Die Hilfesuchenden können sich auch bei Arztbesuchen begleiten lassen.

Das Diakonische Werk Braunschweig hat eine vom Verfasser konzipierte und begleitete Studie herausgegeben, in der der gesundheitlichen Lage von Familien mit geringem Einkommen ein besonderes Augenmerk gewidmet worden ist. Am Beispiel der Gesundheitsprävention wird die zukünftige Aufgabe deutlich: „Wir haben mit vielen Menschen im SGB II-Bezug zu tun, bei denen die Vorsorge für die Gesundheit nicht rechtzeitig und angemessen betrieben worden ist. Sie sind aus gesundheitlichen Gründen aus dem Arbeitsprozess ausgeschieden. Die Rehabilitationsmaßnahmen werden nicht optimal auf ihre berufliche Wiedereingliederung gerichtet. So geraten sie an den Rand. Der Wunsch der befragten Familien, in gesundheitlichen Themen mehr Unterstützung zu bekommen, benennt ein Risikofeld nachhaltiger gesellschaftlicher Desintegration.“[24]

Das Gesundheitszentrum Diako Bremen stellt auch nur eine Bezeichnung der Klinik dar, bietet aber doch „Gesundheitsimpulse“ und damit eine thematische Vertiefung über die kostensatzfinanzierten medizinischen Leistungen hinaus.

Dazu zählen Impulse zur Gesundheitsförderung, Angebote der Entspannung, Hinweise zur Krankheitsvorbeugung und alternative Heilmethoden. Darüber hinaus werden Vorträge zu Ernährungsfragen und Übergewicht, Depression und Burnout angeboten. Das Seminar- und Kursangebot reicht von Aquafitness über Reiki hin zu Hilfe beim Stottern, Stressbewältigung oder Fitness für Übergewichtige.

Organisation: Die Bezeichnung „Gesundheitszentrum“ hat auch einen organisatorischen und strukturellen Anteil. „Zentren“ sind

24 Wirksam Wege für Familien mit geringem Einkommen im Braunschweiger Land gestalten. Eine Initiative des Diakonischen Werkes der Evangelisch-lutherischen Landeskirche in Braunschweig e. V. und der Stiftung Braunschweigischer Kulturbesitz. 2011. S. 6.

eine inzwischen geläufige Organisationsform für den Gesundheitsbetrieb: Am Anfang standen medizinische Versorgungszentren, später kamen Zentren für bestimmte Krankheitsbilder dazu.

Diakonische Einrichtungen des Gesundheitssystems bieten Gesundheitswochen für Mitarbeitende an. Gelegentlich wird bei diesen Anlässen Gesundheit auch als Dienstleistungsprodukt für Dritte beworben. Zu diesem Zweck werden die Gesundheitstage geöffnet für Patienten, deren Angehörige, Kunden und Partnerfirmen.

Das Themenspektrum dieser Gesundheitstage orientiert sich an den klassischen Elementen der Gesundheitsförderung: Ernährung, Bewegung, Stressabbau.

Personen: Erst in jüngster Zeit tritt neben die Organisation des Gesundungsprozesses für den Patienten die Gesundheitsförderung der Mitarbeitenden als Organisationsaufgabe:

Der 3. Kongress für Personalentwicklung in der Kirche hat unter dem Thema: „Salutogenese und Veränderungsprozesse. Was erhält gesund, wenn sich doch alles ändert?" vom 28. Februar bis zum 2. März 2011 in der Gemeindeakademie in Rummelsberg den Zusammenhang von Führung und Gesundheit herausgestellt.[25] In der Folge ist die salutogene Dimension Bestandteil der Personalentwicklung und Fortbildung der Pfarrerinnen und Pfarrer der Evangelischen Kirchen in Bayern geworden.[26]

Dieser Blickwinkel wird z. B. in die Jahresgespräche, die Personalgespräche und Projekte wie „Atemholen" eingebracht. Auch in anderen Landeskirchen ist zwischenzeitlich Gesundheitsförderung zum Thema geworden.[27]

25 Velten, Armin, Salutogenese und Veränderungsprozesse. Was erhält gesund, wenn sich doch alles ändert? Unter: http://www.gemeindeakademie-rummelsberg.de/sites/gemeindeakademie-rummelsberg.de/files/bilder/Ver%C3 %A4nderungsprozesse%20und%20 %20Salutogenese%20-%20 Kongress%20f%C3 %BCr%20PE.pdf. (Stand:17.03.2014).

26 Der Fortbildungsreferent der Evangelischen Kirche in Bayern ist zugleich Referent für Salutogenese.

27 Siehe: Rohnke, Andreas, Salutogenese und Gesundheitsmanagement. Eine Studie zu Gesundheitsressourcen und Belastungspotentialen im Pfarrberuf der Evangelischen Kirche von Kurhessen-Waldeck. Kassel 2012. Vgl. auch: Belastungserleben und Gesundheit im Pfarrberuf. Eine Untersuchung in der Evangelischen Landeskirche Baden. Unter: http://

Das Diakonische Werk der EKD hat im Februar 2012 erstmals eine Arbeitstagung zum Thema „Betriebliche Gesundheitsförderung in der Diakonie angeboten". Schwerpunkt war die psychische Gesundheit in der Arbeitswelt; dabei wurde auf das Projekt des Bundesverbandes der Betriebskrankenkassen Bezug genommen und die Datenlage zu dieser Fragestellung ebenfalls aus der BKK Bund dargestellt. Insgesamt wurde deutlich, dass von Seiten der Diakonie keine eigenen Konzepte betrieblicher Gesundheitsförderung vorliegen und deshalb die Zusammenarbeit diakonischer Unternehmen mit den Berufsgenossenschaften für Gesundheitsdienst und Wohlfahrtspflege in der betrieblichen Prävention angestrebt wird.

Eine weiteres interessantes Projekt mit dem Titel: „Existentielle Kommunikation und spirituelle Ressourcen in der Pflege" ist im Jahr 2010 durch das Diakonische Werk der EKD aufgelegt worden. Mit der Entwicklung eines Curriculums zu existentieller Kommunikation und spirituellen Ressourcen in der Pflege ist das Projekt im Dezember 2012 abgeschossen werden.[28]

Der Fachverband Behindertenhilfe des Werkes für Diakonie und Entwicklung hat vom 11.–12. April 2013 eine Fachtagung zum Thema „Resilienz für Profis- Psychiatrie im Wandel – Mitarbeitende im Mittelpunkt" veranstaltet.[29]

Geld: Die Finanzierung der Dienstleistungen der Diakonie unter dem Leitbegriff Gesundheit erfolgen ganz überwiegend über die Krankenversicherungen und sind damit Kostensatz finanziert. Nur in ersten Ansätzen werden Leistungen der Gesundheitszentren der Diakonie über Eigenbeträge der Patienten finanziert.

Kontexte: Das Diakonische Werk der EKD als Spitzenverband der Freien Wohlfahrtspflege äußert sich regelmäßig in Form von Stellungnahmen zu gesundheitspolitischen Fragen. Anlässe für

www.pfarrerverband.de. (Stand: 17.03.2014). Beide Studien sind von Berufsverbänden und nicht von den jeweiligen Kirchen beauftragt worden.

28 Kontakt: utsch@ezw-berlin.de.

29 Bundesverband evangelischer Behindertenhilfe e. V. Dokumentationen der Fachtagung Resilienz. Unter: http://www.beb-ev.de/inhalt/materialien-zur-fachtagung-resilienz-fur-profis-psychiatrie-im-wandel-mitarbei tende-im-mittelpunkt (Stand: 17.03.2014).

solche verbandlich-politischen Äußerungen sind die Gesetzesvorhaben des Bundestages oder die allgemeine gesundheitspolitische Debatte, z. B. zum Gesundheitszustand von Kindern aus Familien mit geringem Einkommen. Programmatische Züge trägt das Positionspapier „Gesundheitspolitische Perspektiven der Diakonie“[30], in dem Aussagen zur Neuorientierung der Krankenversorgung und zur Weiterentwicklung des Rehabilitationssystems gemacht werden.

Die Gesundheitsthematik ist gleichwohl in Diakonie und Kirche bisher systematisch kaum erfasst und konzeptionell über die genannten Ansätze hinaus nur sehr vereinzelt aufgegriffen worden[31]. Charakteristisch für die bisherige Beschäftigung ist die Orientierung an Fragestellungen des vorfindlichen Gesundheitssystems und auf der institutionellen Ebene die Rezeption von Konzepten der Gesundheitsförderung und des betrieblichen Gesundheitsmanagements von Unternehmen. Die Motive der Beschäftigung mit Gesundheit in der Diakonie und Kirche entsprechen den von gewinnorientierten Unternehmen: Es ist die Beobachtung der alternden Belegschaften und die Notwendigkeit, Kompetenz und Wissen älterer Mitarbeitenden zu erhalten. Betriebliches Gesundheitsmanagement wird auch als Möglichkeit gesehen, den Unternehmenserfolg zu fördern oder zu sichern. Gesunde Mitarbeitende sind im Wettbewerb schlicht von Vorteil.

Ein institutioneller Selbstanspruch, die Dimension von Gesundung und Heilung zu vermitteln, ist nicht erkennbar.

Mit diesen Ansätzen wird auch die Gesundheit von Mitarbeitenden in der Diakonie und der Kirche reflektiert. Dabei fällt den Personalverantwortlichen die steigende Zahl von Belastungsanzeigen von Mitarbeitenden auf. Immer wieder kommt es zu schweren Krankheitsfällen oder Erschöpfungssituationen, die unter den

30 Gesundheitspolitische Perspektiven der Diakonie 2009. Diakonie Texte Positionspapier 11.2009. Im Diakonischen Werk der EKD wird das Thema Gesundheit in dem gleichnamigen Zentrum bearbeitet.

31 Große Diakonische Träger, wie die von Bodelschwinghschen Stiftungen, haben für Teilbereiche ein Betriebliches Gesundheitsmanagement entwickelt. Vgl. Jürgen Lempert-Horstkotte, Gesundbleiben in der Pflege-Betriebliche Gesundheitsförderung in Bethel. Einführung, Methoden und Instrumente. 2011.

Begriff Burn-Out gefasst werden. Die vorhandenen Häuser der Einkehr und der Erholung nach solchen Erschöpfungserfahrungen können oft nicht mehr leisten, als die Mitarbeitenden wieder arbeitsfähig im alten System zu machen.

Die Gründe für diese Zurückhaltung liegen in der Tiefe des protestantischen Selbstverständnisses: Das hohe Arbeitsethos, das insbesondere bei Mitarbeitenden im diakonischen und kirchlichen Dienst voraussetzt, dass man jederzeit dienstbereit ist, lässt keinen Raum für Schwäche und Erkrankung.

Der Kongress zur Personalentwicklung in Rummelsberg[32] hat die Fragestellung erweitert: Die Erfahrung sinnvoller Tätigkeit in dynamischen Veränderungs- und Krisenszenarien ist die Voraussetzung für die Gesundheit von Mitarbeitenden. Dennoch stehen auch hier die Rückbezüge auf Aaron Antonovsky und Victor Frankl im Vordergrund. Theologische Kategorien für Gesundheit und Heilung werden nur in ersten Ansätzen entfaltet.[33]

Das Evangelische Diakoniewerk Schwäbisch Hall e. V. und die Immanuel Kliniken in Berlin bieten in ihren Krankenhäusern komplementär-medizinische Leistungen an. Diese werden in der Abteilung für Naturheilkunde dieser Kliniken erbracht. Im Diakoniewerk Schwäbisch-Hall liegt der Schwerpunkt auf ergänzenden Pflegemethoden aus der Naturheilkunde. Vermittelt werden verschiedene Methoden, „die körpereigene Fähigkeiten zur Spontan- oder Selbstheilung anregen sollen. Wichtig ist dabei, dass nicht auf Schulmedizin und ärztlichen Rat verzichtet werden soll, sondern eine zusätzliche ‚Methode' zur Verfügung steht, um Beschwerden vorzubeugen oder körperliches Wohlbefinden zu unterstützen."[34] Die Abteilung Naturheilkunde am Immanuel Krankenhaus Berlin bietet z. B. Fastenkuren und heilsames Fasten an.

32 Vgl. 3. Kongress für Personalentwicklung in der Kirche – Führungsaufgabe Gesundheit – 2011. Unter: http://www.gemeindeakademie-rummelsberg.de/sites/gemeindeakademie-rummelsberg.de/files/bilder/Ver%C3%A4nderungsprozesse%20und%20%20Salutogenese%20-%20Kongress%20f%C3%BCr%20PE.pdf. (Stand: 17.03.2014).

33 Vgl. ebd.: Schatz, Susanne, Workshop Heil und Heilung – theologische Perspektiven. PE-Kongress Führungsaufgabe Gesundheit.

34 Unter: http://www.dasdiak-klinikum.de/ueber-uns/klinikum-crailsheim.html (Stand: 17.03.2014).

Die Beobachtung, dass Gesundheit in gegenwärtigen gesellschaftlichen Bewegungen religiös konnotiert wird, fordert Diakonie heraus: Auf ihrem eigenen und genuinen Feld zeigen sich Konkurrenten ganz anderer Art. Die Brisanz für die Diakonie liegt auf der Hand: Nicht nur eine Verhältnisbestimmung zu einem marktwirtschaftlich orientierten Gesundheitssystem will geleistet werden, sondern auch eine Antwort auf religiös geprägte Gesundheitsbewegungen will gefunden werden.

In der blauen Diakonie ist eine Auseinandersetzung mit diesen alternativen Gesundheitsbewegungen kaum erkennbar. Die blaue Diakonie ist fast vollständig in Anspruch genommen von dem Bemühen, sich der marktwirtschaftlichen Formatierung ihres Handlungsfeldes zu stellen. Eine vertiefte Auseinandersetzung mit gesellschaftlichen Gesundheitsbewegungen und alternativen Vorstellungen von Gesundheit und Heilung ist insgesamt nicht erkennbar.

Auch die der Diakonie zugrunde liegende Verknüpfung von Heil und Heilung, von Glaube und Gesundheit werden nur indirekt über das sog. „diakonische Profil" angesprochen. Aber bei genauem Hinsehen zeigen sich Versuche, diese Themen aufzugreifen.

Das Diakonische Werk Württemberg stellte das eigene Projekt „Belev – gesundes Arbeiten gestalten"[35] vor, das vom Bundesministerium für Arbeit und Soziales und vom Europäischen Sozialfonds für Deutschland gefördert wird. Das Vorhaben ist Teil des Gesamtprojektes „Chronos. Den demographischen Wandel gestalten". Gesundes Arbeiten wird im Projekt folgendermaßen definiert:

> „Im Interesse der Arbeitsfähigkeit und damit der Lebensqualität der Mitarbeitenden das körperliche, geistige und soziale Wohlbefinden derselben zu unterstützen und langfristig zu fördern."[36]

Diese Definition bewegt sich in der üblichen Begrifflichkeit, die das biopsychosoziale Modell von Gesundheit zum Hintergrund

35 Die Projekthomepage kann eingesehen werden unter: http://www.diakonie-wuerttemberg.de/verband/landesgeschaeftsstelle/projekt-chronos (Stand: 17.03.2014).

36 BELEV. A.a.O. S. 4.

hat. Auffällig ist allenfalls die Gleichsetzung von Arbeitsfähigkeit und Lebensqualität. Damit wird aber lediglich deutlich, aus welcher Interessenlage heraus gesprochen wird.

Die diakonische Prägung des Projektes wird in seiner Ausrichtung auf diakonische Einrichtungen erkennbar und in seinem Titel: „Das Wort ‚belev' ist ein Ausdruck aus der hebräischen Bibel und bedeutet wörtlich übersetzt „ins Herz".

„Die hebräische Bibel spricht mit dem Wort Herz vom Zentrum des Menschen. Das Wort beschreibt die rationale Seite des Menschen, also das, was wir mit Kopf meinen: Im Herzen wird Erkenntnis gewonnen und vollzieht sich die Einsicht, die zu dauerhaftem Bewusstsein führt. Gedächtnis, Wissen, Nachdenken, Urteilen, Orientierung und Verstand – all das klingt mit dem hebräischen Wort Herz an. Dabei ist der Übergang von der Verstandesfunktion zu den bewusst vollzogenen Tätigkeiten fließend, anders als in unserer Sprache wird Theorie und Praxis, Verstehen und Wollen nicht getrennt. Das Herz ist der Ort der Entschlüsse und ihre Umsetzung! Zugleich besteht die Vorstellung, dass das Herz nicht aus sich selbst heraus Erkenntnis und Einsicht gewinnt, sondern dass es ein vernehmendes Organ ist. Das Herz vernimmt das Wort Gottes und ist insofern zur Vernunft berufen. Es gewinnt Einsicht, indem es hört. Und daraus erwächst sein Wille und Planen, seine Entschlüsse und Absichten, die Haltung eines Menschen und sein Handeln. Belev ‚ins Herz' meint also, dass etwas in diesem Sinn ins Bewusstsein kommt. Dass Menschen Erkenntnisse gewinnen und Zusammenhänge verstehen, die ihre Haltung und ihr Handeln bestimmen."[37]

Außerdem wird das Konzept vom salutogenetischen Modell strukturiert. In einem ersten Schritt wird in dem Projekt eine Mitarbeiterbefragung durchgeführt, in dem die drei Prinzipien der Salutogenese (Verstehbarkeit, Handhabbarkeit und Sinnhaftigkeit) auf fünf Handlungsfelder (Unternehmensleitung, direkt vorgesetzte Führungskraft, Zusammenarbeit im Team, Arbeitsorganisation, eigene Haltung) bezogen werden.

Das Leitwort dieses Projektes bekräftigt den christlichen Weg zu den Menschen und das „Wahrnehmungsorgan" für Glück und Elend in der Welt: Das Herz. Gleichzeitig wird damit die unabdingbare Verbindung von neuzeitlicher Medizin und Herzensbildung thematisiert. Hier steht des Projekt in großer Tradition:

37 BELEV. A.a.O. S. 5.

Blaise Pascal hat die raison du cœur eindrücklich beschreiben und begründet. Und diese ist bei vielen in der Diakonie tätigen Mitarbeiterinnen und Mitarbeitern spürbar. Zugleich leben sie in der Spannung zwischen persönlicher Motivation und Authentizität auf der einen Seite und Fachlichkeit und Professionalität auf der anderen. Die die Diakonie beherrschenden ökonomischen Prinzipien machen eine persönlich gefärbte Leistungserbringung schwierig, aber nicht unmöglich.

4. Zusammenfassung

Am Ende der ersten beiden Kapitel dieses Buches lassen sich wesentliche Einsichten zur Frage nach den aktuellen Implikationen von Gesundheit in der bundesdeutschen Gesellschaft und Entwicklungstendenzen auf dem Feld der Gesundheitsfürsorge markieren.

(1) Die sozialrechtliche Pfadgebundenheit und der naturwissenschaftlich reduzierte Zugang zu Krankheit und Gesundheit werden geöffnet für weitere Wahrnehmungen des Befindens. Dabei gewinnt zum einen die „inwendige“ Seite von Gesundheit erkennbar an Bedeutung. Gesundheit ist – im Anschluss an diakonische Überzeugungen – auch eine Sache des Herzens. Zum anderen wird die kulturelle und kollektive Erfahrung von Gesundheit als ergänzende Erkenntnisweise bedeutsam.

(2) In diesem Zusammenhang werden zwei bedeutsame Heilungskonzepte vitalisiert: Zum einen die Salutogenese als Heilungsweg. Elementare Fragen des Lebenssinns und der Stimmigkeit der eigenen Lebensgestalt tauchen im Kontext des Alltag und der beruflichen Tätigkeit auf. Lebenspraxis wird zur sich täglich neu zu bewährenden Lebenskunst.

(3) Zum anderen wird die Palliativmedizin als weiteres ergänzendes Heilungskonzept in das Gesundheitssystems eingeführt. Vor allen therapeutischen Maßnahmen ist die Palliativmedizin durch die Haltung des Erbarmens geprägt. Die ärztliche und pflegerische Tätigkeit kann sich im Krankheitsverlauf irgendwann

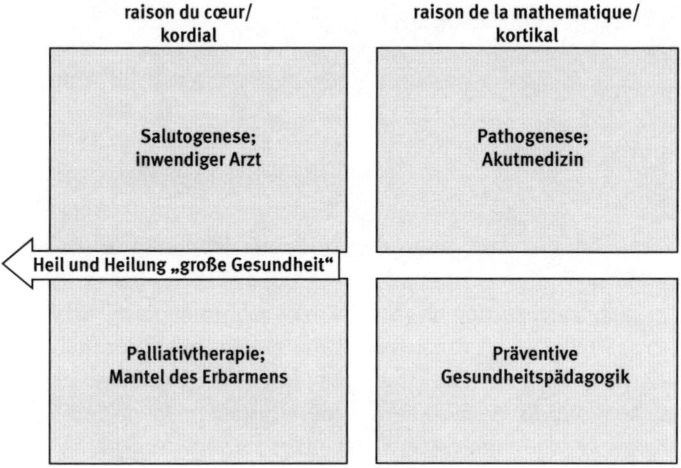

Abb. 5: Wahrnehmungsperspektiven und Heilungskonzepte

nur noch auf die Linderung der Schmerzen richten. Dabei ist die Grundmetapher des Palliums wesentlich: Die Ärztin bzw. der Arzt ebenso wie die Schwester und der Pfleger lassen sich berühren vom Schmerz und berühren den Kranken. Sie teilen gleichsam ihr personales Pallium.

(4) Der Hospizgedanke teilt diese Haltung, ruft darüber hinaus die Gesundheit hinter der Krankheit, das Leben hinter dem Leiden in Erinnerung und hebt damit den Bezug von Heilung und Heil, also die religiöse bzw. spirituelle Dimension von Gesundheit hervor.

Im nächsten Kapitel werden die den geschilderten Konzepten von Gesundheit zugrunde liegenden ethischen Modelle herausgearbeitet.

III. Ethik der Gesundheit

Das Gesundheitssystem hat die Aufgabe, unter den sozialgesetzlichen Rahmenbedingungen die Gesundheitsfürsorge für die Bevölkerung zu gewährleisten. Der politisch initiierte Reformismus, der von einer zunehmenden Ressourcenverknappung begleitet wird, setzt das öffentliche Gesundheitssystem erheblichem Druck aus. So kommt es seiner Aufgabe pragmatisch und in weiten Teilen technokratisch nach, denn „public health philosophiert nicht, sondern sucht nach epidemiologischer Evidenz und legt Lösungen vor."[1]

Die Diskussion um die Stabilität des Wohlfahrtsystems in Deutschland und die Berührung mit anderen Gesundheits- und Heilungskonzepten nötigt aber, trotz einer reflektiven Gleichgültigkeit und der verbreiteten Bereitschaft zu einer praktizierten Pluralität, die unter der Oberfläche liegenden Grundannahmen und jeweiligen Denktraditionen sichtbar zu machen. Was sind also die ethischen Paradigmen, die auf der einen Seite das Gesundheitssystem und auf der anderen Seite die alternativen Heilungskonzepte bestimmen? In einem ersten Schritt werden sozialphilosophische und ethische Grundmotive des Gesundheits- und Wohlfahrtssystems in Deutschland, die Ethik der Gerechtigkeit und die Ethik der Verantwortung herausgearbeitet. Die phänomenologische Betrachtung führt vor Augen, dass offenbar unterschiedliche, zum Teil gegenläufig ethische Kategorien für die Ausprägung der jeweiligen Systeme und die Haltungen der darin Tätigen verantwortlich sind. Der Zugang über die ethischen Grundprinzipien ist vielversprechender als die Differenzierung unterschiedlicher wohlfahrtsstaatlicher Modelle und deren jewei-

1 Kickbusch, Ilona, Vorwort S. 8. In: Steinmann, Ralph Marc. Spiritualität die 4. Dimension der Gesundheit. Eine Einführung aus der Sicht von Gesundheitsförderung und Prävention. Berlin 2008.

ligen theoretischen Implikationen.[2] In einem zweiten Gedankengang werden die Ethik des Herzens, die Ethik der Lebensführung und die Ethik der Achtsamkeit entfaltet.

1. Ethik der Gerechtigkeit

a. Vertragsbezogenheit

Wird die Darstellung der Versicherungslogik unseres Sozialsystems kategorial vertieft, so wird offensichtlich, dass diesem gesamten System die Vertragslogik zugrunde liegt. Das Prinzip des Vertrages beinhaltet die Festschreibung der Rechte, auf die der Vertragspartner Ansprüche hat, und er beschreibt gleichzeitig die Verpflichtungen, die eingegangen werden. Deutlich ist das besonders bei der Krankenversicherung, die in Deutschland auf dem Vertragsprinzip basiert. In den Leistungszusammenhängen des Gesundheitswesens, z. B. bei den Wahlleistungen, nimmt der Vertrag eine immer größere Bedeutung ein. Die Patienten-Beziehung wird durch diese Vertragslogik geprägt. Die kürzlich eingeführte freie Wahl der Krankenversicherung und die Möglichkeit, sich privat kranken zu versichern, unterstreichen das Vertragsprinzip noch einmal.

Der hohe Stellenwert des Vertrages im Rechtssystem der Bundesrepublik manifestiert sich in der grundgesetzlich garantierten „Privatautonomie".[3] Privatautonomie gestattet Selbstbestimmung im privaten Bereich mit rechtlicher Wirkung. Sie bewahrt vor Bevormundung durch den Staat bzw. durch die Rechtsordnung. Historisch markiert die Wertschätzung des Prinzips (in Form der Vertragsfreiheit) die Abkehr von feudalen Bindungen: „from Status to Contract"[4].

Allerdings ist die gesetzliche Krankenversicherung eine Pflichtversicherung und auch die Privaten Krankenversicherungen un-

2 Vgl. Heinig, Hans Michael, Der Sozialstaat im Dienst der Freiheit. Tübingen 2008.

3 Art. 2 Abs. 1 GG.

4 Hönn, Günther, Zur Problematik der Privatautonomie, Saarbrücken 1982. Unter:http://www.archiv.jura.uni-saarland.de/projekte/Bibliothek/text.php?id=147 (Stand: 17.03.2014).

terliegen dem Kontrahierungszwang. Jeder, der versichert werden möchte, muss demnach einen Vertrag erhalten.

Die für das Vertragsrecht charakteristische Privatautonomie wird allerdings durch das Sozialstaatsprinzip (Art. 20 Abs. 1, Art. 28 Abs. 1 GG) im Sozialrecht eingeschränkt. Deshalb sind die Sozialversicherungen öffentlich-rechtlich geordnet. Insofern spiegelt sich in dieser speziellen Vertragsform der Kranken- und Rentenversicherung ein sozialstaatliches Grundprinzip in Deutschland wider. Innerhalb dieses Systems zeigen sich aber Tendenzen, den Versicherten deutlicher in die Rolle des autonomen Vertragspartners zu bewegen, der seinen Teil zur Erfüllung des Vertrages zu leisten hat.

Angesicht dessen ist es lohnend, die ethische Kategorie des Vertrages zu beleuchten und dessen Funktion im Sozialstaatskonzept zu erhellen. So wird Rolle und Selbstverständnis der Akteure im Gesundheitswesen deutlich.

Im Deutschen Gesundheitssystem besteht ein innerer Zusammenhang zwischen dem Krankenversicherungsvertrag in Gestalt der gesetzlichen Krankenversicherung und dem das Gesundheitswesen tragenden Gesellschaftsvertrag. Letztlich sind alle Sozialversicherungen dem gesellschaftstheoretischen Modell des Gesellschaftsvertrages nachgebildet.[5] Im Hintergrund steht also die Theorie eines Gesellschaftsvertrages, der zwischen freien und gleichen Subjekten geschlossen worden ist. Diese freien Subjekte erkennen wechselseitig ihre Rechte und Pflichten an und leben in Solidarität und Kooperation miteinander. Dieses Gesellschaftmodell setzt die elementare Fähigkeit voraus, sich in den anderen hineinversetzen zu können und ihn grundsätzlich als meinesgleichen anzuerkennen, sein Recht und seine Autonomie in gleicher Weise gelten zu lassen wie die meinige. Diese Theorie ist in hohem Maße voraussetzungsvoll und in der Weise ideal und fiktiv, als sie losgelöst von konkreten Gegebenheiten und menschlichen Gestimmtheiten ist.

5 An dieser Stelle soll allerdings schon bemerkt werden, dass der Leistungsvertrag mit einem Arzt oder Krankenhaus, wie er heute geschlossen wird, sich sowohl von dem alten sozialstaatlichen Modell des Vertrages wie auch von der von Rawls entwickelten Vertragstheorie unterscheidet.

Das Charakteristische des Kranken- und Rentenversicherungssystems in Deutschland lässt sich an dem Vertragsmodell von Gesellschaft, das John Rawls in seiner Theorie der Gerechtigkeit (A Theory of Justice) aus dem Jahr 1971[6] entfaltet hat, aufweisen.

Die deutschen Sozialversicherungen zielen auf eine ausgleichende Leistungsgerechtigkeit. Aber welche Gerechtigkeitsprinzipien liegen der institutionellen Verteilung von Versicherungsleistungen zugrunde? Diese Frage beantwortet Rawls mit dem Hinweise auf fundamentale, universell gültige gesellschaftliche Gerechtigkeitsprinzipien. In Form eines Gesellschaftsvertrages würde sich eine Gemeinschaft darauf verständigen. Rawls legt letztlich eine politische Theorie vor, die von der Gleichheit aller am Gesellschaftsprozess Beteiligten ausgeht. Unter dem Einfluss der modernen Spiel- und Entscheidungstheorie wollte er den Prozess der gesellschaftlichen Normfindung rekonstruieren.

Die geistesgeschichtlichen Wurzeln liegen bekanntlich bei Hobbes, Locke, Rousseau und Kant.[7] Er hat diese aufgenommen

6 John Rawls, Gerechtigkeit als Fairneß. In: Ders., Eine Theorie der Gerechtigkeit. Frankfurt/M. 1994. S. 20–39.

7 Für *Platon* ist das Gerechte das eigentlich Gute. Dieses Gute ist das eigentlich Mächtige. Weil das Gute an sich mächtig ist, so muss es diese Macht auch wirklich vom Staate besitzen. Die Herrschaft des Staates ist das Mittel der Verwirklichung des Gerechten. Die Staatsherrschaft ist zwar mit der Gerechtigkeit nicht identisch, aber sie sollte ihr soweit als möglich ähnlich sein. Außerdem entfaltet Plato eine Dialektik zwischen der Pflicht zum Tun des Guten und dem Anspruch auf Gerechtigkeit. Vgl. Platon, Der Staat.507. *Aristoteles* versucht die Gerechtigkeit nicht als Herrschaftsverhältnis, sondern als Regel von Tausch und Verteilung zu denken. Nach seiner Auffassung beschreibt das Gerechtigkeitsverständnis Platons nur das Herrschaftsverhältnis von Herren und Sklaven, nicht aber die Relation von gleichen Gesellschaftsmitgliedern. Bezeichnenderweise schließt aber auch Aristoteles die Mitglieder des erwerbsfähigen Standes von der Herrschaft aus. Gemeinsam ist beiden Philosophen der Vorrang der praxis vor der poiesis. Erst in der späten Neuzeit wird die herstellende Arbeit als Recht und Wert schaffendes Tun philosophisch entdeckt. In diesem Zusammenhang ist ein Hinweis zum Verständnis von Gerechtigkeit bei Aristoteles angebracht: Der Gerechtigkeit räumte er eine überragende Stellung ein, weil sie den Bezug zum anderen Menschen und zur Ordnung der Polis, der Garantin des guten Lebens, einschließt und so alle anderen Tugenden enthält. Dieser allgemeinen Gerechtigkeit stellt Aristoteles die austeilende

und weitergeführt. Mit dieser Grundannahme überschreitet er utilitaristische Prinzipien[8] und bezieht sich zugleich auf die Vernunftethik und das Sittengesetz Immanuel Kants.[9] Die In-Beziehung-Setzung dieser beider ethischen Modelle prägt, so lässt sich vereinfachend sagen, die Sozialgesetzgebung Deutschlands.

Rawls Theorie der Gerechtigkeit will die Grundstrukturen einer Gesellschaft entfalten: „die Art, wie die wichtigsten gesell-

und die ausgleichende Gerechtigkeit zur Seite. Die austeilende Gerechtigkeit teilt der einzelnen Person Güter und Dienste gemäß ihrer Stellung im Ganzen zu. Die ausgleichende Gerechtigkeit im Tausch fordert die strenge Entsprechung von Leistung und Gegenleistung. Vgl. Aristoteles, Nikomachische Ethik. 5. Buch. *Hegel* nimmt Aristoteles Einwand gegenüber Platon auf und kritisiert: „Im platonischen Staate gilt die subjektive Freiheit noch nichts, indem die Obrigkeit noch den Individuen die Geschäfte zuweist." Hegel, Georg Wilhelm Friedrich, Grundlinien der Philosophie des Rechts oder Naturrecht und Staatswissenschaften im Grundrisse. Berlin 1821. Georg Wilhelm Friedrich Hegel. Werke 7. Frankfurt 1978. S. 410. Hegel nimmt zwar das christliche Prinzip der Innerlichkeit, des Gewissens auf, ordnet es aber dem Allgemeinen der Staatsmacht unter. Hegel denkt den engeren Bereich der Gerechtigkeit als die bürgerliche Gesellschaft, die selbst eben nicht zu einer gerechten Macht findet. Der weitere Bereich der Gerechtigkeit soll aber dann der Staat als Machtgefüge sein. *Kant* nimmt insofern eine Sonderstellung ein, als er den Versuch unternimmt, Moral und Gerechtigkeit über das transzendentale Sittengesetz zu verknüpfen.

8 Vgl. Rawls, John, Eine Theorie der Gerechtigkeit. Frankfurt a.M. 1975. Rawls Theorie stellt vor allem einen Gegenentwurf zum Utilitarismus dar. Der Utilitarismus beruht auf einem Kollektiv-Egoismus, der gegebenenfalls den Menschen zum reinen Mittel degradiert. Gerechtigkeit kann man nicht allein mit Rationalität erzeugen. Sie bedarf darüber hinaus der moralischen Vernunft. Das Grundproblem des Utilitarismus liegt darin, dass ein Individual-Modell rationalen Handelns auf die Ebene einer ganzen Gesellschaft gehoben wird. Dies kann in der Konsequenz zu einer Verletzung von Grund- und Menschenrechten führen, wenn es nur einen überwiegenden ökonomischen oder sozialen Vorteil bringt. Vgl. zur Kritik an Rawls, Strifler, Matthias, Utilitarismus und Gerechtigkeit. Eine Analyse des equiprobability model von John C. Harsanyi. Hohenheimer Working Papers zur Wirtschafts- und Unternehmensethik No. 09. Stuttgart-Hohenheim: Institut für Kulturwissenschaften. 2009. Unter: http://www.uni-hohenheim.de/wirtschaftsethik/downloads.html (Stand: 17.03.2014).

9 Kant, Immanuel, Die Metaphysik der Sitten. Königsberg 1797. Werkausgabe Band VIII. Herausgegeben von Wilhelm Weischedel. Frankfurt 1968.

schaftlichen Institutionen Grundrechte und -pflichten und die Früchte der gesellschaftlichen Zusammenarbeit verteilen."[10]

Aber nach welchen Grundsätzen geschieht das?

„Nehmen wir [...] an, eine Gesellschaft sei eine mehr oder weniger in sich abgeschlossene Vereinigung von Menschen, die für ihre gegenseitigen Beziehungen gewisse Verhaltensregeln als bindend anerkennen und sich meist auch nach ihnen richten. Nehmen wir weiter an, diese Regeln beschreiben ein System der Zusammenarbeit, das dem Wohl seiner Teilnehmer dienen soll. [...] Das sind die Grundsätze der sozialen Gerechtigkeit: Sie ermöglichen die Zuweisung von Rechten und Pflichten in den grundlegenden Institutionen der Gesellschaft, und sie legen die richtige Verteilung der Früchte und der Lasten der gesellschaftlichen Zusammenarbeit fest."[11]

Wenn nun die „Gerechtigkeit[...] die erste Tugend sozialer Institutionen"[12] ist, wie kommt dann die Verständigung auf dieses Prinzip zustande?

„Wir wollen uns also vorstellen, daß diejenigen, die sich zu gesellschaftlicher Zusammenarbeit vereinigen wollen, in einem gemeinsamen Akt die Grundsätze wählen, nach denen Grundrechte und -pflichten und die Verteilung der gesellschaftlichen Güter bestimmt werden. Die Menschen sollen im Voraus entscheiden, wie sie ihre Ansprüche gegeneinander regeln wollen und wie die Gründungsurkunde ihrer Gesellschaft aussehen soll. Ganz wie jeder Mensch durch vernünftige Überlegung entscheiden muß, was für ihn das Gute ist, d.h. das System der Ziele, die zu verfolgen für ihn vernünftig ist, so muß eine Gruppe von Menschen ein für allemal entscheiden, was ihnen als gerecht und ungerecht gelten soll. Die Entscheidung, die vernünftige Menschen in dieser theoretischen Situation der Freiheit und Gleichheit treffen würden, bestimmt die Grundsätze der Gerechtigkeit."[13]

Rawls nennt dieses den Schleier des Nichtwissens und beschreibt diesen mittels einer experimentellen Konstellation: „Es wird also angenommen, daß den Parteien bestimmte Arten von Einzeltatsachen unbekannt sind. Vor allem kennt niemand seinen Platz in der Gesellschaft, seine Klasse oder seinen Status; ebensowenig

10 Rawls, Theorie der Gerechtigkeit. S.23.
11 Rawls, Theorie der Gerechtigkeit. S. 20.
12 Rawls, Theorie der Gerechtigkeit. S. 19.
13 Rawls, Theorie der Gerechtigkeit. S. 28.

seine natürlichen Gaben, seine Intelligenz, Körperkraft usw. Ferner kennt niemand seine Vorstellung vom Guten, die Einzelheiten seines vernünftigen Lebensplanes, ja nicht einmal die Besonderheiten seiner Psyche wie seine Einstellung zum Risiko oder seine Neigung zu Optimismus oder Pessimismus. Darüber hinaus setze ich noch voraus, daß die Parteien die besonderen Verhältnisse in ihrer eigenen Gesellschaft nicht kennen, d.h. ihre wirtschaftliche und politische Lage, den Entwicklungsstand ihrer Zivilisation und Kultur. Die Menschen im Urzustand wissen auch nicht, zu welcher Generation sie gehören."[14]

Die Gerechtigkeitsgrundsätze „sind diejenigen Grundsätze, die freie und vernünftige Menschen in ihrem eigenen Interesse in einer anfänglichen Situation der Gleichheit zur Bestimmung der Grundverhältnisse ihrer Verbindung annehmen würden. [...] Diese Betrachtungsweise der Gerechtigkeitsgrundsätze nenne ich Theorie der Gerechtigkeit als Fairneß."[15]

Die faire Ausgangsposition für die Einigung auf Gerechtigkeitsprinzipien ist der Urzustand, eine hypothetische Situation. Durch diese neutrale, anonymisierte Entscheidungssituation soll sichergestellt werden, dass die gewählten Gerechtigkeitsprinzipien in einem fairen Verfahren zustande kommen.Die Einigung auf bestimmte Gerechtigkeitsgrundsätze ist nicht das Ergebnis eines Verhandlungsprozesses verschiedener Personen, die jeweils ihre Interessen durchzusetzen versuchen, sondern die Einigung ist das Ergebnis einer vernünftigen Überlegung.[16]

Diese Ausführungen von Rawls, die letztlich Konstruktionsprinzipien einer „wohlgeordneten Gesellschaft" sein wollen, lösen unmittelbar Assoziationen zum deutschen Sozialstaat aus.

Die Versicherungsverhältnisse in der Kranken- und Rentenversicherung sind letztlich fiktive Vertragsverhältnisse, weil sie nicht der freien Disposition der vertragschließenden Parteien offen stehen. Demgegenüber sind die Leistungsverträge zwischen

14 Rawls, Theorie der Gerechtigkeit. S. 160.
15 Rawls, Theorie der Gerechtigkeit. S.28.
16 Vgl Rawls, John, Eine Theorie der Gerechtigkeit. Frankfurt a.M. 1975. S.162 f: „Daß eine bestimmte Gerechtigkeitsvorstellung im Urzustand gewählt würde, ist gleichbedeutend damit, daß vernünftige Überlegungen, die bestimmten Bedingungen und Einschränkungen genügen, zu diesem Ergebnis kämen."

den Leistungsträgern und Leistungserbringern im Gesundheitswesen auf den ersten Blick echte Verträge, weil sie das Ergebnis von Verhandlungsprozessen sind. Allerdings fehlt in der Praxis in aller Regel das für das Vertragsverhältnis konstitutive Element der ergebnisoffenen Aushandlung. Für die zu verhandelnden Leistungen sind vorher von den Leistungsträgern Preiskorridore definiert, die auf die Besonderheit der Leistungserbringung, ob z. B. die Mitarbeitenden nach Tarifverträgen entlohnt werden oder nicht, keine Rolle spielt. Die Abstraktheit des Vertrages bildet sich auch darin ab, dass die zu vollziehende Sache beschrieben wird, nicht die zu behandelnde Person in ihrer Individualität. Dieser Abstraktheit des Vertragsgutes entspricht seine Austauschbarkeit: Er bietet sich für reproduzierbare Handlungen an.

Charakteristisch für das deutsche Sozialversicherungswesen ist seine Verfahrensgerechtigkeit. Oberstes Kriterium ist die formale Gleichbehandlung aller Versicherten und die Strukturierung der Bewilligung und Erbringung von Leistungen nach dem gleichen Schema.

Die universalen Gerechtigkeitsprinzipien bei Rawls, die unter Absehung der konkreten Lebenslagen entwickelt werden sollen, haben ihre Entsprechung in der Tendenz des Sozialversicherungs- und Gesundheitssystems in Deutschland, die Person auszublenden. Auch die Programmatik der Individualisierung der Leistungen verdeckt nur die Zweckorientierung, die der Leistungserbringung zugrunde liegt.

Die Theorie der Gerechtigkeit von Rawls blendet die Kontextualität aller Lebensvorgänge aus. Sozialität wird auf die Vertragsschließung autonomer Subjekt reduziert. Andere soziale Beziehungen und gesellschaftliche Bezüge, mit ihren je eigenen Prinzipien der Verteilung von gesellschaftlichen Gütern, wie z. B. Märkte, Familien, Gemeinwesen, geraten noch nicht in den Blick. Verträge, die so konstruiert sind, binden wohl, aber sie verbinden nicht. Der Vertrag formuliert einen Rahmen für Gemeinschaft, aber er stiftet sie nicht. Die Zweckrationalität, die der Theorie von Rawls eigen ist, findet sich in den konkreten Prozessen unseres Gesundheitswesens wieder, das seine Zwecke und Ziele vorwiegend rational formuliert.

b. Gerechtigkeit und Gleichheit

Dieses Modell einer deontologischen Ethik ist die Antwort auf den Verlust religiöser Begründungen von Gerechtigkeit. Im Kontext einer religiös gebundenen Gesellschaft konnte die irdische Gerechtigkeit noch im schöpferischen Willen eines göttlichen Gesetzgebers verankert werden. Aber nachdem moderne Gesellschaften sich aus der religiös-kirchlichen Verankerung gelöst und in Teilsysteme ausdifferenziert hatten, war eine Verständigung über verbindliche Normen der Gerechtigkeit nicht mehr vorgängig zu einem gesellschaftlichen Dialog, sondern nur mehr in dessen Verlauf möglich. Und nachdem im Zuge der industriellen Revolution die Masse der Arbeiter in unvorstellbares wirtschaftliches und soziales Elend geriet, brach die Idee einer wohlgefügten Gesellschaftsordnung und eines inhaltlich vorgegebenen Gemeinwohls vollständig zusammen.

Der Begriff der Gerechtigkeit wurde daraufhin vorrangig als kritischer Maßstab gesellschaftlicher Verhältnisse und Strukturen verwendet. Die sozialen Bewegungen jener Zeit gossen ihre niederdrückenden Erfahrungen in den Ruf nach „sozialer Gerechtigkeit". Dieser neue Begriff ist anschließend auch von der kirchlichen Sozialverkündigung aufgegriffen und als eine Verteilungsnorm im Klassenkonflikt der Tarifgegner bzw. im weltwirtschaftlichen Nord-Süd-Konflikt, aber auch als Strukturnorm ausgelegt worden. Dabei wurde zwischen einer statischen Gerechtigkeit innerhalb des positiven Rechts zum Schutz einer bestehenden Ordnung und einer dynamischen, fließenden sozialen Gerechtigkeit, die eine bestehende Rechtsordnung am Maßstab des allgemeinen Interesses misst, unterschieden.

Der Begriff der „sozialen Gerechtigkeit" drückt aus, dass im Blick auf die asymmetrisch verteilten Lebenschancen und Lebensrisiken, denen Klassen, Schichten, Milieus, Kulturen, Regionen, Geschlechter und Generationen unterworfen sind, eine richtige Balance der Rechte und Pflichten erst einmal und immer wieder hergestellt werden muss. Da jedoch nicht unterstellt werden kann, dass die Orientierungen des guten Lebens, die in partikulären sozialkulturellen Milieus anerkannt sind, für alle Mitglieder pluraler Gesellschaften verbindlich sind, müssen sich die

Mitglieder pluraler Gesellschaften über ein Suchverfahren verständigen, das ihnen ermöglicht, unter fairen Spielregeln Gerechtigkeitsgrundsätze zu formulieren, die für alle gelten.

Im gemeinsamen Wort der Kirchen „Für eine Zukunft in Solidarität und Gerechtigkeit" wird der Begriff der sozialen Gerechtigkeit als übergeordnetes Leitbild kenntlich gemacht.[17] „Angesichts real unterschiedlicher Ausgangsvoraussetzungen ist es ein Gebot der Gerechtigkeit, bestehende Diskriminierungen aufgrund von Ungleichheiten abzubauen und allen Gliedern der Gesellschaft gleiche Chancen und gleichwertige Lebensbedingungen zu ermöglichen."[18]

Das deutsche Sozialwesen im Allgemeinen und das Gesundheitssystem im Besonderen sind auf Interessenausgleich gerichtet. Im Hintergrund steht die Ursprungsgeschichte des Sozialversicherungssystems in Deutschland mit seiner Funktion, zum sozialen Frieden beizutragen. Nach dem Zweiten Weltkrieg stellen der Korporatismus und die Selbstverwaltung der Kranken- und Rentenversicherungen Weisen dar, den sozialen Ausgleich von Interessen zu steuern.[19] Darin ist die sozialpolitische Ausprägung gegenüber dem reinen Vertragsrecht zu sehen, in dem sich der sachgerechte Interessenausgleich aus dem übereinstimmenden Willen der Vertragspartner ergibt. Die Grundprinzipien deutscher Sozialstaatlichkeit werden – neben dem Leitwort Interessenausgleich, durch die Begriffe Verteilungsgerechtigkeit, Gegenseitigkeit und Solidarität symbolisiert. Hengsbach verwendet diese fast synonym.[20]

17 Für eine Zukunft in Solidarität und Gerechtigkeit, Wort des Rates der Evangelischen Kirche in Deutschland und der Deutschen Bischofskonferenz zur wirtschaftlichen und sozialen Lage in Deutschland Bonn/Hannover 1997. S. 46.

18 A.a.O.

19 Vgl. Kluth, Winfried, Funktionale Selbstverwaltung: verfassungsrechtlicher Status – verfassungsrechtlicher Schutz. Tübingen 1997.

20 Hengsbach, Friedhelm, Solidarität im Labyrinth christlicher Gesellschaftsethik. In: Iben, Gerd, Kemper, Peter, Maschke, Michael (Hg.), Ende der Solidarität?: Gemeinsinn und Zivilgesellschaft. Münster 1999. S. 11–26.

Aber schon im Sozialwort der Kirchen „Für eine Zukunft in Solidarität und Gerechtigkeit"[21] wird die schwindende Unterstützung des Solidaritätsprinzips in der Bevölkerung und die um sich greifende Ökonomisierung des Sozialstaates beklagt. Der Abstand zu den reinen Marktmechanismen soll dadurch erreicht werden, dass zunächst die Aufmerksamkeit für die Menschen in der Gesellschaft geschärft wird, die am schlechtesten gestellt sind. Zum anderen ist der Bezugspunkt für die Gewährung von Sozialleistungen die Bedürftigkeit des Menschen. Aber diese Argumentation erweist sich als affirmativ und defensiv.[22]

Die Leistungen des Versicherungssystems treten, z.B. in den Qualitäts- und Leistungsvereinbarungen, immer deutlicher in den Vordergrund. Darin bekommt der Interessenausgleich Tauschcharakter. Die faire Tauschbeziehung von Leistungen und Gegenleistung auf dem Gesundheitsmarkt vollzieht diesen Interessenausgleich. Gelingt dieser Interessenausgleich, kann von Verteilungsgerechtigkeit gesprochen werden. Die Verschiebung gegenüber den ursprünglichen Bedeutungen liegt auf der Hand.

Wie die zugrunde liegende Vertragsethik abstrakt ist, so ist das Motiv der Verteilungsgerechtigkeit allgemein. Die inhaltlichen Spannungen dieses Gerechtigkeitsverständnisses zeigt sich gegenwärtig in der Mühe, die Ethikkommissionen haben, Kriterien

21 Deutsche Bischofskonferenz, Rat der EKD, Für eine Zukunft in Solidarität und Gerechtigkeit. Ein Sozialwort der Kirchen. Gütersloh 1997 Nr. 2.

22 Vgl. Trenkle, Norbert, Gebrochene Negativität. Anmerkungen zu Adornos und Horkheimers Aufklärungskritik. Krisis 25.2002. www.krisis.org/wp-content/data/gebrochene-negativitaet.pdf: „Zugleich kann ideologisch (z.B. in der Politischen Ökonomie) die Marktwirtschaft als die Befreiung von Herrschaft dargestellt werden, weil hier ja angeblich keine Ausbeutung mehr stattfinde und jeder einzelne Mensch genau in dem Maße am gesellschaftlichen Reichtum beteiligt werde, wie es seiner persönlichen Leistung entspreche. Der traditionelle Marxismus hat dieses Weltbild bekanntlich nicht grundsätzlich in Frage gestellt, sondern bloß immanent als Trugbild kritisiert. Demnach verschleiere der Äquivalententausch an der Marktoberfläche nur die tatsächlich in der Produktionssphäre stattfindende Ausbeutung und Ungleichheit. Die bürgerliche Gesellschaft erscheint so ihrem Wesen nach als eine weitere Variante der Klassengesellschaft, in der die herrschende Klasse sich das Mehrprodukt auf besonders geschickte Weise aneignet: in der Gestalt des Mehrwerts und unter Vorspiegelung allgemeiner Egalität, die in Wirklichkeit nicht existiert."

für die Priorisierung von Gesundheitsleistungen zu formulieren und unter Marktbedingungen eine effiziente Gesundheitsversorgung zu liefern. Dabei ist innerhalb des Medizinsystems durchaus strittig, worum es eigentlich geht: Rationalisierung, Rationierung oder Priorisierung. „Medizinisch-technische Innovationen haben zusammen mit der Verbesserung des gesamten Lebensumfelds zu einer bemerkenswerten Erhöhung der Lebenserwartung geführt. Dies hat unter dem Gesichtspunkt eines dadurch ausgelösten Ressourcenverbrauchs nachhaltige Implikationen für die Finanzierung des Gesundheitswesens. Einnahmeverluste durch die Abnahme sozialversicherungspflichtiger Beschäftigungsverhältnisse, Übernahme von versicherungsfremden Leistungen durch die Kostenträger und andere Veränderungen haben zusammen mit einem erhöhten Bedarf an Gesundheitsleistungen zu einem chronischen Finanzierungsdefizit im deutschen Gesundheitswesen geführt. Diesem versuchte man vornehmlich durch die Rationalisierung von Abläufen und durch Effizienzsteigerungen innerhalb des Systems zu begegnen. Bereits heute zeichnet sich ab, dass nicht mehr alle Leistungen für alle gesetzlich Krankenversicherten finanziert werden können."[23] Die kategoriale Nähe zwischen dem ökonomischen Modell und dem sozialstaatlichen Modell wird damit deutlich.

Die Strukturierung der medizinischen Leistungserbringung durch formale Regelbefolgung stößt in Krisensituation an Grenzen. Das wird in der aktuellen Debatte um Organverpflanzungen deutlich. Neben dem Äquivalenzprinzip der Sozialversicherung hat sich, wenn die Vermutungen zutreffen sollten, eine marktwirtschaftliche Äquivalenz – Platztausch auf der Dringlichkeitsliste gegen Geld – ausgebildet.

Damit wird der Grundsatz des Äquivalenzprinzips der Sozialversicherung in der Tiefe verletzt. Der ethische Grundsatz des Äquivalenzprinzips ist der der Gleichheit aller im System und der der Korrespondenz von Leistung und Gegenleistung.

Rawls hat mit großer Dringlichkeit auf die innere Korrespondenz von Gerechtigkeit und Gleichheit verwiesen: „Vernünftig erscheint die Annahme, daß die Menschen im Urzustand gleich

23 Fuchs, Christoph, Rationalisierung, Rationierung und Priorisierung – was ist gemeint? Dtsch Arztebl 2009; 106(12): A-554/B-474/C-458.

seien. Das heißt, sie haben bei der Wahl der Grundsätze alle die gleichen Rechte; jeder kann Vorschläge machen, Gründe für sie vorbringen usw. Diese Bedingungen sollen offenbar die Gleichheit zwischen Menschen als moralischen Subjekten darstellen, als Wesen mit einer Vorstellung von ihrem Wohl und einem Gerechtigkeitssinn."[24] Das Egalitätsprinzip findet seine Grundformulierung in den Menschenrechten und seine Grundsituation in der Suche nach Gerechtigkeit angesichts mehr oder weniger vereinbarer Interessen. Gleichheit[25] als grundlegendes und einheitliches Prinzip der Gerechtigkeit kommt dann zur Geltung, wenn Menschen sich gegenseitig zugestehen, wertmäßig einander äquivalent zu sein.[26]

Der menschenrechtliche Egalitarismus formuliert in seiner weltumspannenden Reichweite jedoch nur die Rahmenbedingungen *gleichgültiger Koexistenz.* Das ethische Prinzip der Gleichheit führt aber in der alltäglichen Lebenspraxis in unlösbare Aporien: In den Handlungsvollzügen des Sozial- und Gesundheitssystems muss die konkrete Andersheit oder individuelle Besonderheit des Gegenübers ausgeblendet werden. Alterität ist folglich im täglichen Geschehen des sozialen Miteinanders ein erhebliches Problem. Damit die erlebte Andersartigkeit nicht wirksam werden kann, werden die Beziehungen formal und inhaltsarm.

Der egalitäre Grundzug der deutschen sozialen Sicherungssysteme wirkt sich antiseptisch auf die Leistungserbringung aus. Professionalität geht mit einer persönlichen Unsichtbarkeit einher.

24 Rawls, Theorie der Gerechtigkeit. S. 36f.

25 Denkt man an Rawls und sein Prinzip der *gleichen* Grundrechte, an Walzer und sein Gebot der komplexen *Gleichheit,* an Habermas und seine Forderung nach *gleich*berechtigter Teilnahme am Diskurs, oder an Höffe und seine Grundlegung in einem *gleichen,* also wechselseitigen Freiheitsverzicht – dann muss es in der Tat einen innigen Zusammenhang zwischen Gleichheit und Gerechtigkeit geben. Trotz der unterschiedlichen Variationen und mit verschiedenen Modifikationen kennzeichnen diese Konzeptionen den gemeinsamen Bezug auf die Gleichheit als einem Prinzip der Gerechtigkeit.

26 Thomas Kesselring, Begründungsstrategien für die Menschenrechte: Transzendentaler Tausch (Höffe) oder Kooperation(Rawls)? S. 87. In: Philippe Mastronardi (Hg.), Das Recht im Spannungsfeld utilitaristischer und deontologischer Ethik. Stuttgart 2004. S. 85–96.

Zu den Grundüberzeugungen von Staatlichkeit in Deutschland gehört, dass der Staat, und insbesondere auch seine sozialstaatliche Ausgestaltung, von Grundlagen lebt, die der Staat selbst nicht setzen kann: „Der freiheitliche, säkularisierte Staat lebt von Voraussetzungen, die er selbst nicht garantieren kann."[27] Damit formuliert Böckenförde im Anschluss an seinen Lehrer Carl Schmitt ein Desiderat, das auf Staatstheoretikern seit Max Weber schwer lastete.

Wenn und insoweit die Gleichheit als ein korrektives oder regulatives Prinzip der Gerechtigkeit eingeführt und durchgesetzt werden soll, „bedarf es immer schon *komplementärer Formen sozialer Praxis*, der Einseitigkeit, der Zumutung, des Vertrauens und damit all der (motivationalen) Verbindlichkeiten, Zugehörigkeiten oder Vorleistungen, die eine Lebensform praktisch auszeichnen. Das Komplementäre erweist sich als notwendige Voraussetzung und unvermeidliche Folge des egalitären Prinzips."[28]

Die Formalisierung sozialer Daseinsfürsorge in Deutschland und die Kontaminierung der Gesundheitsförderung durch das ökonomische Prinzip lassen aber kaum noch Raum für dieses Komplementäre. In dieser Beobachtung bündeln sich die Begründungs- und Legitimationsprobleme des wohlfahrtstaatlichen Systems in Deutschland, das kaum noch in der Lage ist, die darin Handelnden zu Selbstverständigungsprozessen zu motivieren und zu einer gemeinsamen Praxis zu inspirieren.

2. Ethik der Verantwortung

Neben den geforderten komplementären Formen sozialer Praxis ist auch in der ethischen Theoriebildung versucht worden, die Verbindung zwischen Gerechtigkeit und besonderer Lebens-

27 Ernst-Wolfgang Böckenförde, Der Begriff des Politischen als Schlüssel zum staatsrechtlichen Werk Carl Schmitts. In: Ders. Recht, Staat, Freiheit. Studien zur Rechtsphilosophie, Staatstheorie und Verfassungsgeschichte. Frankfurt 1991. S. 344–366.

28 Schlüter, Christian, Gleichheit – Freiheit – Gerechtigkeit. Versuch einer Ortsbestimmung in praktischer Absicht. DISS. Humboldt-Universität zu Berlin. 2000. S. 80.

situation, zwischen ‚formaler Gleichheit und inspirierter Gemeinschaft‘[29] zu schlagen.

a. Allgemeine Norm und besondere Existenz

„Für meine Betrachtung soll es genügen, dieses Handeln als eine Form des menschlichen Verhaltens zu verstehen, das sich in dem (souveränen) Bewusstsein einer fortdauernden Differenz zwischen der formalen Allgemeinheit des Gesetzes und der egalitären Verfassung des Rechts auf der einen Seite und der partikularen Besonderheit des Einzelfalls und der individuellen Bedeutung des ‚guten Lebens‘ auf der anderen Seite entfaltet. Es entfaltet sich also in der Differenz zwischen notwendiger Formalität und Egalität einerseits sowie geforderter Partikularität und Individualität anderseits, mit anderen Worten: zwischen allgemeiner Norm und besonderer Existenz, zwischen Regel und Ausnahme. In diesem Sinne hat ein Gemeinwesen, wenn es sich als politisch überhaupt soll verstehen können, diese Differenz wie in einem unablässigen *Widerstreit* auszutragen.“[30]

Die beschriebenen Entwicklungen auf dem Feld von Gesundheit und die aufgezeigte Spannung der Gesundheitsgesellschaft, zwischen Gesundheitssystem und dem alternativen Bemühen der Bürger um Gesundheit, sind also als heilsame Dynamik zu interpretieren. Sie legt diesen Widerstreit offen und befeuert eine konstruktive Bearbeitung dieser Differenz. Damit richtet sich der Blick von der Systemebene und deren hegemonialen ethischen Konzepten auf das Individuum und die sein Gesundheitshandeln bestimmenden ethischen Kategorien.

Idealtypisch würde man mit Hans Jonas sagen: „Der tugendhafte Bürger wird seine besten Kräfte entwickeln […] und bereit sein, sie, wo immer nötig, in den Dienst des Staatswohles zu stellen […].“[31] Aber in der Praxis zeigt sich diese Kongruenz von Bürgersinn und staatlicher Wohlfahrt gerade nicht mehr. Das System ist im Begriff, sein Primat im Blick auf Gesundheit zu verlieren. Diese Dynamik nur zu moralisieren und von Entsolidarisierung

29 Vgl. Ricœur, Paul, Liebe und Gerechtigkeit. Tübingen 1990.
30 Schlüter, Christian, a.a.O. S. 254f.
31 Jonas, Hans, Das Prinzip Verantwortung. Frankfurt/M. 1979. S. 223.

zu reden, erreicht den notwendigen Differenzierungsgrad nicht. Es bleibt bei der Wahrnehmung: Die Praxis- und Begründungssysteme verlieren an Bedeutung, und in der Folge wächst die Inanspruchnahme der Person. Deshalb ist es notwendig, die ethischen Konzepte und Leitbilder zu betrachten, die hinter dieser Bewegung stehen.

b. Sozialgesetzliche Verankerung von Verantwortung

Die Mitverantwortung der Versicherten für ihre Gesundheit wird im Sozialgesetzbuch V in § 1 unter der Überschrift „Solidarität und Eigenverantwortung" wie folgt gefasst:

> „Die Krankenversicherung als Solidargemeinschaft hat die Aufgabe, die Gesundheit der Versicherten zu erhalten, wiederherzustellen oder ihren Gesundheitszustand zu bessern. Die Versicherten sind für ihre Gesundheit mitverantwortlich; sie sollen durch eine gesundheitsbewußte Lebensführung, durch frühzeitige Beteiligung an gesundheitlichen Vorsorgemaßnahmen sowie durch aktive Mitwirkung an Krankenbehandlung und Rehabilitation dazu beitragen, den Eintritt von Krankheit und Behinderung zu vermeiden oder ihre Folgen zu überwinden. Die Krankenkassen haben den Versicherten dabei durch Aufklärung, Beratung und Leistungen zu helfen und auf gesunde Lebensverhältnisse hinzuwirken."[32]

Mitverantwortung wird gleichsam als Leitbild den weiteren Bestimmungen des Gesetzes vorangestellt. Letztlich reicht dieser Leitbegriff über den gesetzlichen Rahmen hinaus: Gesunde, die gar nicht in den Leistungsanspruch des Gesetzes kommen, werden auch zur Sorge um ihre Gesundheit, auf „eine gesunde Lebensführung" verpflichtet.

Die andere Form der Mitverantwortung nach diesem Gesetz ist die verantwortliche Beteiligung an medizinischen und rehabilitativen Maßnahmen sowie die Eigenbeteiligung an den Kosten.

§ 52 SGB V sieht explizit vor, dass sich Versicherte an den Kosten der in Anspruch genommenen Leistungen beteiligen müssen, wenn sie sich eine Krankheit vorsätzlich oder zum Beispiel auch

32 SBG V § 1.

durch medizinisch nicht indizierte ästhetische Operationen, eine Tätowierung oder ein Piercing, zugezogen haben.

Dieser Fall zeigt, dass Mitverantwortung nach diesem Gesetz ein unbestimmter Rechtsbegriff ist. Denn nur in der Ausnahme wird es möglich sein, einen kausalen Zusammenhang zwischen der Lebensweise und einer Erkrankung unmittelbar nachzuweisen.

c. Selbstverantwortung in geistesgeschichtlicher Perspektive

Der Begriff Selbstverantwortung kann im Reformprozess des deutschen Gesundheitswesens aus zwei Blickwinkeln wahrgenommen werden: Aus der Perspektive des Gesetzes wird der Versicherte in die Mitverantwortung für seine Gesundheit genommen. Diese Inpflichtnahme des Versicherten wird dabei gesetzlich verordnet. Der Versicherte soll auf Verhaltensweisen verzichten, die seiner Gesundheit nicht zuträglich sind. Der Charakter dieser Mitverantwortung wird am Beispiel der Konsumgüter Tabak und Alkohol deutlich: Der Bürger hat selbstverständlich die Freiheit, sich für den Gebrauch dieser Güter zu entscheiden, aber als Versicherter verzichtet er darauf mit Rücksicht auf seine Gesundheit und die Solidargemeinschaft.

In dieser Auslegung ist das Sozialgesetzbuch V ein Beispiel für die kontinental-europäisch-deutsche Interpretation von Selbstbestimmung als freie Selbstverpflichtung. In der Nachfolge Kants liegt hier der Akzent auf der Verbindlichkeit der Freiheit: „self-obligation“, freiwilliger Freiheitsverzicht.

Ein anderer Blick auf diese gesetzliche Bestimmung ergibt sich, wenn Mitverantwortung als Ausdruck von Selbstverantwortung des Versicherten erfasst wird. Die Mitverantwortung kann letztlich nur in der Selbstverantwortung des Versicherten verankert sein. Das gesetzliche Gesundheitssystem bedarf zu seiner Wirksamkeit und seinem Bestand einer komplementären Ebene individueller Verantwortung. Die Motive dieser Verantwortungsübernahme liegen nicht im Paradigma der Solidarität, sondern in dem der Freiheit.

Nach christlicher Überzeugung ist die geschenkte Freiheit Grund der Möglichkeit der Übernahme von Verantwortung für das Individuum. Der Gebrauch der Freiheit zielt auf dem Hintergrund dieser theologischen Bestimmung allerdings auf das Lebenszeugnis. Theologisch ist der Mensch – sowohl in römisch-katholischer wie auch in evangelischer Tradition – als freies, aber abhängiges, als individuelles, aber auf Beziehung angewiesenes Wesen zu betrachten.

Der Mensch bedarf der Freiheit ebenso wie der Liebe, der Autonomie ebenso wie der Fürsorge. Die christliche Theologie beschreibt deshalb Selbstbestimmung immer vor dem Grundverständnis des Menschen als Beziehungswesen. Insofern muss sich jeder fragen: Wer wird durch meine Selbstbestimmung mitalso fremdbestimmt?

Ethische Theorien sind Strukturierungsversuche von Wirklichkeit und Modelle einer Weltsicht. Sie sind Selbstthematisierungen des Menschen und der Formen gemeinschaftlichen Zusammenlebens. Die Gerechtigkeitsethik stellt den Versuch dar, gemeinsame Grundlagen sozialen Zusammenlebens und Sozialverhaltens zu formulieren. Die Verantwortungsethik bzw. die Liebesethik hat eine größere Nähe zu Theorien des guten und gelingenden Lebens.

Die Vorstellungen von Gesundheitsfürsorge und Lebensführung wandern aus der Rückbindung an Gemeinschafts- und Solidarformen hinüber zu Orientierungen an Leitvorstellungen der Selbstbestimmung, der Selbstverwirklichung und des Selbsterlebnisses des Einzelnen. Die unvermeidliche Spannung zwischen Individuum und Gemeinschaft, zwischen der allgemeingültigen Norm und der besonderen Lebenssituation nimmt zu, indem Menschen ihren eigenen Weg zur Gesundheitsförderung gehen und ihr eigenes Verständnis von Gesundheit entwickeln. In ethischer Hinsicht ist diese Entwicklung nicht grundsätzlich in Frage zu stellen.

Die Ethik der Gerechtigkeit ist in ihrer Abstraktheit, Formalisierung und Zweckorientierung nicht in der Lage, im gewünschten Maß verantwortliches Verhalten hervorzurufen. Die Einbettung von Selbstverantwortung in dieses System kann allerdings als Instrumentalisierung individueller Verantwortung missverstanden werden.

Die überindividuellen Strukturen einer Gesellschaft, wie das Gesundheitssystem, erhalten ihre Kraft und Nachhaltigkeit nur durch Menschen, die „aus sich selbst verantwortliche Personen sind“[33].

Die Grenzen teleologischer Ethiken, die „die Absichtlichkeit und Zielgerichtetheit menschlichen Handelns“[34]zum Gegenstand haben, die sich in z. T. zweckrationaler Ethik verdichtet haben[35], nötigen dazu, individualethische Konzepte erneut auf ihre Tragfähigkeit zu prüfen.

Nun ist aber auch der Weg in eine reine Gesinnungsethik verstellt, weil deren Grenzen ebenso deutlich aufgezeigt worden sind: Eine Ethik, der die Absicht wichtiger ist als die Tat, die nur im Hier und Jetzt ihre Reichweite hat und ihren Verantwortungsraum nur in dem Beziehungsraum von Mensch zu Mensch beschreibt, bleibt unzureichend. „Alle Sittlichkeit war auf diesen Nahkreis des Handelns eingestellt.“[36]

Aber wie ist die Verbindung zwischen dem Personsein des Menschen und seinen Handlungen zu beschreiben? Wie kann die Verknüpfung zwischen Individuum und Institution, zwischen der Allgemeinheit der Grundsätze und der konkreten Situation hergestellt werden? Die beschriebene Spannung zwischen diesen Dimensionen und damit ihre Unterscheidung ist tatsächlich „nichts anderes als eine bestimmte Art der Verknüpfung des Unterschiedenen“[37]. Es fällt auf, dass sowohl in Konzepten des betrieblichen Gesundheitsmanagements wie auch in Personalentwicklungsstrategien auf den Begriff der Haltung abgehoben wird. Gesundheitsförderung sieht in der Haltungsänderung die Voraussetzung für den Erhalt von Gesundheit.

„Wir müssen Haltungen verändern. Die entstehen durch Erfahrungen. Das ist etwas anderes als Wissen, eine Erfahrung geht unter die Haut. Das emotionale und das kognitive Netzwerk verbinden sich im Frontalhirn.“ Und auf die Frage, in welchen

33 Sparn, Walter, Wertwandel und neue Subjektivität. Erlanger Forschungen, Reihe A, Band 91. 2000. S. 38.

34 Sparn, a. a. O. S. 32.

35 Vgl. z. B. Singer, Peter, Wie sollen wir leben? Ethik in einer egoistischen Zeit. Erlangen 1996, München 1999. (Originaltitel: *How are we to live? Ethics in an age of self-interest*, 1993); ders., Praktische Ethik. Stuttgart 1984; 2. überarbeitet Auflage 1993, (Originaltitel: *Practical ethics*, 1979).

36 Jonas, Das Prinzip Verantwortung. Frankfurt 1979. S. 23.

37 Sparn, a. a. O. S. 45.

Schritten sich Haltungen verändern lassen, antwortet Hüther: „In drei Schritten: einladen, ermutigen, inspirieren."[38] „In Haltungen sind handlungsorientiert und erkenntniskritisch Selbst- und Weltbezüge von Menschen intersubjektiv thematisiert [...]."[39]

Die Spannung zwischen individueller Autonomie und Gemeinschaft, wie sie anhand der Gesundheitsthematik dargestellt worden ist, kann über die Leitvorstellung der Haltung vermittelt werden. In der Gesamtheit von Emotionalität und Leiblichkeit, von Lebensstil und Lebensüberzeugung, von Lebensführung und sozialer Einbettung verhält sich der Mensch zu seiner Gesundheit. Der Begriff der Haltung ruft diese Vorstellungen des Lebens in Bezügen hervor. Menschen „verhalten" sich ständig, zu sich selbst, zu anderen.

> „Mit der Theorie der Haltung wird daher der Versuch unternommen, innerhalb der aktuellen Debatte eine kritische Revision der Subjektphilosophie im Sinne einer Philosophie der Verantwortung zu leisten."[40]

Die Vorstellung der Haltung ist eminent dynamisch und bezieht die Beschleunigung der Lebensbezüge ein. „In gewisser Weise ist hiermit schon die Fragilität menschlicher Existenz umrissen, denn die Annahme dessen, dass wir nur im Bezug bestehen, existieren, und dadurch generieren, ist Ausdruck dafür, nie ungebrochen, nie ohne Reflexivität zu sein, in keiner Weise des Bezugs."[41]

Der Begriff der Haltung bestätigt die relationale Weise des Daseins des Menschen. In seiner Lebensgestaltung sucht die Person,

38 Hüther, Gerald, Selbstverantwortung. Hauptstadtkongress für Gesundheit und Medizin. Berlin 2011. Unter: http://www.hauptstadtkongress.de/2011/eroeffnungsvortrag-von-prof-dr-gerald-huether (Stand: 17.03.2014).

39 Kurbacher-Schönborn, Frauke Annegret, Liebebegriff und Haltung. DFG Netzwerk „Liebessemantik". Vortrag am 6. Juni 2007. S. 1. Unter: http://www.uni-giessen.de/Liebesbegriff%20und%20Haltung/%20 Frauke%20 % Kurbacher/pdf (Stand: 01.02.2011).

40 Kurbacher-Schönborn, Frauke Annegret, a.a.O. S. 4. „Traditionellen Subjekt- und Personenvorstellungen wird erstens reduktionistische, rationale Prägung vorgeworfen, die zweitens Emotionalität und Leiblichkeit nicht hinreichend bedenkt, und drittens daher keine tragfähigen Konzepte für Intersubjektivität zu entwickeln vermag."

41 Kurbacher-Schönborn, .a.a.O. S. 5.

Stimmigkeit zu gewinnen. Das Individuum möchte in seiner Haltung authentisch sein. Es geht also um die Entsprechung von Lebensgrund und Lebensführung.

3. Ethik des Herzens

„Der älteste Ausdruck für den Ort dieser Verknüpfung ist das Wort Seele, auch Herz und Nieren. Seit der Reformation wird der Ausdruck conscientia bevorzugt und auch mit ‚Gewissen', man könnte auch sagen ‚Selbst' übersetzt. Damit ist der gesuchte Ort als Instanz der Koordination von Lebensgrund und Lebensführung benannt."[42]

Auf alternativen Wegen der Gesundheitsförderung erleben die Begriffe „Herz", „Seele", „Stimmigkeit" eine Renaissance. Diese Beobachtung fügt sich zu dem wachsenden Interessen an Fragen des guten Lebens, des Lebenssinns und des Glücks.[43] Auf diese Weise treten Bedeutsamkeiten in den Vordergrund, die in den vergangen Jahrzehnten in der Gesellschaft nicht zu den bestimmenden Themen gehörten. Aber die Kraft dieses Sprachenfrühlings würde verfehlt, sähe man hierin nur einen zeitgeistigen Trend. Denn hier spricht sich auch eine komplementäre Weise der Wirklichkeitserkenntnis und des Weltumgangs aus, die weit in die Geistes- und Kulturgeschichte zurückreicht.

Im ersten Teil dieses Buches wurde schon auf das Pascalsche Motiv der „raison du cœur" hingewiesen. Die „Vernunft Herzens" verbindet den Lebensgrund und die Lebensführung. „Das Herz als das mittlere Organ der Wahrnehmung greift über den mittleren Bereich der Wirklichkeit – die geistige Wirklichkeit – hinaus, und verleiht auch dem rationalen Verstand und dem begnadeten Glauben ganz menschliche Farbe."[44] Blaise Pascal möchte die Menschen „auf ihr Herz zurückrufen"[45], aber gerade nicht im Sinne des Rückzugs in fromme Innerlichkeit, sondern als integrative Erkenntnisquelle, die die Engführung der „raison du arith-

42 Sparn, a. a. O. S. 46.

43 Vom 16.–22. November 2013 hat die ARD eine Themenwoche „Glück" veranstaltet.

44 Mertl, Monika, Vom Denken des Herzens – Alice und Nikolaus Harnoncourt. Salzburg 1999.

45 Chevalier, Fr. 1. S. 1088.

metique“, die sich in Logik und Recht vergegenständlicht, überwindet. „Le cœur a ses raisons, que la raison ne connait pas“.[46] Das Herz hat seine Gründe, die der Verstand nicht kennt. Die „raison du cœur“ kennt keine Logik, kein System von Ja und Nein. Im Vordergrund steht das Empfinden, das die Sprache des Herzens prägt. Die Kunst, die Poesie, die Literatur. Die Wirkungsgeschichte dieses Aufrufes zur Herzensbildung ist beeindruckend. Nietzsche ist z. B. zu nennen, der in Pascal einen ebenbürtigen Vordenker sah.[47] Oder die katholischen Theologen des vergangenen Jahrhunderts Romano Guardini[48] und Hans Urs von Balthasar[49].

Man wird schließlich sagen können, dass Pascal den ordre du cœur zumindest auch dynamisch und ethisch versteht: „Alle Körper, das Himmelsgewölbe, die Sterne, die Erde und ihre Königreiche wiegen nicht den geringsten der Geister auf; denn er erkennt das alles und sich, und die Körper erkennen nichts. Alle Körper insgesamt und alle Geister insgesamt und alles was sie hervorbringen, wiegen nicht die geringste Regung der Liebe auf: sie gehört einer unendlich höheren Ordnung an.“[50]

„Liebe“ nimmt, um den Blick von Pascal in den christlich-abendländischen Kulturraum zu weiten, den „Status einer Grundhaltung“[51] ein, deren Sitz das Herz ist. Das Herz empfängt in der Liebe die göttliche Gnade und hat so Teil an der göttlichen Lebensbewegung selbst. Das Herz ist aber zugleich der Raum der Berührung mit der Welt. Es ist Sinnbilder der Ganzheit des Men-

46 Pascal, Pensées, S. 89.

47 Weiss, Otto, Das erste aller Christen. Zur deutschen Pascalrezeption von Friedrich Nietzsche bis Hans Urs von Balthasar. Regensburg 2012.

48 Guardini, Romano, Christliches Bewußtsein. Versuche über Pascal. Leipzig 1935; Neuausgabe Mainz 1991

49 Balthasar, Hans Urs, Herrlichkeit. Eine theologische Ästhetik. 3 Bände. Johannes, Einsiedeln 1961–69. Ders. Das Herz der Welt, Zürich 1944, Neuauflage Einsiedeln 2008. „Was Paulus das große ‚mysterium‘ nennt, ist jenes Handeln Gottes mit der Welt, das durch Schöpfung, Offenbarung und Erlösung immer Geschichte, Handlung, Drama, Ereignis bleibt und seine Mitte in der Fülle der Zeit, der Menschwerdung, hat. Welt und Leben so zu erfahren, war der Sinn der dreizehn Christushymnen. Das Herz der Welt, worin der so oft verkitschten Herz-Jesu-Idee die kosmische Dimension, mehr noch, der unabsehbare, zuletzt trinitarische Innenraum der hypostatischen Union zurückgegeben werden sollte.“

50 Pascal, a. a. O. S.90.

51 Kurbacher-Schönborn, a. a. O. S. 3.

schen, in der Leib und Seele verbunden und liebevoll erfüllt sind.[52] Oder in einer anderen Formulierung: Im Sprachbild der Herzens finden Lebensgrund und Lebensgestalt des Menschen ihre „Mittenwirklichkeit“[53].

Werden diese Aussagen lediglich als Aktualisierungen katholischer Ontologie und Ordo-Theologie interpretiert, wird deren Aktualität übersehen. Wird der Akzent auf die Aspekte der „Mitte“ und der „Balance“ gelegt, ergeben sich Verbindungen zu heutigen Konzepten der Salutogenese auf der einen und zu altgriechischen Vorstellungen von Gesundheit auf der anderen Seite.

4. Ethik der Lebensführung

Die Weltgesundheitsorganisation hat Gesundheitsförderung in eine Weltfriedensordnung eingezeichnet. Für dieses Konzept sind der Lebensweltbezug und eine Lebensgestaltung in Balance charakteristisch. Die von der Ottawa Charta ausgehenden Impulse haben damit nicht nur einen Perspektivwechsel, sondern einen Paradigmenwechsel im Blick auf Gesundheit ausgelöst. Von der Krankheitsverhütung und der risikoorientierten Prävention wechselt die Aufmerksamkeit hin zur Stärkung gesunderhaltender Ressourcen. Letztlich beschreibt die WHO Gesundheitspolitik als Integral von Sozial- und Friedenspolitik. Eine solche Gesundheitspolitik weist Verbindungslinien zu kulturtheoretischen Konzepten auf, die den Zusammenhang von Politik und Heil, bzw. Herrschaft und Heil bedenken.[54]

Diese weltpolitischen Anstöße haben zu einer weitergehenden Konzeptualisierung von Gesundheit im Modell der „Salutoge-

52 Neben der Dimension der Entsprechung beinhaltet die Liebesvorstellung das Moment des Widerständigen gegenüber ethischen Funktionalisierungen. Paul Ricœur hat gerade darin das Potential einer „Liebesethik“ gesehen. Vgl. Paul Ricœur, Liebe und Gerechtigkeit. Tübingen 1990.

53 Guardini, Romano, Christliches Bewußtsein, S. 143 Anm. 7.

54 Vgl. z.B. Assmann, Jan, Herrschaft und Heil. Politische Theologie in Altägypten, Israel und Europa. München 2000. Schmitt, Carl, Politische Theologie. Vier Kapitel der Lehre von der Souveränität. Berlin 1970. Metz, Johann Baptist, Zur Theologie der Welt. Mainz 1973; Sölle, Dorothee, Politische Theologie. Stuttgart 1982.

nese“[55] durch den Medizinsoziologen Aaron Antonovsky geführt. In den Vordergrund treten in diesem kontext- und Lebensfeld-bezogenen Verständnis von Gesundheit Aspekte der Lebensqualität, des Wohlbefindens und des Lebensglücks, ebenso wie die Fähigkeit, Krankheiten mit einer positiven Orientierung zu bewältigen.

Ob es neben den inhaltlichen Verbindungslinien zwischen diesem Konzept und Grundgedanken der Ottawa Charta der WHO auch unmittelbare Wechselwirkungen gegeben hat, muss an dieser Stelle offen bleiben. Antonovskys Hauptwerke: „Health, stress and coping: New perspectives on mental and physical well-being“ (1979) und „Unraveling the mystery of health. How people manage stress and stay well“ (1987) sind früher bzw. zeitgleich mit der Ottawa Charta veröffentlicht worden.

Die Theorie der Salutogenese erfährt gegenwärtig eine sehr intensive Rezeption. Insofern liegt es nahe, die darin liegenden gesundheitsethischen Implikationen sichtbar zu machen.

Für Antonovsky bilden Krankheit und Gesundheit ein Kontinuum. Er fragt: „Welche Ursachen führen dazu, dass Menschen sich mehr auf die gesunde Seite dieses Kontinuums hin bewegen?“[56] Oder noch einmal anders gefragt: Wie kommt es, dass Menschen trotz erheblicher Belastungen gesund bleiben? Antonovsky nimmt an, dass jeder Mensch „Widerstandsressourcen“ hat (körperliche, psychische, materielle und psychosoziale), die in ihrer Qualität darüber entscheiden, ob er mit Belastungen fertig wird oder nicht. Diese Widerstandsressourcen wiederum werden zusammengehalten von einem „Kohärenzsinn“, also von dem Gefühl, dass es einen tragenden Zusammenhang und Sinn im Leben gibt. Außerdem ist es gesundheitsförderlich, wenn Menschen ihr Leben und ihren Alltag als durch sich selbst form- und gestaltbar erleben.

Anschaulich wird dieser Ansatz der Gesundheitsförderung in der von Antonovsky immer wieder verwendeten Flussmetapher: Es ist die Aufgabe, Menschen zu guten Schwimmern im gefähr-

55 Antonovsky, Aaron, Salutogenese: Zur Entmystifizierung der Gesundheit. Tübingen 1997 Dt.: Franke, A. (Hg.), Antonovsky (1923–1994) forschte und lehrte als Medizinsoziologe.

56 Jürgen Bengel, Regine Strittmatter, Hildegard Willmann, (Hg.), Was erhält den Menschen gesund? Forschung und Praxis der Gesundheitsförderung. Von der Bundeszentrale für gesundheitliche Aufklärung. Köln 2001.

lichen Strom zu machen. Gesundheitsförderer müssen Schwimmlehrer und nicht Rettungsschwimmer sein.

Hier sind wieder die Verbindungslinien zum Konzept der Gesundheitsförderung, zur Ottawa Charta der Weltgesundheitsorganisation aus dem Jahr 1986 zu sehen: Das in sich kohärente Konzept der Lebensweise, das in den Alltag eingebettet ist, bildet die Grundlage von Gesundheitsförderung. Die Lebensweise des Einzelnen und der Lebenskontext müssen sich allerdings positiv verstärken. Insofern werden in diesem Konzept das Verhalten und die Verhältnisse als Einheit gesehen und die Bedeutung der Umwelt- und Kontextfaktoren für Gesundheit herausgearbeitet. Neben den individuellen werden also auch die sozialen und kulturellen Widerstandsressourcen von Antonovsky in den Blick genommen.

Sowohl dem Gesundheitsverständnis der WHO wie auch dem Konzept der Salutogenese wird ein individualistischer Grundzug vorgehalten, weil sich beide Vorstellungen auf „das trügerische Element des subjektiven Wohlbefindens“ stützten[57]. Dieser Vorwurf verfehlt jedoch die Dimension beider Ansätze. Für die WHO steht das große Thema des Zusammenhangs von Politik und Heil im Hintergrund und für die Salutogenese die Frage, wie „Heil“ unter den gegenwärtigen Bedingungen zu generieren sei.

In der Förderung und Stärkung von Lebenskompetenz berühren sich in der Zielrichtung die Ottawa Charta und das Salutogenese-Modell. Aber auch die Verbindung zu anderen Konzepten, die im letzten Jahrzehnt des vergangenen Jahrhunderts entwickelt wurden, zeigt sich an dieser Stelle: Die Resilienz- und Invulnerabilitäts-Forschung[58] sind zu nennen.[59]

Auch der Empowerment-Ansatz ist Bestandteil der Gesundheitsförderung der WHO und richtet sich auf einen selbstbe-

57 Nager, Frank, Von der Vielfalt des Heilens. Schweizerische Ärztezeitung 80.1999, Nr. 49. S. 2876.

58 Die amerikanische Entwicklungspsychologin Emmy E. Werner ist durch ihre für die Resilienzforschung wegweisende Kauai-Längsschnittstudie bekannt geworden. Werner, Emmy. E., Wenn Menschen trotz widriger Umstände gedeihen – und was man daraus lernen kann. In: Welter-Enderlin, Rosemarie, Hildenbrand, Bruno (Hg.), Resilienz. Gedeihen trotz widriger Umstände. Heidelberg 2010. S. 28–42.

59 Die praktische Umsetzung des Resilienz-Konzeptes in der Personalführung und Unternehmensentwicklung wird im VI. Kapitel vorgestellt.

stimmten Umgang mit der eigenen Gesundheit. Gesundheitsförderung setzt Menschen in die Lage, die eigenen Bedürfnisse und Forderungen eigenständig zu äußern und alleine oder gemeinsam mit anderen umzusetzen. Empowerment ist die „Ermächtigung“, die eigenen Ressourcen zu entdecken, zu entwickeln und diese zu nutzen. Aus dem Wissen um die eigenen Möglichkeiten erwächst dann der Wunsch, sich an der Gestaltung des eigenen und sozialen Lebenskontextes zu beteiligen. „Die Schwierigkeit, einen Empowerment-Blickwinkel in die professionelle Arbeit zu integrieren, besteht vor allem darin, dass Empowerment-Prozesse zwar angestoßen werden können, der eigentliche Prozess jedoch weitgehend ohne Zutun der beruflichen Helferinnen und Helfer abläuft. Eine Haltung des Empowerment lässt sich daher nicht mit direkten Interventionen vergleichen, wie sie im psychosozialen Bereich eher üblich sind (Beratung, Betreuung, Therapie, Anleitung von Gruppen). Empowerment als professionelle Haltung bedeutet, Möglichkeiten für die Entwicklung von Kompetenzen bereitzustellen, Situationen gestaltbar zu machen und damit „offene Prozesse“ anzustoßen.“[60]

Diese Vorstellungsweisen von Gesundheit stehen in deutlicher Spannung zu den biomedizinischen und funktionalen Konzepten, die auf Wiederherstellung von Leistungsfähigkeit zielen. Stattdessen steht Gesundheit als Lebensaufgabe im Mittelpunkt des Interesses.

Eine solche Ethik der gesunden, ressourcenorientierten Lebensführung hat ihre Basis aber nicht allein in den Programmen der WHO und in den Salutogenese-Modellen der Gegenwart, sondern in Heilungskonzepten der griechischen Antike. Der Urahn der gesunden Lebensführung ist Hippokrates und Asklepios kann als der Begründer ganzheitlicher Medizin gelten.

Schon Hippokrates (460–377), der häufig als Vater der Medizin bezeichnet wird, beschrieb Gesundheit als Kontinuum, als die Fähigkeit der Balance. Gesundheit besteht darin, zwischen verschiedenen, gelegentlich gegensätzlichen Kräften ausgleichen zu können. Die richtige Beschaffenheit und Durchmischung der Körpersäfte nannte Hippokrates „Eukrasie“. Krankheit entsteht

60 Lenz, Albert, Stark, Wolfgang (Hg.), Empowerment. Neue Perspektiven für psychosoziale Praxis und Organisation. Tübingen 2002. S. 70.

durch eine Dyskrasie, oder anders gesagt, durch eine kompensatorische Balance der Körpersäfte[61]. Eine ungesunde Lebensweise, ungünstige Ernährung, seelische Belastungen sind dafür ursächlich. Auch der Gedanke der Gesundheitsressourcen war schon ausgeprägt. Denn Hippokrates und seine Ärztekollegen gingen davon aus, dass der Körper über genügend Ressourcen verfügt, um Krankheiten zurückdrängen oder überwinden zu können. Insofern liegt der Anfang der ärztlichen Kunst darin, Menschen in diesen Zusammenhängen zu unterrichten, eine Behandlung ist immer nur ein Notbehelf: natura sanat, Medicus curat.

Auf Hippokrates geht auch die Korrespondenz von Mikrokosmos und Makrokosmos zurück, wonach die Selbstregulation im Menschen ihre Entsprechung und Wiederholung im kosmischen Gleichgewicht findet. Dieser Gedanke ist von Paracelsus aufgenommen worden, der Krankheit als Folge des Herausfallens aus der ganzheitlichen Vernetzung der inneren und äußeren Ordnung verstand. Wieder steht der Gedanke des Fließgleichgewichts zur Beschreibung von Gesundheit im Vordergrund, das durch Selbstregulationsfähigkeiten des Menschen gesteuert wird. Daher spricht Paracelsus vom „inwendigen Arzt". Und schon bei diesem Begründer der Naturheilkunde wird der Organismus als ganzheitlich kohärentes System verstanden, das aus steten Wechselwirkungen besteht und nicht aus reaktiven und konsekutiven Interventionen auf Grund von „Krankheitssymptomen".

Diese antiken und frühneuzeitlichen Heilschulen sind darin verbunden, dass sie Gesundheit als Geschehen erfassen, als ‚kreativen' Prozess, der sich in jedem Augenblick und Tag für Tag vollzieht. In diese Tradition kann auch die Salutogenese gestellt werden, wenngleich sie auf innerseelische Prozesse abhebt. Der Grundgedanken ist gleichwohl vergleichbar: Gesundheit wird generiert, das Heil geschaffen, kurz: salus genesis.

Die heutige Rezeption dieser salutogenen Tradition betont einerseits den Gedanken der Kohärenz und damit die ganzheitliche Wahrnehmung von persönlicher und kollektiver Lebensgestalt.

61 Reckeweg, Hans-Heinrich, Homotoxikologie. 1981, S. 12: „Alles was wir Krankheit nennen, stellt den biologisch-zweckmäßigen Versuch des Organismus dar, erlittene Gift-Schädigungen auszukompensieren, um das Leben so lange wie möglich zu erhalten."

Andererseits scheint das aktive Moment in der Salutogenese gegenwärtig besonders attraktiv zu sein. Dieser Leitbegriff intoniert das Thema Heilung und Heil – aber in einer dem aktiven Tun offenen Weise. Gesundheit wird z.B. als geistliche Aufgabe beschrieben. So ist es schon vor Jahrzehnten in der Abtei Münster-Schwarzach des Benediktinerordens formuliert worden.[62] Salutogenese soll Leitgedanken im Führungsverhalten und bei der Entwicklung der Unternehmenskultur sein. Der Gestaltungswille und die pädagogische Prägung sind in diesen Impulsen unübersehbar.

Gesundheit oder Krankheit werden, überblickt man den Gedankengang dieses Kapitels, durchgehend oder zumindest ganz überwiegend als ethische Aufgabe erfasst. Dabei wird Gesundheit auf der einen Seite sozialethisch in den Blick genommen: als gesellschaftliche Aufgabe. Auf der anderen Seite und in einer anderen Traditionslinie erscheint Gesundheit als Herzensbildung oder als Wirkung des „inneren Arztes". Heilt dort das Kollektiv durch solidarisches Handeln, stellt sich Heilung hier durch die Beachtung kosmischer oder religiöse Gesetzmäßigkeiten ein.

Insgesamt wurde Gesundheit bisher auf dem Hintergrund gegenwärtiger gesellschaftlicher Gegebenheit und geistes- und kulturgeschichtlicher Konzepte Europas erfasst. Dabei wurden die auf den alteuropäischen Erkenntnistheorien basierende Konzepte von Gesundheit und Heilung reflektiert, wie auch die gesellschaftliche Organisation von Gesundheit in ihrer Gebundenheit an den Pfad des Vertrages und der Eigenverantwortung in den Blick genommen.

5. Ethik der Achtsamkeit

Die beschriebene Verschiebung der Wahrnehmung von Gesundheit geht einher mit Vorstellungen von Gesundheit und mit Gesundheitspraktiken, die keine unmittelbare Verbindung zur alteuropäischen Vorstellungswelt haben. Beispielhaft seien dafür Begriffe wie Achtsamkeit, Bewusstheit, Gewahr-Sein, Wachsamkeit, Präsenz, Aufmerksamkeit und Energie genannt.

62 Duffner, Meinrad, Grün, Anselm, Gesundheit als geistliche Aufgabe. Münster-Schwarzach 1995.

Achtsamkeit wird als Haltung propagiert und erreicht unseren Kulturkreis in Form von alltagsorientierten Trainigsangeboten: „Diese Art von Achtsamkeit ist eine durchdringende Geisteshaltung, im Alltag gelebt für ein bewussteres und konzentrierteres Leben. Die nicht-wertende, annehmende Haltung, in der wir uns unserem Erleben zuwenden, fördert unser Gewahrsein, unsere Gedanken- und Gefühlsklarheit und trainiert die Fähigkeit, die Realität der Gegenwärtigkeit zu akzeptieren und anzunehmen und bewirkt ein tieferes Verständnis für uns selbst und für unsere gewohnheitsmäßigen Verhaltensweisen."[63] Das Achtsamkeitstraining stellt eine Übungsform da, die es erlaubt, den Anforderungen des Berufslebens standhalten zu können. Deshalb wird diese Technik der Aufmerksamkeitsfokussierung auch zur Bewältigung von Stress methodisch eingesetzt. Bekannt ist die von Kabat Zinn entwickelte achtsamkeitsbasierte Stressreduktion „mindfulness-based stress reduction" (MBSR)[64]. „Die hier gemeinte Form der Achtsamkeit bedeutet innehalten, meint ganz bewusst von Augenblick zu Augenblick das wahrzunehmen, was gerade ist und was den gegenwärtigen, lebendigen Moment so einzigartig macht. Die ganze konzentrierte Aufmerksamkeit gilt dem, was man in diesem unmittelbaren Moment denkt, fühlt oder ausübt. Sie ist gerichtet sowohl auf innere Prozesse als auch auf das jeweils äußere Umgebungsfeld. Achtsamkeit hat darüber hinaus zwei Besonderheiten: zum einen wird dieses Obacht gebende Erleben von uns weder bewertet noch beurteilt, auch frieren wir uns nicht zurückblendend in Erinnerungen ein und verlieren uns auch nicht Pläne schmiedend in der Zukunft. Gedanken und Gefühle, die uns begleiten, werden aufmerksam betrachtet."[65]

Diese Gesundheitstechnik, wie auch die andere in Westeuropa weitverbreitete Übungstechnik, der Yoga, wurzeln im Buddhis-

63 Vgl. Evelin Fräntzel, Was ist Achtsamkeit? Unter: http://www.achtsamkeit24.de/achtsamkeit-definition-herkunft-uebungen-training.html (Stand: 17.03.2014) Kabat-Zinn, Jon und Kesper-Grossman, Ulrike, Stressbewältigung durch die Praxis der Achtsamkeit. Freiburg 1999; Kabat-Zinn, Jon, Kesper-Grossman, Ulrike, Die heilende Kraft der Achtsamkeit. Freiburg 2004.

64 Kabat-Zinn, Jon,: Zur Besinnung kommen. Die Weisheit der Sinne und der Sinn der Achtsamkeit in einer aus den Fugen geratenen Welt. Freiamt 2006.

65 Fräntzel, a. a. O.

mus und Hinduismus. Aber die religiösen Vorstellungen, die diesen Praktiken zu Grunde liegen, treten eher in den Hintergrund. Wichtiger scheint die Relevanz für die Lebenspraxis. Insbesondere beim Yoga scheint die Körperorientierung die Aufnahme in westliche Kulturkreise zu erleichtern. Das Hatha-Yoga bietet diese Rezeptionsebene selbst an, da das Gleichgewicht zwischen Körper und Geist zunächst durch körperliche Übungen (Asanas) angestrebt wird. Dabei wird oft übersehen, dass Atemübungen (Pranayama) und Meditation in gleicher Weise zu diesem Übungsweg gehören.[66]

Überhaupt sind gesundheitsethische Motive, die Menschen der westlichen Welt zu diesen Techniken greifen lassen, der Selbstverantwortung zuzurechnen. Doch die Ethik im Buddhismus nimmt einen vollständig anderen systematischen Ort ein als die Ethik des westlichen Kulturkreises. „Für den Buddhismus [....] gilt grundsätzlich, daß die Ethik nicht Folge, sondern Voraussetzung für die Erlösung bzw. Heiligkeit ist. Das moralische Handeln [...] ist Bedingung für die rechte Anstrengung, die rechte Achtsamkeit, die rechte Sammlung."[67] Die der aktuellen Gesundheitsprävention zu Grunde liegende Verantwortungsethik und Subjektphilosophie ist nicht kompatibel mit der Ethik der Achtsamkeit. Nach westlich abendländischen Verständnis handelt die Person aufgrund ihres Gewissens und aus seiner Verantwortung für ein personales Gegenüber bzw. die Gemeinschaft. Das personale Ich, das personale Du, genauso wie das personale Wir stellen das Beziehungsgefüge dar, das nach westlich abendländischem Verständnis den Bezugsrahmen für eine Ethik bietet. Solche personalen und dualen Vorstellungen von Wirklichkeit sind dem Buddhismus fremd. Auch eine teleologische Ethik und ein ebensolches Menschenbild sind nicht anschlussfähig an den Buddhismus. Weil der Buddhismus kein System der Ethik bietet und daran auch gar kein Interesse hat, bedarf die Rezeption dieser Vorstellungen einer eigenen religions- und kulturphilosophischen Reflexion. Diese wird häufig aus Acht gelassen.

66 Burley, Mikel, Hatha Yoga. München 2005.

67 Gerlitz, Peter, Die Ethik des Budda. In: Ratschow, C.H. (Hg.), Ethik der Religionen. Stuttgart 1980. S. 233.

Dieses gilt auch für die in Europa verbreitete Traditionelle Chinesische Medizin (TCM), die durch die Praxis der Akkupunktur bekannt geworden ist, aber weit mehr, wie z. B. Bewegungsübungen (Qi Gong), Massagen und eine differenzierte Diätetik umfasst. Die Jahrtausende währende Entwicklung dieser Entsprechungsmedizin, die über viele Transformationen in der Phase des Konfuzianismus von staatlicher Seite besonders gefördert wurde, wird im Blick auf die religiösen Vorstellungswelten extrem vereinfacht aufgenommen.[68] Aber neben dieser Werbung um Achtsamkeit finden sich auch vertiefte und differenzierte Studien zur buddhistischen religiösen Tradition. Besonders furchtbar sind die Rezeptionen des Zen-Buddhismus, die schon zu Beginn des vergangenen Jahrhunderts begonnen haben. Beispielsweise ist hier die Verknüpfung von Zen und Psychoanalyse durch Graf Dürckheim zu nennen. Aber auch neuere Arbeiten von John Welwood zur buddhistischen Psychologie[69] oder die Schriften von Belschner[70] sind lehrreich.

Für das Verständnis von Gesundheit und eine gesundheitsorientierte Lebenspraxis spielen darüber hinaus zunehmend auch Riten und Bräuche von Naturvölkern eine große Rolle.[71] Schamanische Heilungsrituale finden Zulauf und magische Praktiken werden selbstverständlich übernommen, wie z. B. die Huna-Lebensphilosphie aus Polynesien.[72] Ins Bewusstsein rücken insgesamt pagane Gesundheitspraktiken, die sich sowohl in Europa

68 Vgl. Porkert, Manfred, Die theoretischen Grundlagen der chinesischen Medizin. 2. Auflage. Stuttgart 1982.

69 Welwood, John, Psychotherapie & Buddhismus. Der Weg persönlicher und spiritueller Transformation. [Englisch] Toward a Psychology of Awakening: Buddhism, Psychotherapy, and the Path of Personal and Spiritual Transformation 2002.

70 Belschner, Wilfried, Der Sprung in die Transzendenz. Die Kultur des Bewusstseins und die Entmystifizierung des Spirituellen. Psychologie des Bewusstseins – Texte, Band 7 –. Münster 2007; Belschner, W., Büssing, A., Piron, H. & Wienand-Kranz, D. (Hg.), Achtsamkeit als Lebensform. Psychologie des Bewusstseins – Texte, Band 6 –. Münster 2007.

71 Dieser umstandslosen Rezeption wird mit Vorbehalten begegnet. Kritik wird aber auch angebracht an der immer wieder zu beobachtenden Überformung der zu Grunde liegenden Überlieferung.

72 Vgl. Cech, Ursula, Kahuna-Revival. Über das magisch-schamanisch-spirituelle HUNA-System aus Hawaii und dessen Wirkungsmöglichkeiten in unserer ratio-dominierten Gesellschaft. Wien 2002.

wie auch auf anderen Kontinenten unter der christlichen Missionierung erhalten haben.[73]

6. Zusammenfassung

Die Pfade der Suche nach Gesundheit, die Methoden der Gesundung und die Quellen der Heilung sind in ihrer jeweiligen Auslegung stimmig, mit einem Wahrheitsspruch verbunden und in der Anwendung wirksam:

- Das Medizinsystem ist kurativ und invasiv ausgerichtet. Wirklich, wahr und wirksam ist, was mit naturwissenschaftlicher Methodik objektiv und kausal nachweisbar ist und eine unmittelbare Symptombeeinflussung ermöglicht.
- Das Gesundheitssystem ist formal und inklusiv ausgerichtet. Der Wahrnehmungsfocus von Gesundheit ist die Reproduktion von Sozialität mittels ökonomischer Prozesse unter sozialrechtlicher Absicherung. Wirksam ist dieses Konzept, wenn es die gesellschaftliche Inklusion, insbesondere über Erwerbstätigkeit, fördert. Dieses gesellschaftliche Ordnungsmodell korrespondiert der naturwissenschaftlichen Annahme über Gesundheit.
- Die westlichen und östlichen Modelle einer gesunden Lebenspraxis sind kurativ und salutogen geprägt. Gesundheitspraktiken sind wirksam und wahrhaftig, indem sie die Heilungskräfte fördern, die ihre Quelle in den Kräften der Natur haben, oder die Lebensgestalt zur Ordnung des Kosmos in Balance bringen.
- Die Wahrnehmung des inneren Zusammenhangs von Heilung und Heil bestimmt die religiösen und magischen Konzepte von Gesundheit. Unvermeidlich treten diese in kulturellem Gewand der Ursprungsgesellschaft auf und verbinden sich mit den genannten Formen gesellschaftlicher Vermittlung von Gesundheit. In spirituellen Bildern, mystischen Erfahrungen und magischen Praktiken wird die Fragilität von Gesundheit, der unvermutete und unerklärliche Einbruch von Unheil, über-

73 Vgl. Hauschild, Thomas, Magie und Macht in Italien. Über Frauenzauber, Kirche und Politik. Gifkendorf 2002.

schritten und damit die Besonderheit und Unverzichtbar der magisch-religiösen Quelle von Gesundheit und Heilung freigelegt.

Der damit jeweils verbundene Fokus der Wahrnehmung scheint mit einem begrenzenden Moment verbunden zu sein und mit einer irritierten Ausschließlichkeit. Diese umstandslose Aufnahme kulturellen Gesundheitswissens und religiöser Gesundheitspraktiken von Stammes- und Hochreligionen kann ebenso erstaunen, wie die unhinterfragte Akzeptanz heutiger Technikmedizin. Gleichfalls überraschen der Absolutheitsanspruch, mit dem das jeweilige Wirklichkeitsmodell auftritt und die leichthändige Diffamierung des jeweils anderen.

- Auch auf dem Feld der Gesundheit strukturiert und dominiert die Erkenntnisweise der exakten Naturwissenschaften die Wirklichkeitswahrnehmung mit den zu Grunde liegenden Konzepten der Dreidimensionalität des Raumes, der linearen Zeit, der lokalen Kausalität und der Subjekt-Objekt-Trennung. Die Einzelwissenschaften präsentieren eine Welt, die aus aneinander gereihten Erkenntnisfächern besteht. Die derart gewusste und erforschte Welt präsentiert sich in einer Unzahl koexistierender Ausschnitte. Der lebensweltliche Zusammenhang, den wir täglich, wenn auch häufig undurchsichtig erfahren, wird auf dieser Ebene zur großen Frage.
- Das gesetzlich geordnete Gesundheitssystem ist der gesellschaftlichen Macht der Institutionen der Produktion und Verwaltung unterworfen, die in der Moderne die ranghöchsten Erkenntnis- und Praxisinteressen bilden. Sie dominieren in einer die Person verlierenden Weise auch das Gesundheitssystem.[74] Dagegen erheben sich vielfach kritische und warnende Stimmen, insbesondere gegenüber dem das Gesundheitswesen bestimmenden ökonomischen Prinzip. Oskar Negt kritisiert z. B. die betriebswirtschaftlichen Bemächtigungsmechanismen im Gesundheitswesen. „Es könnte sein, dass wir von einer kranken Gesellschaft sprechen müssen, in der bewusste Politik ausgeschlossen ist, weil die Gesellschaft zum bloßen Anhäng-

74 Vgl. Berger, Peter L., Luckmann, Thomas, Die gesellschaftliche Konstruktion der Wirklichkeit. Frankfurt/Main 1990.

sel der wirtschaftlich Mächtigen und der Börsenkurse geworden ist.“[75]

- Die westlichen und östlichen Modelle einer gesunden Lebensführung geraten auf der einen Seite ebenfalls in den Sog marktwirtschaftlicher Mechanismen. Auf der anderen Seite vermitteln sie offenbar vielfach die Erfahrung, dass die Person gesehen wird und elementare Fragen nach Sinn und Bedeutung der Existenz berührt werden. Schließlich werden diese gesundheitsfördernden Praktiken als lediglich komplementäre Methode betrachtet und in ihrer den Erkenntnishorizont weitenden Funktion nicht erkannt.
- Die überlieferten magisch-religiösen Praktiken von Heilung können durch die Übertragung in westliche Kontexte ihre kulturelle Tiefe verlieren. Überdies stehen die Anwender in der Gefahr, lediglich eine Technik zu nutzen, ohne deren religiösen Erfahrungshintergrund rezipiert zu haben. Auch auf Grund dieser Fehlentwicklungen entziehen sich die historischen Kirchen in Deutschland der notwendigen Bearbeitung des Unterschieds von gelebter und gelehrter Religion.

Diese Modelle beinhalten jeweils Ausgangsannahmen bei der Betrachtung gesunder und kranker Menschen und haben Begrifflichkeiten, Vorstellungen ausgeprägt, die implizieren, was für denkbar bzw. undenkbar gehalten wird. Diese Wirklichkeitszugänge sind in sich konsistent und insofern tendenziell hermetisch. Gleichwohl stehen sie auch mehr oder weniger in Wechselwirkung zu einander.

Für den Augenblick ist die Dominanz des naturwissenschaftlichen Weltbildes noch so groß, dass die anderen Zugänge nur dann im Wahrnehmungsfeld der Biomedizin Geltung beanspruchen dürfen, wenn sie genau nach den hier herrschenden Gesetzen ihre Wirksamkeit unter Beweis stellen können. Ist dabei genügend im Blick, dass Wahrnehmung immer auch durch das kulturell bestimmende Konsensbewusstsein geprägt ist? Die unterschiedlichen Dimensionen von Gesundheit zu sehen und die jeweiligen ethischen Grundannahmen von Heilung und Gesundung zu wür-

75 Negt, Oskar, Gesellschaftsentwurf Europa. Plädoyer für ein gerechtes Gemeinwesen. Göttingen 2012. S. 13.

digen, vertiefen jedoch das Verständnis für Stärken und Grenzen der entsprechenden Konzepte und weiten zugleich den Blick auf das Feld von Gesundheit insgesamt. In den vergangenen Jahrzehnten haben die beiden zuletzt genannten Ansätze die Konzeptualisierung von Gesundheit entwickelt und damit insgesamt zu einer Lockerung und Öffnung der bisher dominierenden Definitionen geführt. Diese sehen sich durch alternative Wege zu Gesundheit und Heilung anderen Wirklichkeitszugängen gegenüber, die durchaus mit einem reflektiven Anspruch auftreten.

Die Selbstsicherheit in der Erfassung und Beurteilung von Wirklichkeit wird auch durch die neuere neurobiologische Forschung und die Erkenntnisse der Evolutionsbiologie angetastet. Das menschliche Gehirn neigt dazu, Wahrnehmungsroutinen auszubilden und mit diesem „Autopiloten“ das Individuum durch die Welt zu navigieren. Der damit gesetzte Wahrnehmungsfilter, diese „Alltagstrance“[76], hält den Menschen fest im Gewussten und Bekannten. Insofern darf gefragt werden, ob möglicherweise die genannten Grundannahmen nicht auch vereinfachende Routinen der Wahrnehmung darstellen, die von Zweckrationalität bestimmt sind. Wenn das so wäre, würden diese Ausgangsannahmen der Weltbegegnung unser Sehen und unsere Aufmerksamkeit eingrenzen.

Aber es gibt Wahrnehmungsfelder, die die Alltagstrance überschreiten und Bewußtseinzustände, die von Räumen über dem Brauchbaren wissen.

Im vierten Teil des Buches werden die Phänomene des Feldes der Gesundheit nicht nur als komplementäre und sich ergänzende Sichtweisen bei den Heilungsmethoden in den Blick genommen, sondern als Ausdruck einer kulturellen Öffnung und Entwicklung der Gesellschaft.

76 Eine Formulierung von Wilfried Belschner, mit der er auf das Alltagswachbewusstsein hinweist, das allerdings nur eine Konsenswirklichkeit abbildet, z. B. die vom linearen Zeitverlauf, der Kausalität usw... Vgl. z. B. Belschner, Wilfried, Das Playbacktheater und die Perspektive der Bewusstseinsforschung. Unter: http://playbacktheatre.org/wp-content/uploads/2010/04/Belschner deutsch.pdf (Stand: 17.03.2014).

IV. Gesundheitskultur

1. Hauptsache gesund

Im vierten Teil des Buches werden die Phänomene des Feldes der Gesundheit nicht nur hinsichtlich komplementärer oder sich verschiebender Sichtweisen in den Blick genommen, sondern in ihrer kulturellen Einbettung betrachtet. Dabei ist die doppelte Frage leitend, ob sich hier lediglich Bruchlinien einer zu Ende gehenden kulturellen Phase oder auch Öffnungen und Entwicklungen in eine neue Dimension von Gesellschaft, in der spirituelle Erfahrungen und religiöses Bewusstseins einen hohen Stellenwert haben, abzeichnen.

Der Volksmund würde mit der Redensart „Hauptsache gesund" diesen Trend anzeigen. Aus dem Raum der Kirchen wird jedoch dieser Redewendung mit dem polemischen Hinweis begegnet, dass keine Philosophie der Geistesgeschichte in der Gesundheit die Hauptsache des Lebens gesehen habe.[1] In dieser Aussage sei viel mehr die Quintessenz der Gesundheitsreligion zu erkennen, die das Loblied der Leiblichkeit singe und alles Heil nur in der kurzen Spanne des biologischen Lebens sehen wolle.

Wenn sich dieser Einwand allein auf den unseligen Trend zur Banalisierung der Lebensvollzüge und des oberflächlichen Genusses bezöge, wäre ihm Recht zu geben. Aber er tritt pauschal auf und übersieht, dass im heutigen Sprachgebrauch Gesundheit häufig mit Wohlbefinden und Wohlergehen konnotiert wird und damit einen weiteren Bedeutungshorizont öffnet als die Kritik unterstellt. Darin entgrenzen sich tradierte Sichtweisen und weitere Vorstellungswelten öffnen sich.

Nimmt man das griechische Wort ‚eudaimonia' (wörtlich: einen guten Dämon habend) hinzu, befindet man sich sogleich in hochwürdiger philosophischer Gesellschaft: Viele Philosophen

1 Vgl. Lütz, Manfred, Lebenslust. Wider die Diät-Sadisten, den Gesundheitswahn und den Fitness-Kult. München 2013.

der griechischen Antike haben intensiv nach einem Leben in Glückseligkeit und Wohlergehen geforscht und dieses mit der Vorstellung der ‚arete', der Tugend verbunden.

In der Gegenwart ist Gesundheit eine Schlüsselkategorie des gesellschaftlichen Diskurses und verbindet sich in der Tat mit Fragen nach dem gelingenden Leben, nach Glück und Seelenfrieden. Nicht zufällig erlebt Epikur gegenwärtig eine Renaissance. Auch hier mag man fragen, ob der Häufigkeit seiner Zitation im gleichen Maße auch ein Verstehen seiner Philosophie korrespondiert. Die Bedeutungstiefe seines Leitbegriffs der ‚ataraxia' entspricht zumindest einem verbreiteten Empfinden: Das Ablegen aller Sorge und Furcht und das Streben nach dem einfachen Leben in Ruhe und Stille sind Perspektiven, die auf die Sehnsucht des modernen Menschen antworten. Bezeichnenderweise wählen viele den weiten Weg zurück in die griechische Antike, in vorchristliche Zeit. Denn die jüdisch-christliche Lehrtradition scheint auf diese verbreiteten Grundfragen weniger antwortbereit zu sein.

Es spricht viel dafür, dass sich über die Chiffre Gesundheit, deren Praxismodulation und deren erweiterter Konzeptionierung eine geistesgeschichtliche und kulturelle Übergangssituation anzeigt, in der die Hauptsachen des Lebens neu vermessen und geortet werden. Dabei vollzieht sich diese Neuvermessung der Welt nicht allein mit dem wissenschaftlichen, sozialen und ethischen Instrumentarium, das in den vergangenen dreihundert Jahren maßgeblich war. Insofern trifft die polemische Charakterisierung dieser gesellschaftlichen Lage als Gesundheitsreligion unbeabsichtigt und doch sachgerecht den Kern des kulturellen Problems. So wie Heilungsmethoden nicht ohne einen religiösen Hintergrund gedacht und vollzogen werden können, so kann auch ohne spirituelle Erfahrung weder der Arzt seine Kunst üben noch der Patient Heilung erlangen. So wie die Aufklärung die Öffnung und Durchbrechung einer dogmatischen Religionspraxis zu einem neuen Wirklichkeitszugang bewirkte, so kann heute eine nicht dogmatische Spiritualität[2] den Weg bahnen zu einem Leben in Stimmigkeit und Wohlergehen.

2 Walach, Harald, Spiritualität. Warum wir die Aufklärung weiterführen müssen. Klein Jasedow 2011.

Im Übrigen stehen wir menschheitsgeschichtlich nicht als erste in solchen Übergängen. Eindrücklich ist in der Geschichte Chinas die über Jahrtausende sich vollziehende Wechselwirkung zwischen Philosophie, Staatsform und Konzeptionierung von Gesundheit zu beobachten. Auch in Europa lohnt es sich, die Zeitenwenden, z. B. zwischen Mittelalter und Neuzeit, zu betrachten. Oder auch die Schnittstelle zwischen dem Zeitalter des Konfessionalismus und der Aufklärung. In allen diesen Übergängen wurde versucht, den lebendigen Kern der Religion, des Judentums bei Baruch Spinoza oder des Christentums katholischer Prägung bei Blaise Pascal, und die neue Rationalität ins Verhältnis zu setzen.

2. Gesundheitsentwicklungen

Gesundheit wird in der Tat als ein Themenfeld gesehen, das die Gestalt der Gesellschaft tiefgreifend verändern wird.

Zunächst ist hier die volkswirtschaftliche Bedeutung zu sehen. Nicht nur in der Gegenwart, sondern in noch viel größerem Maße in der Zukunft wird Gesundheit ein Feld des Wachstums sein. Die Modelle und Untersuchungen, die im Folgenden vorgestellt werden, haben keine Scheu, ökonomische und gesundheitsbezogene Prozesse aufeinander zu beziehen. Die häufig vorgebrachte Kritik an der Ökonomisierung aller Lebensbereiche scheint hier überwunden zu sein, weil diese den Blick nach vorn verstellt: Gesundheit markierte möglicherweise eine nächste Entwicklungsphase, die den westlichen Gesellschaften für die nächsten Jahrzehnte Wohlstand bringen wird. Die Zukunftsforscher sprechen vom Megatrend Gesundheit und andere, die langlaufende Wellen der Konjunkturentwicklung untersuchen, von dem nächsten Innovationszyklus, der sich an das Gesundheitsthema bindet.[3]

Gesundheit wird hier als Innovationsträger präsentiert. Diese einseitig von Gesundheitsfürsorge durch die naturwissenschaftlich geprägte Medizin und die weitere Einengung dieses Gesundheitskonzeptes durch die Einschränkung in ökonomische Systeme der Verzweckung werden durchbrochen. Aber die wirtschaftlichen Entwicklungspotentiale sind nur die eine Seite der

3 Vgl. den nächsten Abschnitt zum Megatrend Gesundheit.

Innovation. Damit ist unlösbar eine Neukonzeptualisierung von Heilung als integrale Gesundheit verbunden. Auch diese Neuausrichtung bezieht in überraschender Weise religiöse Vorstellungen und spirituelle Praktiken ein.

a. Healthness – Megatrend Gesundheit

Unter der Überschrift „Healthness – die nächste Stufe des Megatrends Gesundheit“ und der Unterschrift „Lebensenergie. Körper. Gesundheit“ hat das Zukunftsinstitut eine Studie veröffentlicht, die die Trends der Gesundheitsgesellschaft von morgen zeichnet.[4]

Gesundheit umfasst alle Bereiche der menschlichen Existenz
Die Autoren führen in ihrer Studie drei zentrale Thesen auf. Erstens: Der Begriff der „Energie“ rückt in den Mittelpunkt des Interesses an Gesundheit: „ Die Energie, die einem Menschen zur Verfügung steht, wird in Zukunft darüber entscheiden, ob ein Mensch „gesund“ ist oder nicht. Damit gemeint ist tatsächlich die physikalische Energie, die Kraft, egal, woher diese ursächlich stammt.“[5] Die Suche nach Lebensenergie erstreckt sich auf alle Lebensbereiche: „Sie beeinflusst den Lebensstil [...]. Die Arbeitswelt passt sich diesen Bedingungen an.“[6]

Zweitens: „Durch eine dramatische Verbesserung der Individualdiagnostik und eine breitere Diskussionsmöglichkeit über Soziale Medien und spezialisierte Foren steigt das Wissen über den Körper und seine Funktionen. Damit bezieht sich Gesundheit wieder mehr und direkter auf den Körper und dessen Wir-

4 Gatterer, Harry, Huber, Thomas, Huber, Jeanette, Kirig, Anja, Kühmayer, Franz, Seitz, Janine, Healthness – Die nächste Stufe des Megatrends Gesundheit. Zukunftsinstitut GmbH. Internationale Gesellschaft für Zukunfts- und Trendberatung. Kelkheim 2012. Die Zukunftsinstitut GmbH, 1998 von Matthias Horx gegründet, arbeitet nach eigener Aussage „als Think Tank und Unternehmensberatung im Bereich der Strategie- und Innovationsentwicklung. Zahlreiche Studien zum gesellschaftlichen und ökonomischen Wandel liefern die Grundlage für die Beratungstätigkeit.“ Unter: http://www.zukunftsinstitut.de/ueberuns.php (Stand: 17.03.2014).

5 A. a. O. S. 10.

6 Ebd.

kungsweisen."[7] Offensichtlich „führen auch neueste Erkenntnisse aus der Psycho-Neuro-Immunologie zu einem besseren Gesamtverständnis, wie die Wechselwirkungen zwischen den Organen einerseits und der Umgebung, in der ein Mensch lebt, andererseits, Krankheiten oder eben auch Gesundung forcieren können."[8]

Drittens: Die digitale Entwicklung erreicht vollends auch die Medizin: „Digitalisierung prägt die Gesundheit von morgen, Gesundheitsfragen werden offen im Netz besprochen, eine neue Mobilität auch von Diagnosetools und medizinischen Anwendungen entsteht."[9]

Gesundheit wird zum sinnstiftenden Element der Gesellschaft

Die Trendstudie bietet umfängliche Daten, z. B. zu den Gesamtgesundheitsausgaben pro Nation, über die Versorgungsdichte mit medizinischem Personal im weltweiten Vergleich, über die Krankheitslast der Welt[10], über die Ausgaben für medizinische Forschung, die Steigerung der Ausgaben für Gesundheit in Deutschland und deren Aufteilung nach Kostenarten.

Aber diese Zahlen belegen lediglich den hohen Stellenwert von Gesundheit in allen Bereiche des individuellen, kollektiven und globalen Lebens. Schon die WHO hatte auf den Zusammenhang von Weltgesundheit und Weltfrieden hingewiesen. Auch die Vereinten Nationen richten sich in ihren Millenniums-Entwicklungszielen insbesondere auf Armuts- und Hungerbekämpfung wie auch auf eine Basisgesundheitsversorgung aus. In den wohlhabenden westlichen Staaten wird Gesundheit im Referenzrahmen von umfassender Verantwortung und Sinnstiftung erfasst. „Für immer mehr Menschen definiert sich Fortschritt nicht mehr nur über materiellen Wohlstand, vielmehr wird das Wohlergehen zum Maß. Die menschliche Gesundheit ist der Kern die-

7 A. a. O. S. 11.
8 Ebd.
9 A. a. O. S. 12.
10 Dafür ist der Lebensbeeinträchtigungsfaktor DALYs entwickelt worden. „DALYs steht für „disability-adjusted life years" und ist ein Weg, um die Krankheitslast, die eine bestimmte Krankheit der Gesellschaft auferlegt, zu messen. Dabei werden einerseits die durch die Krankheit beeinträchtigten Lebensjahre als auch die durch vorzeitigen, krankheitsbedingten Tod verlorenen Lebensjahre in die Berechnung einbezogen." A. a. O. S. 22.

ses Wohlergehens und ist nur über eine menschliche, soziale und ökologische Entwicklung des Individuums zu erreichen."[11] Nach dieser Annahme wird sich jedoch das Wohlergehen des Individuums nur einstellen, wenn auch das Wirtschaften die Menschen und ihren Lebensraum verantwortlich im Blick hat.

Gleichwohl hat die Studie „Healthness – die nächste Stufe des Megatrends Gesundheit" vorrangig die Entwicklung in den westlichen Nationen mit ihren ausgebauten Gesundheitssystemen im Blick. Das Zukunftsinstitut zeichnet ein Bild der Gesundheitsgesellschaft von morgen, die sich auf Kraft, (Lebens)-Energie und Wissen ausrichtet. Die Verantwortung für die eigene Gesundheit rückt immer mehr in Richtung Individuum und führt zu höheren Anforderungen an das eigene Selbst. Es wird eine Gesellschaft der Individuen sein, auf die die westliche Menschheit zugehen wird.

> „Gesundheit ist ein mess- und spürbarer Megatrend, der alle Ebenen unseres Daseins umfasst. Angefangen beim Bewusstsein einer im Grunde gesicherten Basisversorgung, über die Entstehung eines selbstreflexiven Gesundheitsbewusstseins in den vergangenen Jahren, bis zu einer Intentionsbewegung auf ein neues Gesundheitsziel: der permanenten Verfügbarkeit der vollen Lebensenergie in allen Situationen des täglichen Lebens bis zu seinem möglichst, schnellen, komplikationslosen Ende."[12]

Aber schon heute sind die Belastungsgrenzen des ständig unter einem Selbstoptimierungszwang stehenden Menschen deutlich. Die verbreitete Thematisierung von Stress, das gesellschaftlich akzeptierte Bild des „Burn-out" zeigen diese Überlastungen an. Sie sind philosophisch, psychologisch und sozialwissenschaftlich vielfältig reflektiert[13]

Smarte Technologien treiben die Demokratisierung von Gesundheit voran

Die Autoren der Studien sehen aber Abhilfe: „Die nächste evolutionäre Zündstufe in den Gesundheitsmärkten bringt jedoch Ver-

11 A. a. O. S. 58.

12 A. a. O. S. 35.

13 Vgl. Han, Byung-Chul, Müdigkeitsgesellschaft. Berlin 2010; Keup, Heiner, Das erschöpfte Selbst – Umgang mit psychischen Belastungen. In: Keup, Heiner, Dill, Helga (Hg.), Erschöpfende Arbeit. Gesundheit und Prävention in der flexiblen Arbeitswelt. Bielefeld 2010. S. 41–60.

änderung in vielen Bereichen der Gesundheitssysteme und -branchen. Dabei beobachten wir allerdings keine weitere Ausdehnung der Wohlfühl-Gesundheitsmärkte. Wir erkennen vielmehr die Entstehung eines „symbiotischen" Gesundheitssystems – das sich durch zwei Aspekte auszeichnet: Einerseits geht es darum, die Errungenschaften von Technologie und Forschung schneller in die gängige Praxis zu bringen. Andererseits werden in diesem neuen System ausgeklügelte und smarte Technologien immer stärker die körperlichen Potenziale des Individuums veranschaulichen und in Verhaltensveränderung – bzw. im Krankheitsfall – Therapien einbetten."[14]

Das Smartphone wird also auch in gesundheitlichen Fragen zur Kommunikationsplattform werden. „Doch erst das Web 2.0 wird dem Smart Consumer ermöglichen, dem Arzt auf Augenhöhe zu begegnen. Nur wer Zugang zu allen Infos hat, kann „mündig" sein und Gesundheit mit dem iPhone in der Hand kommunikativ im Sprechzimmer verhandeln."[15]

Folgt man den Aussagen der Studie, dann dient die Informiertheit des Patienten vor allem dazu, gegenüber dem Gesundheitssystem seinen Anspruch auf die von ihm geforderte Leistung und eine leistungsangemessene Bezahlung zu untermauern: „Die Kombination aus gesundheitlicher Eigenverantwortung, höherer finanzieller Eigenbeteiligung, umfangreicherem Gesundheitswissen und smarteren Gesundheitswerkzeugen führt zu einer Verschiebung der Machtverhältnisse: der einstige Patient wandelt sich zum Power-Kunden, der in den Konsummärkten gelerntes Verhalten in den Gesundheitsbereich überführt. Vertrauen wird ersetzt durch knallharte Preis- und Qualitätsvergleiche und Peer Reviews bei Ärzte- und Klinik-Portalen, und an die Stelle des Hilfe suchenden Kranken tritt beim selbstbewussten „Gesundheits-Prosumenten" die Erwartung eines Dienstleistungs-Ethos in jedweder medizinischen Einrichtung. Aus willigen Patienten werden zickige Kunden."[16]

Man muss schlicht aus dem System und aus sich selbst das letzte herausholen. „Die selbstreflexive Gesundheit der Selfness-

14 A. a. O. S. 99.
15 A. a. O. S. 91.
16 A. a. O. S. 36.

Phase geht in den kommenden Jahren in einen neuen Ansatz über: Über aktive Selbstoptimierung wird ein neues Ziel einer Gesamtgesundheit anvisiert: Die maximale Ausbeute an Lebensenergie. Denn die individualistische Erkenntnis der Selbstverantwortung ist nur als gesundes Dasein erlebbar, wenn so umfangreich wie möglich Lebenskraft vorhanden ist."[17]

Diesen in die Zukunft ausgreifenden Beschreibungen von Gesundheit liegt ein wissenstheoretisches Modell zu Grunde, das Bill Burnett, Innovationsforscher der Stanfort Universität, entwickelt hat.[18] Danach hat sich das Entstehen von neuem Wissen menschheitsgeschichtlich in drei Phasen eingeteilt: Die erste Phase ist durch das Prinzip der Entdeckung, die zweite Phase durch die Methode des Experiments geprägt und die dritte ist die Ära der Synthese, die bisher getrennte Wissenselemente verbindet.[19] Diese Übergänge in eine neue Phase bringen nach Burnett jeweils ein Neuverständnis von Wissenschaft hervor. Werden solche synthese-orientierten Innovationsmethoden der dritten Phase auf die Gesundheitstheorie und die Therapievollzüge angewendet, ergibt sich das gewünschte Zukunftsbild.[20] Die Studie erwartet einen Wandel im Verständnis von Krankheit wie auch in den Rollen, die auf dem Gesundheitsmarkt zwischen allen Akteuren neu bestimmt werden: „Es wird nicht länger ein Entweder-Oder der Wahrheiten geben, sondern ein Miteinander der Wissenschaften im Dienste des Individuums. Integrierte Medizin bedeutet eine Inklusion der Wissensfelder, keine weitere Bifurkation in Komplementär- oder Alternativmedizin. Das integrierte Individuum erhält eine neue Gesundheitsposition – individuell, vernetzt, informiert. Der Megatrend Gesundheit findet nicht mehr nur in der Klinik oder im Supplement-Regal des Supermarkts statt, sondern überall."[21]

Auch die Charakteristika der Gesundheitsmodelle und der Gesundheitspraxis der vorausgegangenen Phase lassen sich mit diesem Modell erfassen.

17 A. a. O. S. 120.
18 A. a. O. S.108.
19 Ebd.
20 A. a. O. S. 110.
21 A. a. O. S. 106.

Paradigmenwechsel der Gesundheitsmodelle[22]

- Gesundheit als Glaubensfrage, so lautet das Paradigma des Gesundheitsmodells von gestern. Die Medizin verzweigt sich in Schulmedizin und Alternativmedizin. Sie verharrt in der Bifurkation von Krankheit einerseits und Lebensbiographie andererseits. Auch die Fachleute sind jeweils nach diesen Aufzweigungen getrennt: Hier die Ärzte, dort die Heilpraktiker.
- Gesundheit als Wahlmöglichkeit, so lautet das Paradigma des Gesundheitsmodells der Gegenwart. Schulmedizin, Komplementärmedizin, Gesundsein und Lebensstil nähern sich als Handlungsfelder an, durchmischen sich sogar zum Teil. Entsprechend stehen neben dem Glauben an Naturwissenschaft und Medizintechnik gleichberechtigt Selbstmanagement und die Vertreter der Gesundheitsberufe, die aber eher die Rolle eines Coaches einnehmen.
- Gesundheit als Fortschrittssehnsucht beschreibt das Paradigma des Gesundheitsmodells von Morgen. In diesem Modell sind folgende Kräfte maßgeblich: Individualisierung, Kommunikation, Konsum und neuronale Prozesse. Gesundheit ist darin kein Zustand, sondern ein prozessualer Vorgang des Gesundwerdens.

Paradigmenwechsel des Krankheitskonzepts und der Therapiepraxis[23]

- Krankheit zeigte sich gestern an extrinsischen Symptomen (Grippe und Herzinfarkt). Gesundheit ist dabei der Normalzustand. Folglich besteht die Grundmotivation darin, wieder gesund zu werden. Äußere Faktoren bedingen in diesem Verständnis Krankheiten. Der Ansatz der Behandlung ist invasiv und akutmedizinisch orientiert.
- Krankheit heute bildet sich in einer intrinsischen Symptomatik (Krebs und Depression) ab. Die Vermeidung von frühem Tod ist das dahinterstehende Verständnis und die Prophylaxe die Motivation. Ursachen für diese Krankheiten werden im Lebensstil und Haltungen gesehen. Der Ansatz der Behandlungen wird über komplexe Diagnostik, Konsultation und Lebensstiländerung gewählt.

22 Vgl. a. a. O. S. 10. Die Darstellung folgt der Abbildung.
23 Vgl. a. a. O. S. 107. Die Darstellung folgt der Abbildung.

- Krankheit morgen wird als Symptom eines Wissens- und Energiedefizits gesehen. Die Suche nach „Dauer-Energie“ ist das Grundbild und Stabilität das Grundmotiv. Ursachen für Krankheiten liegen in der Versubjektivierung der Gesellschaft und einem höchst selbstreferentiellen Lebensstil. Behandlungen sind künftig dialog-orientiert und von der Vorstellung von Interdisziplinarität getragen.

b. Basisinnovation Gesundheit

Gesundheit liegt nicht nur im Trend, sie ist der bestimmende Trend, der Megatrend der kommenden Jahrzehnte[24]. Gesundheit ist darüber hinaus das maßgebliche Feld von gesellschaftlicher Innovation. Diese These vertritt der Wirtschaftswissenschaftlicher Leo A. Nefiodow und entfaltet diese in seinem Buch „Der sechste Kondratieff“[25]. Demgegenüber finden sich in der Wirtschaftswissenschaft Modelle, die es wagen, den nächsten Entwicklungsschritt in lang laufenden Zyklen wirtschaftlicher, gesellschaftlicher und kultureller Entwicklung zu beschreiben. Gesundheit ist nicht nur im allgemeinen Bewusstsein ein bedeutendes und aufschließendes Thema, die Bedeutung der Fragestellung lässt sich auch in einer entwicklungsgeschichtlichen Perspektive aufzeigen.

Die These von Nefiodow basiert auf der wirtschaftswissenschaftlichen Theorie des Russen Nikolai Dmitrijewsch Kondratieff (1892–1938). Kondratieff kann als Entdecker der Theorie der langen Wellen in volks- und weltwirtschaftlichen Prozessen gelten. Sein im Jahr 1926 erschienenes Werk „Die langen Wellen der Konjunktur“ belegt, „... dass die wirtschaftliche Entwicklung Westeuropas und der USA nicht nur durch das Auftreten kur-

24 Das ist die Grundaussage des skizziertes Werkes: Gatterer, Harry, Huber, Thomas, Huber, Jeanette, Kirig, Anja, Kühmayer, Franz, Seitz, Janine, Healthness – Die nächste Stufe des Megatrends Gesundheit. Zukunftsinstitut GmbH. Internationale Gesellschaft für Zukunfts- und Trendberatung. Kelkheim 2012.

25 Nefiodow, Leo A., Der sechste Kondratieff. Wege zur Produktivität und Vollbeschäftigung im Zeitalter der Information. Sankt Augustin 2006. 6. Auflage.

zer und mittlerer Wirtschaftsschwankungen gekennzeichnet sei, sondern dass in den kapitalistischen Ländern auch lange Phasen von Prosperität und Rezession periodisch auftreten. Er ordnet ihnen eine Dauer von 45–60 Jahren zu."[26] Unter der Bezeichnung „Theorie der langen Wellen" ist daraus eine eigene Forschungsrichtung entstanden, die als Modell der Kondratieff-Zyklen bezeichnet wird. Lange Wellen wurden inzwischen bei vielen makroökonomischen Phänomenen beschrieben und belegt, auch wenn nicht alle Forscher[27] sich vollständig dem Modell der Kondratieffzyklen angeschlossen haben. Kondratieff hat in dem Zeitraum von 1780–1980 fünf Entwicklungswellen beschrieben. Der Übergang von einer Welle zur nächsten ist jeweils von einer „Basisinnovation" ausgelöst worden.

Der erste Kondratieff ist durch die Entwicklung von Dampfmaschine und Textilindustrie entstanden. Der zweite Kondratieff durch die Eisenbahn und die Stahlproduktion. Der dritte Kondratieff durch die Entwicklung der Elektrotechnik und der Chemie. Der vierte Kondratieff durch das Automobil und die Petrochemie und der fünfte Kondratieff durch die Informationstechnik. „Der Kondratieffzyklus ist wesentlich mehr als ein Konjunkturzyklus, er ist eine Wertschöpfungskette, der von Basisinnovationen ausgelöst wird, über mehrere Jahrzehnte die Hauptrichtung des Wirtschaftswachstums bestimmt und nahezu alle Bereiche der Gesellschaft erfasst und verändert. Anders ausgedrückt: der Kondratieffzyklus ist ein Reorganisationsprozess der gesamten Gesellschaft, der mit dem Ziel stattfindet, Bedarfsfelder der Gesellschaft mithilfe von Basisinnovationen zu erschließen."[28]

Nefiodows Forschungen zielen darauf, einen sechsten Kondratieffzyklus zu identifizieren: „Mit dem Ende des fünften Kondratieffzyklus ging auch die Lokomotivfunktion der Informationstechnik für den weltweiten Innovations- und Wachstumsprozess zu Ende. Um die wirtschaftlichen Probleme des 21. Jahrhunderts lösen zu können, wird eine neue Lokomotive benötigt. Diese neue

26 Nefiodow, a. a. O. S. 2.

27 Vgl. Schumpeter, Joseph A., Konjunkturzyklen. Göttingen 1961; Modis, Theodore, Die Berechenbarkeit der Zukunft. Warum wir Voraussagen machen können. Basel 1994.

28 Nefiodow, a. a. O. S. 3 f.

Lokomotive wird der sechste Kondratieff sein.[…] Welches sind die großen neuen Bedarfsfelder der Gesellschaft, die im Rahmen des sechsten Kondratieff erschlossen werden können und das Potenzial besitzen, um einen neuen langen Aufschwung zu ermöglichen?“[29] Nefiodow identifiziert als mögliche Felder der Basisinnovation den Informationsmarkt, den Umweltschutz einschließlich regenerierbarer Energien, die Biotechnologie und den Gesundheitsmarkt. Er kommt zu dem Ergebnis, dass der Gesundheit zukünftig die höchste Bedeutung zukommt und in ihr die Basisinnovation des sechsten Kondratieffs identifiziert werden kann.

Gesundheit ist deshalb die entscheidende Basisinnovation, weil auf diesem Feld die höchsten gesellschaftlichen Bedarfe zu beobachten sind. Diese Bedarfe ergeben sich aus der Krise des herkömmlichen Gesundheitswesens. Sowohl hinsichtlich seiner Kosten wie auch seiner Wirkungen scheint dieses System an eine Grenze gekommen zu sein. „Das herkömmliche Gesundheitswesen ist kein Gesundheitswesen, es trägt nur diese Bezeichnung. 99 % der Finanzmittel werden für die Erforschung, Diagnose, Therapie und Verwaltung von Krankheiten ausgegeben, für Gesundheitsvorsorge und Prävention stehen nur ein Prozent der Mittel zur Verfügung. Das herkömmliche Gesundheitswesen ist de facto ein Krankheitswesen.“[30]

Nefiodow sieht aber das herkömmliche Gesundheitswesen nicht dazu in der Lage, Hauptträger des sechsten Kondratieff des zu werden. Spielräume und neue Ideen entstehen vielmehr im neu aufkommenden Gesundheitssektor.[31] Naturheilverfahren, gesunde Ernährung, komplementäre und alternative Heilverfahren werden von den Menschen mit großem Interesse aufgenommen und bilden eigene dynamische Strukturen und Märkte aus. Der sechste Kondratieff wird also von einem ganzheitlichen Verständnis von Gesundheit bestimmt sein. Aber wie wird nun die Basisinnovation Gesundheit von Nefiodow beschrieben? Die Förderung der psychosozialen Gesundheit „stellt die größte Produk-

29 Nefiodow, a. a. O. S. 24.
30 Nefiodow, a. a. O. S. 54.
31 Nefiodow, a. a. O. S. 55.

tivitäts- und Wachstumsreserve der Welt dar."[32] Gesundheit entwickelt sich in den sozialen Bezügen, sowohl im Gemeinwesen wie auch am Arbeitsplatz. Die Förderung der psychosozialen Gesundheit wird begleitet durch die Wahrnehmung der Gesundheit schädigenden Faktoren in den Lebenskontexten. Diese Entwicklungshemmnisse zu beseitigen und Menschen in die Lage zu versetzen, entsprechend ihrer Potenziale miteinander zu kommunizieren, wird die psychosoziale Gesundheit fördern. „Im sechsten Kondratieff kommt es auf die Informationsflüsse im Menschen und zwischen Mensch und Maschine an."[33]

Das Konzept von Nefiodow und das Zukunftsszenario des Megatrends Gesundheit konstatieren beide keinen stetigen Fluss der Entwicklung, sondern Stagnationen – die allerdings für Innovationen unvermeidlich sind. Die traditionellen Systeme des Gesundheitswesens stagnieren, die innovativen Ansätze, die sich im 2. Gesundheitsmarkt zeigen, tragen eine heilsame Dynamik in sich, können sich aber nur gegen Widerstand durchsetzen. Auch die Denkstrukturen des herkömmlichen Gesundheitssystems scheinen verfestigt. Die evidenzbasierte naturwissenschaftlich ausgerichtet Medizin kann zwar die eigene Wirksamkeit auf diesem Pfad nachweisen, aber zugleich wird die Enge und Einseitigkeit dieses Pfades durch komplementäre und alternative Medizin deutlich. Auch die gesundheitspolitischen Konzeptualisierungen scheinen fragwürdig.

> „Seelische Gesundheit und die aus ihr hervorgehenden sozialen Fähigkeiten und produktiven Kräfte wie Zusammenarbeit, Menschenkenntnis, Kreativität, Motivation und Lernbereitschaft, werden in der Arbeitswelt immer wichtiger."[34]

Nefiodow beginnt seine Ausführungen über den sechsten Kondratieff mit volkswirtschaftlichen Reflexionen und bleibt über weite Strecken seines Werkes auf dem Feld von Wirtschaft und Wachstum. Die Kondratieffzyklen insgesamt und der sechste Kondratieff in der Fassung von Nefiodow haben gesellschaftliche Wohlfahrt vor Augen, die sich über Produktivitätssteigerung und

32 Nefiodow, a. a. O. S. 67.
33 Nefiodow, a. a. O. S. 88.
34 Nefiodow, a. a. O. S. 89.

Wachstum zeigt. Die Basisinnovation Gesundheit wird von Nefiodow allerdings auf einer völlig anderen Ebene angesiedelt. Nefiodow zielt auf die „innere Gesundheit" und die ist für ihn religiös gefüllt: „Psychosoziale Gesundheit ist die Fähigkeit zur Nächstenliebe im christlichen Sinn."[35] Medizin muss sich nach Nefiodow als ganzheitliche Heilkunde, als „Informationsmedizin auf der religiösen Ebene"[36] ausgestalten. Sie hat die Aufgabe, Menschen zur spirituellen Gesundheit zu verhelfen.

3. Aporien der Moderne

a. Dynamische Stabilisierung

Nach der Studie „Healthness – Megatrend Gesundheit" und dem „sechsten Kondratieff" nach Nefiodow ist Gesundheit Teil eines dynamischen gesellschaftlichen Geschehens, ja Gesundheit löst wesentliche gesellschaftliche Entwicklungen aus, sie ist Innovationsmotor und Garant für weiteres Wachstum und den Wohlstand der Gesellschaft. Gesundheit könnte als Wachstumsfeld einer in die Krise geratenen Weltwirtschaft erscheinen. Die vorgestellten Interpretationsansätze behaupten, künftige Entwicklungen in ihren Tendenzen beschreiben zu können. Gesundheit ist für die nationalen Gesellschaften und die internationale Gemeinschaft ein Entwicklungsfeld. Mit diesen Aussagen bewegen sich die Studien in der europäisch-nordamerikanischen Denktradition, die erkennbare und vorhersagbare Entwicklungen in der Geschichte als Orientierungskategorie annimmt. Der gesellschaftliche Wandel vollzieht sich bei allen Unklarheiten und Unübersichtlichkeiten doch auf ein (gutes) Ziel hin. Im Wandel findet sich immer auch Beständiges. Hier leuchten das Geschichtsverständnis des 19. Jahrhunderts auf und auch Reste heilsgeschichtlicher Verheißungen aus christlicher Quelle: Zum Guten lenkt Gott den Lauf der Geschichte – für die Menschen und Völker seines Wohlgefallens.

35 Nefiodow, a. a. O. S. 191.
36 Nefiodow, a. a. O. S. 193.

Im weiteren Sinn steht dahinter die Überzeugung, dass die gesellschaftliche Entwicklung auf Zukunft angelegt und auf (wirtschaftliches) Wachstum ausgerichtet ist.[37] Damit ist Gesundheit ein wesentlicher Faktor im Prozess der Beschleunigung der modernen Gesellschaft. Das fundamentale Charakteristikum dieser Gesellschaft ist die Tatsache, dass sie sich nur dynamisch zu stabilisieren vermag, was bedeutet, dass sie nicht nur kontingent, sondern strukturell und dauerhaft auf Wachstum, Innovationsverdichtung und Beschleunigung angewiesen ist, um sich in ihren Strukturbedingungen zu erhalten und zu reproduzieren. Dieses führt zu einer fortwährenden Dynamisierung des modernen Weltverhältnisses."[38]

Teil davon ist das durch dauernde Reformen und Anpassungen geprägte Gesundheitssystem. Stabilität kann nur durch Wandel gesichert werden. Sicherheit verheißen die Systeme der sozialen Sicherung in Deutschland insgesamt. Der sozialgesetzlich geordnete Wohlfahrtsstaat, die Rechtsordnung der Arbeitsverhältnisse und ein auf Verteilungsgerechtigkeit ausgerichtetes staatliches Handeln versprechen sozialen Frieden und individuelle Sicherheit. Und der eigene finanzielle Beitrag der Versicherten bestärkt die Haltung, darauf auch einen Anspruch zu haben. „Die in der Moderne aufgebauten Einrichtungen der Sekurität generierten ein Lebensgefühl, das nicht mehr in religiöser Selbstvergewisserung, sondern in rationalisierten, also ökonomisch verrechenbaren Garantien wurzelte. An die Stelle religiöser Heilsgarantien trat ein Risikomanagement, das der Staat für die Gesellschaft

37 Vgl. Droysen, Gustav, Die Erhebung der Geschichte zum Rang einer Wissenschaft. Historische Zeitschrift, Bd. 9, München 1863. S 12. Droysen beschreibt Historik vor allem als Gegensatz zur Natur: „Es (das im Bleiben Veränderliche, im Gleichen Wechselnde) ist eine Kontinuität, in der jedes Frühere sich erweitert und ergänzt durch das Spätere... Die Gesamtheit der sich uns so darstellenden Erscheinungen des Werdens und Fortschreitens fassen wir auf als Geschichte". Dabei ist der menschliche sittliche Wille die bewegende Kraft der Geschichte. Der Wille treibt den Prozess der Geschichte voran. Vgl. dazu: Was ist Geschichte? – Geschichte als Wissen um Kontinuität, S.T.R. Uni-Konstanz. Unter: http://www.uni-konstanz.de/FuF/Philo/Geschichte/Tutorium/Themenkomplexe/Grundlagen/Was_ist_Geschichte/Kontinuitat/kontinuitat.html (Stand: 17.03.2014).

38 A.a.O. S. 13f.

und der Bürger für sein Lebensskript zu entwickeln hatte.“[39] Der Sündenfall der Moderne ist in der Tat in der von Martin Luther gebrandmarkten Ablassreise des Tetzels zu sehen. Die Konvertierbarkeit von Heilsgütern und Geld wurde zu einem Geschäftsmodell der Kirche unter Zuhilfenahme der Fugger, die das ganze Unternehmen vorfinanzierten und durch eigenes Personal absicherten. Die Absicherung der Lebensrisiken durch Kranken- und Rentenversicherung und die umfassenden sozialen Sicherungssysteme stärken für die Aktiven und Tätigen die Wahrnehmung: Mir kann nichts passieren. Ich bin ja versichert.

„Seit der Aufklärung gehört es zum Selbstverständnis moderner Gesellschaften, dass die Rationalisierung der Welt Gewissheiten generiert, welche die Ordnungen des menschlichen Lebenszyklus, der Natur, der Staaten und der Gesellschaft stabilisieren sollen. Die kognitiven Ordnungen und governmentalen Regimes, welche die Transformation traditionaler in funktional ausdifferenzierte Gesellschaften antrieben, erhöhten jedoch nicht nur den Standard inner- und zwischenstaatlicher Sicherungssysteme, sondern gleichzeitig die Kontingenz.“[40]

Kontingenz kann hier als Signalwort verstanden werden, das auf die ungelöste religiöse Rückseite der Aufklärung verweist. Denn der Ausgang aus der selbstgewählten Unfreiheit betrifft die Macht- und Religionssysteme der Vormoderne, nicht den Kern der Religion selbst. Eine lediglich in den sozialgeschichtlichen Kategorien von „traditionaler“ und „funktional ausdifferenzierter“ Gesellschaft operierende Gegenwartsdeutung bleibt unterbestimmt.

„Was den Zeitgenossen einen existenziellen Schrecken einjagt, es ist das Nichtfunktionieren der Systeme, die panische Vorstellung, das Gewebe unserer materiellen Abhängigkeiten könne zerreißen und das empfindliche Funktionssystem der Risikogesellschaft zusammenbrechen.“[41] Dieses Erschrecken schließt das Wissen ein, dass all diese Systeme lediglich Kompensationen der fortdauernden und immer gewussten Unbehaustheit sind. Oder

39 Böhme, Hartmut, Hilft das Lesen in der Not? Warum unsere Wirtschaftskrise eine Krise der Moderne ist. ZEIT-Literatur, Nr. 12. 2003. S. 35.

40 Böhme, Hartmut, a. a. O. S. 31.

41 Assheuer, Thomas, Alles ist nichts. Zeit 12.04.2006.

um es mit Pasacl zu sagen: „ Das ewig Schweigen der unendlichen Räume versetzt mich in Schrecken."[42]

Im Übrigen täuscht sich die Philosophie des Wachstums über die wahren Kräfte, die in ihr wirken – eben nicht Stabilisierung und Sekurität, sondern Gefahr und Zerstörung. Unsere Ökonomie besteht im Warten auf den Godot des Wachstums.[43] „Verausgabung und Zerstörung sind die machtvollen Gesten, durch welche die alle und alles in die Zirkulation ziehende Ordnung der Ökonomie konstituiert wird."[44] So soll ein System stabilisiert werden, dessen fehlende Nachhaltigkeit offensichtlich ist. Genau diese Strategien und Versprechen brechen heute zusammen. „Man verfügt durchaus über ein hochdiffiziles Normensystem, um das Unvorhersehbare vorhersehbar zu machen, ein Normensystem, das mit Unfallstatistiken arbeitet, das Versicherungsschutz, Katastrophenschutz, medizinische Betreuung garantiert und selbstverständlich auch für allerlei technische Sicherheitsmaßnahmen sorgt. [...] Doch mit Tschernobyl wurde erfahrbar und erfahren, daß die Atomindustrie (übrigens nicht nur sie) diesen Gesellschaftsvertrag der vorsorgenden Nachsorge gebrochen hat."[45] Die Versicherung, das Backup-System unserer Gesellschaft, wird mit Ansprüchen konfrontiert, die sie nicht mehr befriedigen kann.[46]

42 Pascal, Blaise, Gedanken über die Religion und einige andere Themen, Nr. 314. S. 150. Stuttgart 2004

43 Assheuer, a. a. O.

44 Böhme, Hartmut, a. a. O. S. 31.

45 Beck, Ulrich, Die vertraute Katastrophe. Die Zeit 26.04.1991, Nr. 18. Unter: http://www.ulrichbeck.net-build.net/uploads/Die-vertraute-Katastrophe.pdf (Stand: 17.03.2014).

46 Münkler, Herfried, Für eine neue Balance der Koordinaten, Sicherheit und Risiko. „Die Erhöhung der Sicherheit hat ihren Preis, und der kann sowohl im Verzicht auf Konsum als auch in der Einschränkung von Freiheitsspielräumen bestehen [...]. Die Größe der Spielräume, die der individuellen Lebensgestaltung eingeräumt werden, korrespondiert mit dem Ausmaß gesellschaftlicher Liberalität. [...] Es ist jedoch keineswegs so, dass Freiheit und Sicherheit eine einfache Alternative darstellen: Je mehr Sicherheit, desto weniger Freiheit; je mehr Freiheit, desto prekärer die Sicherheitslage. Tatsächlich kann niemand seine Freiheit nutzen, der nicht über ein Mindestmaß an Sicherheit verfügt. [...] „Gesellschaften haben eine notorische Tendenz, Sicherheit zu maximieren und Risiken zu minimieren, weil sie keine Vorstellung von der Produktivität des Ri-

b. Selbstverantwortete Gesundheit

Angesichts dessen mag der Aufruf zu mehr Selbstverantwortung auf dem Feld der Gesundheitsfürsorge und Prävention überraschen. Der Aufruf zu Autonomie und Selbstbestimmung liegt quer zu Haltungen und kulturellen Prägungen, die sich gegenüber dem deutschen Sozialstaat ausgeprägt haben. Den Verheißungen, die mit dem Gesundheitsthema verbunden werden, mögen viele Menschen nicht trauen.

Eher wird der Anspruch[47] an das System formuliert als die Bereitschaft, sich ansprechen zu lassen auf Selbstverantwortung. Es wäre zu erwägen, ob die steigende Zahl von Klagen gegen das Gesundheits- und Sozialsystem Ausdruck von Selbstverantwortung oder selbstbewusste Geltendmachung des eigenen Rechtsanspruchs sind. Mit dieser Beobachtung bewegen wir uns auf der Ebene von Kultur und Haltung, von Erwartungen, die Menschen für ihre Orientierungs- und Handlungsmuster gewählt haben. Zwar wird das Gesundheitssystem als unpersönlich und formal erlebt. Aber eine patriarchale Erwartung lässt sich durch die Fremdheit und Distanziertheit des Systems nicht irritieren. Der formal fürsorgliche Grundzug des deutschen Gesundheitssystem ist immer noch bestimmend für die Patientenhaltung: Das eigene

sikos und den Gefahren allumfassender Sicherheit haben." Thinktank. 2. 2007. 5. S. 7. Vgl. auch: Münkler, Herfried, Bohlender, Matthias, (Hg.), Sicherheit und Risiko. Über den Umgang mit Gefahr im 21. Jahrhundert. 2010.

47 ‚Anspruch' wird im Folgenden im Sinn von Rechtsanspruch verstanden. In diesem einlinigen, allein vom Subjekt als Forderndem ausgehenden Verständnis wird die Möglichkeit übersehen, Anspruch auch umgekehrt als Anrede zu erfassen. Vgl. dazu: Reinhard Feiter, Antwortendes Handeln. Praktische Theologie als kontextuelle Theologie – ein Vorschlag zu ihrer Bestimmung in Anknüpfung an Bernhard Waldenfels' Theorie der Responsivität. Digitale Publikation im Münsterschen Informations- und Archivsystem für multimediale Inhalte 2010. S. 152. Er weist darauf hin, dass „die Sache und der Begriff der Responsivität zunächst bei Medizinern Aufmerksamkeit bzw. Verwendung gefunden haben, nämlich bei Louis R. Grote (1886–1960) und Kurt Goldstein (1878–1965), die Krankheit als eine mangelnde oder fehlende Antwortfähigkeit bzw. -bereitschaft des Organismus zu verstehen suchten."

Leben wird gleichsam in die Hand des Arztes gelegt. Die Gegenleistung, die Menschen für diesen Anspruch ihrer Unterwerfung unter die Sicherheitsgesellschaft zahlen, ist zu hoch: „Sie vereisen und erstarren, ihre Seele stirbt an der Form, im Gehäuse der Sachlichkeit. Mit einem Wort: Für ihren kläglichen Gewinn an Wohlstand und Sicherheit bringt die funktionale Moderne das größte aller Opfer – das Lebendige selbst.“[48]

Die Symptome dieses individuellen und kollektiven Zustands sind oft beschrieben: drohende Sinnleere, die Unsicherheit und Zukunftsungewissheit, psychophysischer Stress in einer Wettbewerbsgesellschaft[49] Aber es gelingt nicht diese fragilen Innenzuständen „... in planbare Lebensläufe und in wohlfahrtsstaatliche Garantien zu transformieren. Heute aber sind weder Lebensläufe planbar, noch ist auf staatliche Fürsorgemaßnahmen Verlass. Erwartungsüberlastung auf der einen, Erwartungsenttäuschung auf der anderen Seite erzeugen eine Art Lähmung des für die Moderne unerlässlichen Möglichkeitssinns.“[50] Der Anspruch auf Sicherheit wird nämlich auch auf dem Erfahrungshintergrund eigener Schwäche und Krankheit formuliert. Die Behandlungsleitlinien des Medizinsystems sollen den Pfad zur Gesundung bahnen. Wer sich gehorsam auf diesen Heilungsweg fügt, der kann hoffen, dass ihm geholfen wird. Aber schon der Alltag entlarvt diesen trügerischen Sicherheitsanspruch an das System und den Leistungsanspruch an uns selbst: Wir sind nicht so belastbar, wie wir denken, bzw. wie uns von Motivationstrainern und Werbung vorgegaukelt wird. Menschen können nicht wie Maschinen im Dauerlauf unterwegs sein. Sie sind ausgezogen aus den Ritualen und Rhythmen der Regulierung von Stress: dem geordneten Tagesablauf, den mußeschenkenden Wochenenden, den das Jahr rhythmisierenden Festzeiten. „Aus einem trügerischen Sicherheitsgefühl heraus vernachlässigen wir die Selbstsorge, [...].“[51] Dahinter steht die Überzeugung, „dass die Art und Weise, wie moderne Subjekte die Welt erfahren und sich in

48 Assheuer, a. a. O.

49 Vgl. Böhme, Hartmut, a. a. O. S. 35.

50 Böhme, Hartmut, a. a. O. S. 35.

51 Pawelzik, Markus, Gefühlte Epidemie. Die Zeit 04.12.2011 Nr. 49. 2011. Unter: http://www.zeit.de/2011/49/M-Burnout-Kontra (Stand: 17.03.2014).

der Welt bewegen, grundlegend bestimmt wird durch die Steigerungslogik der modernen Gesellschaft."[52]

In diesem Übergang in eine neue Phase gesundheitsbestimmter gesellschaftlicher Wirklichkeit wird in beiden Studien dem Individuum eine herausgehobene Bedeutung zugemessen. In den Akzentuierungen der Studien liegt ein neuer und entscheidender Schritt auf dem Weg zur Autonomie des Menschen. Der Befreiung aus den Zwängen der Natur, der Lösung aus dem Heilsanspruch der Religion, der Befreiung aus der Hegemonie der Staates folgt jetzt die Befreiung aus und die Herrschaft über das Prinzip der Ökonomie. All dieses vollzieht sich, sowohl in der Studie Megatrend, wie auch bei Nefiodow, ohne Bezug auf die subjekttheoretischen Reflexionen der Moderne. Zumindest kann die Hochschätzung des Individuums in der Gesundheitsgesellschaft nicht mit dem „Verschwinden des Subjektes"[53] in Verbindung gebracht werden. Hier besteht offensichtlich weiterer Forschungsbedarf: Nicht nur die subjekttheoretische Debatte muss durch das Gesundheitsparadigma neu eröffnet werden, sondern auch die Interpretationsmodelle über die Relation von Wirtschaft und Religion bzw. Religion und Gesellschaft. „Traditionellen Subjekt-und Personenvorstellungen wird erstens reduktionistische, rationale Prägung vorgeworfen, die zweitens Emotionalität und Leiblichkeit nicht hinreichend bedenkt, und drittens daher keine tragfähigen Konzepte für Intersubjektivität zu entwickeln vermag."[54]

Der vorstehende Gedankengang hat am Ende den in-die-Welt-gestellten Menschen der Moderne beschrieben, dem in seiner Le-

52 Rosa, Hartmut, Weltbeziehung im Zeitalter der Beschleunigung. Berlin 2012. S. 14.

53 Fink-Eitel, Hinrich, Foucault zur Einführung. Hamburg 1989. S. 12 „Sich-von-sich-lösen, als selbstkritisches Anders-denken, kurz: als sich selbst aufs Spiel setzender Versuch" sehen. Was sich nicht nur auf die Form, sondern auch auf den Inhalt seines Denkens bezieht, als ständiges Kreisen um Auflösung und Konstituierung des Selbst. Am entschiedensten zieht Foucault in seinen ersten, archäologischen Schriften gegen das Subjekt zu Felde. In der „Ordnung der Dinge" bestimmt er den Menschen und das Selbst als „*Episteme*" einer ganzen Epoche, nämlich der Moderne, die sich dadurch allerdings heillos selbst überfordert. (aus: Stephan Krempl, Ich – was ist das heute ...).

54 Kurbacher-Schönborn, Frauke, Anngret, Liebesbegriff und Haltung. S. 3.

bensgestalt „jene Welt als stumm, kalt und indifferent – oder sogar als feindlich – erscheint“.[55] Daneben tritt dann die Vision der Person, die lebensvoll, gesund und freudig seinen Aufgaben nachgeht und der die Welt „als ein antwortendes, tragendes, atmendes Resonanzsystem erscheint,…“[56] Auf der einen Seite ist da der um sich sorgende, seinen Anspruch sichernde Mensch, und auf der andere Seite die erfahrungsgetragene Haltung vom Gegebensein des Lebens.

Dieser Spannung zwischen gegensätzlichen Weltverhältnissen wird auch im folgenden Abschnitt nachgegangen und sie gliedert ihn.

c. Mythen der Moderne

Der Mythos Gesundheit steht in der Folge der anderen Mythen der Moderne: Das ist der Glaubensmythos der historischen Kirchen der alteuropäischen Welt, das ist das Heilsinstitut des Staates, der aus der Gefangenschaft von christlicher Religion und Kirchen befreite, das sind schließlich Technik und Ökonomie, die dem Homo Faber den Weg in das gelobte Land des freien Tauschverhältnisses bahnten. Und jetzt befreit sich der Mensch letztlich auch noch aus den Zwängen ökonomischer Überformung.

Insofern setzt sowohl die Studie Megatrend Gesundheit wie auch Nefiodow, eine gesellschaftliche Übergangsphase voraus, die in eine neue Qualität führt und im Blick auf Gesundheit völlig veränderte Paradigmen fordert. In dieser Übergangsphase werden in erster Linie die erkennbaren Dynamiken beschrieben und in mögliche Szenarien eingezeichnet. Deshalb werden auch keine politischen Programme formuliert und auch keine Strukturvorschläge unterbreitet, auch die Transformationsprozesse, die erforderlich wären, werden nicht beschrieben. Der Trend will nur den Trend beschreiben und kein Ziel. Trend und Zyklus sind keine geschichtlichen Erklärungsmodelle. Sie zeigen lediglich Energien auf, die in ihrer Vernetzung zu möglichen neuen Ausformungen des Gesundheitsmarktes und des Gesundheitsbewusstseins

55 Rosa, Hartmut, Weltbeziehung im Zeitalter der Beschleunigung. S. 8.
56 Ebd.

in der Zukunft führen können. Der Megatrend Gesundheit bebildert nur die Zukunft, die er eröffnen könnte, nicht mehr die Vergangenheit. Nefiodow interessieren am Gestern nur die Spuren der Morgen. Denn Geschichte ist für ihn nur Wirtschaftsgeschichte. Die Lebensenergie in „Healthness" wirkt gleichsam ‚zeitlos'. Trend und Zyklus in der hier vorgestellten Weise sind Beispiele des Abschiedes von einem linearen Zeitverständnis. „Die lineare Zeitvorstellung wurde in der Gegenwart zunehmend realitätsfremd. Die Idee eines linearen Fortschritts und einer damit besseren Zukunft verlor mit wachsenden Unfällen (z. B. Tschernobyl, Seveso, BSE) und Risiken (z. B. wegen Umweltverschmutzung, Ozonloch, globaler Erwärmung) an Glaubwürdigkeit (vgl. Bonß 2000: 358). Entwicklung wird gegenwärtig viel mehr als ein Evolutionsprozess mit steigender Komplexität, wachsender Anzahl der Interdependenzen und vielen Rück-, Nach- und Nebenwirkungen begriffen (vgl. Bonß 1999: 971 ff.). Die Zukunft wird zu einer Quelle unbekannter und unvermeidlicher Bedrohungen und verliert damit an Attraktivität. Die Unvermeidlichkeit der Zukunft gleicht in vielen Fällen einer Verurteilung (vgl. Rubenfeld 2001: 3 ff.). Nur jemand, der von seiner Zukunft abgeschirmt wird, ist in der heutigen Welt wirklich frei bzw. glaubt, frei zu sein. Mit anderen Worten, die Sinngebungsfunktion von Zeitvorstellungen kann nicht mehr gewährleistet werden, da das Ziel der Entwicklung nicht mehr vorhanden ist. Obwohl diese Phänomene in einem Gegensatz zu den Zeitvorstellungen der Moderne stehen, wird diese Entwicklung häufig (vgl. Bauman 1991, 1999; Beck 1996: 115 ff., Giddens 1989) als eine logische Fortsetzung und Zuspitzung der Moderne betrachtet. Der Grund für diese Annahme ist u. a. die weiter steigende Individualisierung sowie die Zurückdrängung von unbewußten Zeitaspekten."[57]

Diese Beschreibung von Zeitlosigkeit oder Gleichzeitigkeit beantwortet die Frage, wie unter den Bedingungen der Moderne Leben gelingen kann, wie also das Weltverhältnis des Subjektes in der Postmoderne zu beschreiben und zu begründen ist, oder noch einmal anders formuliert, wie der Mensch gesunden kann,

57 Elisaveta Sigalova, Die Zukunft der Zeit: Entwicklung der postmodernen Zeitvorstellungen. Unter: http://www.gradnet.de/papers/pomo02.papers/postmodernezeit.htm (Stand: 17.03.2014).

wird mit einer bedrückenden Perspektive: indem sich das Individuum in diese Dynamik des Megatrends Gesundheit hineinbegibt und so zu seiner Lebensenergie findet. Die unbefangene Verknüpfung von Gesundheit, Wirtschaft und Spiritualität, wie sie in beiden Texten vollzogen wird, ist geeignet, Abwehr und Widerstand auszulösen. Der Modebegriff Spiritualität gerät in den Strudel marktwirtschaftlicher Prozesse. Die entscheidenden Klärungsprozesse laufen zwischen Wirtschaft und Individuum. Deshalb machen diese beiden Größen den maßgeblichen Referenzrahmen aus. Diese sind in Zukunft die bestimmenden Akteure, die Eckpunkte gesellschaftlicher Wirklichkeit. Wirtschaftliches Handeln löst sich aus der Bindung an das herkömmliche Gesundheitssystem. Und auf der individuellen Ebene geschieht Vergleichbares. Die Kräfte des Selbst und die Dynamik des Marktes bestimmen das Feld. Die Ordnungen und Traditionen lösen sich in diesem zugespitzten Bild der Moderne auf. Energien bestimmen das Feld. Der Zugewinn an Erleben und Erfahrung steht für die Person im Vordergrund, die Steigerung der Umsatzrendite für das Unternehmen. Unübersehbar ist die Tendenz zur ‚Spiritualisierung' und ‚Virtualisierung' von Gesundheit und Gesundheitswirtschaft. In diese Bewegung ist das Subjekt hinein genommen und gefordert, darauf mit erhöhter Selbstverantwortung und Selbstgestaltung zu antworten.

Dieser Widerspruch wird nicht aufgelöst. Bezeichnenderweise wird Spiritualität lediglich als Energie beschrieben, die das autonome Subjekt sich zu Nutze macht. Aber hier werden die Grenzen der Konzepte von Autonomie und Selbstbestimmung sichtbar: „ Einrichtungen der Sekurität gelingen nach dieser letzten Auffassung [– der Idee der Autonomie und der Selbstbestimmung – d. Verf.] dann, wenn Menschen sich selbst zu bestimmen und selbstbestimmt zu handeln in der Lage sind. Wenngleich vieles für diese Rekonzeptualisierung spricht, reicht sie meines Erachtens nicht aus, weil sich einerseits insbesondere unter spätmodernen Bedingungen vielerorts beobachten lässt, dass just die Ausweitung und Steigerung von Selbstbestimmungsmöglichkeiten und die Verminderung von Begrenzungen und Abhängigkeiten zu neuen und verstärkten Entfremdungserfahrungen führt, während andererseits die Auffassung, dass alles menschliche Leben, das nicht im modernen Sinne als selbstbestimmt verstanden werden kann, als entfremdet zu gelten habe, schlechterdings unplausibel ist."[58]

Damit wird der Mythos der Stabilisierung durch Steigerung und die Verheißung von Selbstbestimmung durch Tätigkeit in Frage gestellt – und zwar von Personen, die aus einer anderen Quelle leben. Sie durchschauen die Verführung durch die ökonomisch gestützte Wirklichkeitskonstruktion, wenden sich gegen die Verlockungen der Oberfläche und widerstehen dem Reiz, mit banaler Begeisterung zufrieden zu sein. Fulbert Steffensky hat diese Widerstandsbewegung gegen die Mainstreamkultur eindrücklich zusammengefasst: „Erstens: Menschen sind müde, mit der banalen Oberfläche des Lebens zufrieden zu sein. Zweitens sie sind müde, in der Kirche – und in der Politik – einer Rhetorik ohne Erkenntnis ausgeliefert zu sein. Drittens sie sind müde, in ausgeleuchteten Räumen zu leben, die kein Geheimnis mehr bergen. Die Weltaneignung musste sich auf dem Weg der Ordnung und der Erkenntnis vollziehen, nicht auf dem Weg der Freude, des Spiels. Viertens Menschen sind müde, Sinn durch Funktionieren zu ersetzen. Dahinter steht der alteuropäische Weg der Einpassung des Subjektes in den Funktionskörper des Gemeinwesens – unter Ausblendung der autonomen und freiheitsorientierten Ursprünge."[59]

Diese Erfahrungen von Entgrenzung, von Bemächtigung und Missachtung, führen zu seelischen und personalen Deformationen, wie sie heute vielfacht in psychischen Erkrankungen, Befindlichkeitsstörungen, oder schlicht am Unbehagen über die Kultur zu beobachten sind. Vielfach wird dieses innere Befremden durch Selbstdisziplinierung und durch Verleugnung bei Seite geschoben. Aber dieser Zwiespalt löst Traumatisierungen aus, die aber – und das ist besonders dramatisch, nicht nur individuelle, sondern ebenso kulturelle Dimensionen tragen.

Denn hier wird eine dreifache Traumatisierung sichtbar: Es ist erstens die unerledigte Trauer, aus den „alten" Ordnung von Religion herausgefallen zu sein. Diese zeigt sich in der Bitternis über religiöse Ritualisierungen ohne inneren Kontakt. Mit Schmerzen wird erlebt, dass die wertvollen alten Rituale unglaubwürdig, ba-

58 Rosa, Weltbeziehungen im Zeitalter der Beschleunigung. S. 9.
59 Fulbert Steffensky, Schwarzbrot Spiritualität. Stuttgart 2005. S. 7.

nal und entleert vollzogen werden. Die Kirchen haben den Menschen religiöses Erleben gründlich ausgetrieben durch den Tausch von Emphase gegen rechthaberische Erkenntnis und durch den Wechsel von Begeisterung zu Rechtsordnung.

Die zweite Ebene der Trauer berührt das gebrochene Versprechen der Aufklärung auf ein wurzelechtes Person-Sein. Aber diese Trauer richtet sich nicht gegen den wertvollen Kern der Aufklärung selbst, sondern gegen die Bemächtigung des freien Subjektes durch die neuen weltlichen Macht-Haber.

Die dritte Ebene der Trauer muss geschützt und im Herzen verschlossen sein, weil sie schambesetzt ist. Diese Scham hat einmal ihren Grund darin, dass die Person angesichts des Machtanspruchs anderer, den eigenen aufrechten Gang verlassen und damit die eigene Würde verwundet hat. Und dieses um scheinbarer Vorteile willen. Hier liegt der zweite Grund der Scham: um des eigenen Wohlstandes und der eigenen Sättigung willen haben sich die Menschen der Oberfläche und der Banalität verschrieben. Damit haben sie sich in die Hände deren begeben, die es verstehen, auf diesen Bühnen virtuos zu spielen.[60] Möglicherweise sind diese Gefühlslagen im Hintergrund ursächlich dafür, dass die kulturelle und gesellschaftliche Verfasstheit üblicherweise mit negative Vorstellungen gedeutet wird: Beginnend mit den 60iger und 70iger Jahres des vergangenen Jahrhunderts war „Säkularisierung“ eine verbreitete Metapher der Deutung, gepaart mit der Klage um den Verlust der Traditionen. Später wurde kritisch von der Macht des Geldes und der Ökonomisierung des Sozialen gesprochen oder generell von „Beschleunigung“ als der die Gegenwart bestimmenden Dynamik. Die beiden dargestellten Studien machen aus der Not eine Tugend und erkennen den großen Plan in der Propagierung von Gesundheit. Das Individuum möge seinen Frieden schließen mit der Welt, wie sie nun einmal ist, und das Beste daraus machen. Die verheerenden Folgen solcher

60 Für den Verlust kultureller und religiöser Rahmungen nutzt Hüther das Bild des Panzers des Maikäfers, der abgeschält worden ist. Gründe dafür liegen in der Kultur und Religion selbst. Und weil das so ist, sind auch die restaurativen Weg nicht heilend. Die lernende Wiederaneignung alter Kultur- und Religionstechniken hilft nicht. Vgl. Von Maikäfern und inneren Haltungen. Schwerpunkt: das gute Leben. Brand eins Heft 12/2012. S. 120.

krankmachenden Kompensationsversuche in Gestalt von Selbstoptimierung und Perfektionierung lassen von diesen Wegen des Weltumgangs abraten.

Irritierend bleibt in diesem Zusammenhang der Bezug auf Spiritualität. Heute wird der Begriff „Spiritualität" in einem Umfang genutzt, dass sich dahinter ein Ausweg aus den Aporien der Moderne vermuten ließe. Auffällig ist zunächst, dass in seinem Gefolge nicht mehr allein die erwähnten „pathogenen" Vorstellungen annonciert werden, sondern „gesunde", wie z. B. Salutogenese oder Resilienz. Oder verbrämt dieser Begriff nicht gerade diese unheiligen Zustände? Weil spirituelle Vorstellungen im Zusammenhang mit Gesundheit auftauchen, scheint es lohnend, in dieser Verbindung einen Schritt zu sehen, der Felder des Heilens in dieser unheiligen Zeit erschließt. Erschließt das Wort – und noch mehr die spirituelle Erfahrung – Räume, die das In-der-Welt-sein weder als affirmative Rückkehr in vergangene Traditionsräume noch als selbstverlorene Angleichung an die Alltagswelt vollzieht, sondern als lebendige Vergegenwärtigung des Religiösen hinter den Religionen und im Bewusstsein der „großer Gesundheit," die sich eins weiß mit allem Lebenden?

Bevor diese Frage mittels des Bildes der Gesundheit als Gabe beantworten werden kann, sind vorher noch Differenzierungen vorzunehmen.

4. Spiritualität und Religion

Der heute so vielfach und selbstverständlich verwendete Begriff der Spiritualität ist ein Sprachspiel der Moderne: Er wurde im französischen Katholizismus des späten 19. Jahrhunderts modelliert und hat dann schnell auch in Nordamerika Verbreitung gefunden.[61] Auch im deutschen Sprachraum wird heute mit aller Selbstverständlichkeit und in vielfältigsten Konnotationen von Spiritualität gesprochen. Der inflationären Verwendung von „spi-

61 Mit „spiritualité" wurde schon im 17. Jahrhundert die persönliche Beziehung des Menschen zu Gott beschrieben. Zu Beginn des 20. Jahrhunderts wurde „spiritualité" ins Deutsche als „spirituell" und „Spiritualität" übertragen und findet sich seither in den einschlägigen Lexika.

rituell“ muss aber nicht von vornherein eine undifferenzierte theologische Skepsis folgen.[62]

Die Begriffsgeschichte ist insofern von Belang, als sie auf die kontextuelle Einbettung des damit Gemeinten hinweist.

Spiritualität ist in ihrer Bedeutungsbreite offenbar eine Chiffre kultureller Gestimmtheit: Spiritualität steht für den Wunsch nach Transzendierung, nach Befreiung aus den Denk- und Lebensschemata des gegenwärtigen In-der-Welt-Seins. Die spirituelle Bewegung bezieht sich nur indirekt auf die tradierten Formen von Frömmigkeit und Religiosität, nämlich als Teil einer personalen Orientierungsbemühung und nicht aus einer gelebten Einbettung in diese Überlieferungen. Insofern ist eine systematische Erfassung oder gar eine konsensfähige Definition nicht möglich. Denn bei den zahlreichen Definitionsversuchen sind notwendigerweise der Denkhorizont und die Erkenntnisvoraussetzungen des Definierenden eingeflossen und das Moment der Öffnung, der Weitung des Horizontes, das für den Begriff Spiritualität charakteristisch ist, drohten verloren zu gehen. Zur allgemeinen Orientierung sollen gleichwohl verschiedene Typologien dieser Definitionsversuche benannt werden:

- Transzendentaler Fokus: Die Beschäftigung mit Sinn- und Wertfragen des Lebens auf dem Hintergrund einer letzten Wahrheit und höchsten Wirklichkeit (Sponsel)
- Religiöser Fokus: Der geglaubte göttliche Ursprung des eigenen Lebens wird mit einer Gottesvorstellung verbunden, die in einer korrespondieren Lebenspraxis ihre Entsprechung findet. (Büssing et. Al.)
- Transpersonaler Fokus: Spiritualität bezeichnet die Wahrnehmung der Einheit aller Wirklichkeit und die Anerkenntnis der Realität des Geistigen. (Galuska)
- Philosophischer Fokus: Spiritualität ist eine epistemische und zugleich ethische Lebenseinstellung, die von unbedingter Aufrichtigkeit, Wahrhaftigkeit und Gewissenshaftigkeit gegen sich selbst bestimmt ist. (Thomas Metzinger)

62 Die unterschiedlichen Bedeutungshintergründe des Begriffs „Spiritualität“ sind übersichtlich dargestellt in: Arndt Büssing, Spiritualität – inhaltliche Bestimmung und Messbarkeit. Prävention 02/2008, S. 35–37.

Auch eine phänomenologische Annäherung an das mit dem Begriff Gemeinte ist nur in sehr generalisierender Weise möglich. Drei Charakteristika lassen sich identifizieren: Erstens der veränderte Wirklichkeitsbezug: Die unmittelbare Erfahrung hat Vorrang vor der rationalen Konstituierung von Wirklichkeit. In der spirituellen Erfahrung ist das Hier und Jetzt bestimmend; das urteilsfreie da-sein wird gesucht. Gleichzeitig überschreitet sich die Person in der spirituellen Erfahrung und gewinnt darin ein anderes Bewusstsein ihrer selbst.

Zweitens erschließt Spiritualität Sinnressourcen. Die philosophischen, religiösen und spirituellen Traditionen der gesamten Menschheitsgeschichte werden freizügig rezipiert und wirken für den eigenen Lebensentwurf der Person orientierend. Diese kulturelle Transzendierung wird individuell als Vertiefung der eigenen Personalität erlebt. „Mit dem Begriff Spiritualität wird eine nach Sinn und Bedeutung suchende Lebenseinstellung bezeichnet, bei der sich der/die Suchende ihres ‚göttlichen' Ursprungs bewusst ist (wobei sowohl ein transzendentes als auch ein immanentes göttliches Sein gemeint sein kann, z. B. Gott, Allah, JHWH, Tao, Brahman, Prajna, All-Eines u. a.) und eine Verbundenheit mit anderen, mit der Natur, mit dem Göttlichen usw. spürt. Aus diesem Bewusstsein heraus bemüht er/sie sich um die konkrete Verwirklichung der Lehren, Erfahrungen oder Einsichten im Sinne einer individuell gelebten Spiritualität, die durchaus auch nicht-konfessionell sein kann. Dies hat unmittelbare Auswirkungen auf die Lebensführung und die ethischen Vorstellungen."[63] Spiritualität kann als Chiffre für die Suche nach einer geglückten Lebensführung angesehen werden. Spiritualität ist gleichsam ein „salutogenetischer Faktor"[64], sie erscheint als die Basisressource für Gesundheit schlechthin.

63 Büssing, Arndt, Spiritualität – worüber reden wir? S. 23. In: Büssing, Arndt, Ostermann, Thomas (Hg.), Spiritualität, Krankheit und Heilung – Bedeutung und Ausdrucksformen der Spiritualität in der Medizin, Bad Homburg 2006. S. 11–25.

64 Ruschmann, Eckhard, Spiritualität und Wissenschaft. S. 99. In: Arndt Büssing, Niko Kohls (Hg.), Spiritualität transdisziplinär: Wissenschaftliche Grundlagen im Zusammenhang von Gesundheit und Krankheit. 2011. S. 94–100.

Drittens wird die spirituelle Dimension auch im organisationalen Kontext aufgenommen und als Entwicklungsressource von Institutionen und der darin wirkenden Personen gesehen: Spirituelle Führung erschließt Potentiale und Energien, die in den üblichen Optimierungsprozessen und Personalentwicklungskonzepten nicht freizulegen sind.[65]Spiritualität wird in der Medizin und in der Pflege als konstitutives Element der Tätigkeit formuliert[66] und die Wirkung von spirituellen Haltungen oder religiöser Praxis auf den Gesundungsprozess untersucht.

a. Spiritualität und Gesundheit

Die medizinische und psychologische Fachliteratur zur Wechselwirkung von Spiritualität und körperlicher und seelischer Gesundheit ist in den vergangenen zwanzig Jahre in einem Umfang gewachsen, der eine detaillierte Kenntnisnahme aller Studien und Schriften zu einem beinahe aussichtslosen Unterfangen macht.[67] Die Breite der Zugänge zum Themenfeld zeigt deutlich: In der Schulmedizin ist längst die Einsicht verbreitet, dass insbesondere im Zeitalter der chronischen Erkrankungen der Patient als ganzer heilungsbedürftig ist und damit zumindest implizit spirituelle Themen in den leiblichen Heilungsprozess hineinragen und von ärztlicher und therapeutischer Seite wahrgenommen und einbezogen werden müssen.

In Deutschland kann als Vorläufer dieser spirituellen Betrachtungsweise von Gesundheit Viktor Frankl gelten, der in seiner Logotherapie den Willen zum Sinn betont. Frankl verwendet den Begriff des spirituellen Sinns in deutschsprachigen Texten nicht. Auf der offiziellen Webseite des Vitor Frankl Institutes heißt es dann aber doch: "… this freedom derives from the spiri-

65 Assländer, Friedrich, Grün, Anselm, Spirituell führen – mit Benedikt und der Bibel. Münster-Schwarzach 2006.

66 Vgl. Assländer, Friedrich, Grün, Anselm, Spirituell arbeiten. Dem Beruf neuen Sinn geben. Münster-Schwarzach 2010.

67 Einen umfassenden Blick auf deutschsprachige Befunde im Horizont internationaler Gesundheitsforschung bieten: Klein, Constantin, Beth, Hendrik, Balck, Friedrich (Hg.), Gesundheit – Religion – Spiritualität. Konzepte, Befunde und Erklärungsansätze. Weinheim 2011.

tual dimension of the person, which is understood as the essentially human realm, over and above the dimensions of body and of psyche. As spiritual persons, humans are not just reacting organisms but autonomous beings capable of actively shaping their lives."[68] An anderer Stelle spricht Frankl vom Totalsinn des Lebens oder, in metaphysischer Begrifflichkeit, vom „übermenschlichen Sinn"[69]. Damit wird eine innere Bezogenheit von Heilung, religiösem Heil und Gesundheit sichtbar, die in der Sprachgestalt und den Wortbedeutungen seit Jahrtausenden bekannt war. Die Rede von ganzheitlicher Medizin lässt sich etymologisch auf den germanischen Wortstamm ‚ganta-' mit den Bedeutungen „ganz, heil, vollkommen" zurückführen. Das Germanische ‚ganzida' bedeutet: Gesundheit, Vollständigkeit, Ganzheit. Ähnliche Wortverwandtschaften zwischen Religion und Gesundheit lassen sich im Englischen ablesen: to heal, whole und holy entspringen dem gleichen Wortstamm und sind wiederum mit heil sein, ganz sein und heilig im Deutschen verwandt.

An anderer Stelle wurde schon darauf hingewiesen, dass die WHO für die Verknüpfung von Gesundheit und Spiritualität wesentliche Impulse gegeben hat: „Gesundheitsförderung […] bietet ein positives und umfassendes Konzept der Gesundheit als einen Bestimmungsfaktor für Lebensqualität einschließlich des psychischen und spirituellen Wohlbefindens."[70] Von der WHO ist ein Fragebogen zu „Spirituality, Religiousness, and Personal Beliefs (WHOQOL-SRPB)[71]entwickelt worden. Mittlerweile stehen etliche weitere Fragebogen zur Verfügung, die sowohl das ärzt-

68 The official Website of the Viktor Frankl Institute Vienna. Unter: http://www.viktorfrankl.org/e/logotherapy.html (Stand: 17.03.2014).

69 Frankl, Viktor. E., Der leidende Mensch. Anthropologische Grundlagen der Psychotherapie. Bern 1975. S. 178.

70 Weltgesundheitsorganisation, Bangkok Charta für Gesundheitsförderung in einer globalisierten Welt, Arbeitsübersetzung aus dem Englischen. 2006. S. 1.

71 The WHOQOL-SRPB field-test instrument exists of 32 questions, covering quality of life aspects related to spirituality, religiousness and personal beliefs (SRPB). This instrument has been developed from an extensive pilot test of 105 questions in 18 centres around the world. The resulting 32-item instrument represent the finalised version of the WHOQOL-SRPB to be used for field trials. Unter: http://www.who.int/mental_health/media/en/622.pdf (Stand: 17.03.2014).

liche Gespräch mit den Patienten zum Themenbereich Religion/ Spiritualität vorbereiten, wie auch die Messungen von Wirkungen ermöglichen.[72] Als Beispiel wird hier ein Leitfaden für ein halbstrukturiertes Interview dargestellt, der am Universitätsklinikum München Verwendung findet und auch dort evaluiert worden ist.[73]

Die Fragen, die dieser Leitfaden anbietet, sollen verschiedene Dimensionen einer spirituellen Anamnese erschließen:

- Glaubensüberzeugungen: „Würden Sie sich im weitesten Sinn als gläubigen Menschen betrachten?“
- Glauben und Leben: „Sind die Überzeugungen, von denen Sie gesprochen haben, wichtig für Ihr Leben und für Ihre gegenwärtige Situation?“
- Gemeinschaft: „Gehören Sie zu einer spirituellen oder religiösen Gemeinschaft (Gemeinde, Kirche, spirituellen Gruppe)?“
- Rollen: „Wie soll ich als Ihr Arzt/Seelsorger/Krankenschwester usw. mit diesen Fragen umgehen?“

Ärzte und Schwestern, die Patienten mit diesen Fragen begegnen, erleben Menschen, für die Spiritualität bzw. Religiosität als innere Haltung eine wichtige Ressource ist, um mit Krankheit und Leid umgehen zu können. Sie stellt einen Bezugsrahmen für die Frage nach Sinn und Bedeutung des Lebens dar, sowie nach dem, was sie trägt und Hoffnung und Orientierung gibt. Angesichts schwerer Krankheit suchen Patienten, wenn das Gespür dafür geweckt ist, den Rückbezug auf das, mit dem sie sich in der Tiefe verbunden wissen. Gleichzeitig wird deutlich, dass diese Menschen sich nicht in erster Linien nach der letzten Hoffnung, nach dem Trost sehnen, wenn nichts mehr gemacht werden kann, vielmehr wollen

72 Vgl. Büssing, Arndt, Ostermann, Thomas (Hg.), Spiritualität, Krankheit und Heilung – Bedeutung und Ausdrucksformen der Spiritualität in der Medizin. Bad Homburg 2006. Büssing, Arndt, Spiritualität – inhaltliche Bestimmung und Messbarkeit. Prävention 02/2008, S. 35–37. Büssing, Arndt, Kohls, Niko (Hg.), Spiritualität transdisziplinär: Wissenschaftliche Grundlagen im Zusammenhang von Gesundheit und Krankheit. 2011.

73 Vgl. Hauf, Stephan Tobias, Das halbstrukturierte, klinische Interview „SPIRI“ zur Erfassung spiritueller Überzeugungen und Bedürfnisse von Patienten mit Krebserkrankungen. Diss. München 2009. http://edoc.ub.uni-muenchen.de/10263/1/Hauf_Stephan.pdf (Stand: 02.04.2014).

sie von ihrer Lebenserfahrung etwas weitergeben. Sie treten dabei gleichsam aus der Rolle des Kranken heraus – um anderen, aus ihrer Lebenserfahrung schöpfend, etwas zu geben. Zusammenfassend lässt sich sagen:

„*Spiritualität ist eine Basisressource.* Sie ist von konstitutiver Bedeutung für Entstehung, Erhalt und Ausbau einer ganzheitlich verstandenen Gesundheit.
Spiritualität ist eine Gesundheitsdeterminante. Sie ist ein grundlegender, transpersonaler Bedingungsfaktor für Gesundheit und Heilung.
Spiritualität ist ein Schutzfaktor in der primären, sekundären und tertiären Krankheitsprävention.
Spiritualität ist eine Copingstrategie. Spiritualität hilft beim Umgang mit und bei der Bewältigung von Stresssituationen einschließlich Krankheiten.
Spiritualität kann ein therapeutischer Faktor im Heilungsprozess sein."[74]

Umgekehrt zeigt sich an Hand entsprechender Studien bei Menschen, die an Spiritualität und Religiosität desinteressiert sind, eine signifikant geringere positive Krankheitsbewertung. Die Art und Weise, wie Patienten ihre Krankheit betrachten und mit ihr umgehen, ist durch spirituelle Haltungen, bzw. deren Abwesenheit, geprägt.[75]

b. Religion und Spiritualität

Die bisher angesprochenen Bedeutungsinhalte von Spiritualität scheinen unspezifisch. In der Tat scheint es sinnvoll, im Erfahrungsraum von Krankheit eine allgemein suchende Haltung nach dem Sinn der Krankheit und einem möglichen Grund von Hoffnung als spirituell zu bezeichnen und von einem religiösen Krankheitsumgang, in dem also Überlieferungen und Traditionsbestände einer Religion zur Deutung der eigenen Krankheitssituation herangezogen werden, zu unterscheiden.

74 Steinmann, Ralph Marc, Spiritualität – die vierte Dimension von Gesundheit. S. 69.

75 Büssing, Arndt, Spiritualität/Religiosität als Ressource im Umgang mit chronischer Krankheit. In: ders., Kohls, Niko, Spiritualität transdisziplinär. Berlin 2011. S. 115.

Inzwischen gibt es verschiedene Versuche, Spiritualität auch strukturell zu erfassen. Dabei wird zwischen spirituellen Erfahrungen und spirituellen bzw. religiösen Konzepten differenziert. Diese Unterscheidung stellt den Bezug zu den historischen Kirchen des Westens in der Weise her, dass Spiritualität dort als Konzept dominiert und der Glaube an die Lehre die bestimmende Form von Spiritualität sei. Demgegenüber richtet sich Spiritualität als Erfahrung auf das unmittelbare Gewahrsein im religiösen Geschehen. Mit diesem Hinweis wird die Verhältnisbestimmung von Spiritualität und Religiosität angesprochen. Ralf Steinmann differenziert in seiner oben genannten Publikation „Spiritualität – die vierte Dimension der Gesundheit" zwischen extrinsischer Religiosität, die sich an überlieferten Offenbarungsinhalten und theologischen Lehrmeinungen orientiert, und intrinsischer Religiosität, die sich in unmittelbarer spiritueller Erfahrung Ausdruck gibt. Darüber hinaus führt er den Begriff der „transkonfessionellen Spiritualität" ein, die er als „spirituell, aber nicht religiös"[76] beschreibt.

Modellhaft ergibt sich aus dem Gesagten folgende Differenzierung:

Spiritualität:
- Spiritualität ist nicht vornehmlich konfessionell geprägte Religiosität.
- Spiritualität ist subjektiv und erfahrungsorientiert und ganzheitlich.
- Spiritualität nutzt Erscheinungsformen, Praktiken und Begründungen von verschiedenen Religionen. Sie ist also plurireligiös und dabei antiinstitutionell.

Religiosität:
- Religiosität entspringt dem Bekenntnis zu einer Religion.
- Religiosität nutzt die Lehren und Riten einer Religion für das eigene Selbstverständnis.

76 Steinmann, Ralph Marc, Spiritualität – die vierte Dimension der Gesundheit. Eine Einführung aus der Sicht von Gesundheitsförderung und Prävention. Berlin 2008. S. 66.

- Religiosität verwirklicht diese Lehren und Riten im eigenen Umgang mit Krankheit und schöpft daraus Kraft und Hoffnung.
- Religiosität schöpft aus der sozialen Zugehörigkeit zu einer Religionsgemeinschaft Kraft für die spezifische Lebenssituation.

Es spricht viel dafür, es im Sinn einer Arbeitshypothese lediglich bei Differenzierung von Spiritualität und Religiosität zu belassen. In wissenschaftstheoretischer Hinsicht ist nämlich hinter diese Unterscheidungen ein Fragezeichen zu setzen. „Spirituelle, das heißt transzendenzbezogene und säkulare (humanistische) Weltsichten lassen sich unter strukturellem Gesichtspunkt in gleicher Weise hinsichtlich ihrer Hintergrundannahmen insbesondere zur Ontologie, Metaphysik, Ethik und Anthropologie erfassen und beschreiben […].“[77] Das bedeutet: Auch der Vorstellung von Spiritualität als Erfahrung liegt letztlich ein Konzept von Transzendenz zugrunde. Dies gilt auch dann, wenn die Konzeptualisierung von Wirklichkeit mit trans-rationalen und non-dualen Annahmen überwunden werden soll. Denn auch diese Vorstellungen von Spiritualität sind, wenn sie begrifflich gefasst werden, notwendigerweise Konzeptualisierungen.

Dieses gilt auch für die so genannte transkonfessionelle Spiritualität. Tatjana Schnell hat in ihrem Modell von impliziter Religiosität diese Form transkonfessioneller Spiritualität beschrieben als eine Weise religiös zu sein, ohne sich bestimmten religiösen Traditionen zuzuordnen. Es handelt sich nach Tatjana Schnell um eine „spezifische Art gegenwärtiger Religiosität.“[78] Spirituelle Erfahrung „impliziert eine Bereitschaft zur Selbsttranszendenz, die durch Transzendierungserfahrungen initiiert, begleitet oder unterstützt wird.“[79] Diese Selbstüberschreitungen, das zeigen die Differenzierungen von Steinmann, können als horizontale oder vertikale Transzendierungen beschrieben werden. Die vertikale Transzendierung wäre mit einer spirituellen Orientierung gleich-

77 Ruschmann, Eckhard, Spiritualität und Wissenschaft. 95. In: Arndt Büssing, Niko Kohls (Hg.), Spiritualität transdisziplinär: Wissenschaftliche Grundlagen im Zusammenhang von Gesundheit und Krankheit. 2011. S. 94–100.

78 Schnell, Tatjana, Implizite Religiosität. Zur Psychologie des Lebenssinns. Lengerich 2009.

79 Schnell, a. a. O. S. 52.

gesetzt und die horizontale mit einer humanistischen Lebensorientierung. In beiden Fällen ist „die Sinnkonstitution als struktureller Faktor überzuordnen.“[80]

„Horizontale Transzendierungserfahrungen, als tiefe erlebte Verbundenheit mit anderen Menschen und mit der Natur, haben eine wichtige sinnstiftende Funktion und damit zugleich eine hohe Affinität zu salutogenetischen Faktoren. Hier sind also Korrelationen mit dem Faktor Gesundheit selbstverständlich und vielfach belegt.“[81]

„Dieses Vertiefen von an sich schon sinnstiftenden Prozessen […] in eine transzendente Dimension hinein kann vielleicht sogar als eine zentrale Charakterisierung von ‚Spiritualität‘ verstanden werden. Bei solchen Prozessen konvertieren die unterschiedlichen Formen der Transzendierung: nach ‚außen‘ (zu anderen Menschen bzw. zur Natur), nach ‚oben‘ (zur Transzendenz) und nach ‚innen‘ (zum eigenen spirituellen/göttlichen ‚Kern‘).“[82]

Der Perspektivwechsel zu einer erfahrungsbezogenen, empirisch erkennbaren Spiritualität öffnet dieses Phänomen für naturwissenschaftliche Untersuchungen. So hat die Wissenschaft unter dem Eindruck des Ungenügens der einseitig naturwissenschaftlich-technischen Ausrichtung der Medizin und aufgrund der Einsicht in die mögliche Bedeutung von Spiritualität und Religiosität für den Patienten damit begonnen, die soziodemographischen, psychologischen und medizinischen Bedingungen und Auswirkungen von Spiritualität und Religiosität zu untersuchen und die Ergebnisse für die medizinische und psychologische Praxis und für die Seelsorge fruchtbar zu machen.“[83] Diese Überlegungen besagen aber auch, dass Gesundheit in ihrer Definition nicht um eine weitere Dimension zu ergänzen ist[84], vielmehr um-

80 Ruschmann, a. a. O. S. 99.
81 Ebd.
82 Ruschmann, a. a. O. S. 100.
83 Heusser, Peter, Europäische Geistesgeschichte, neuere Spiritualität und Wissenschaft, in: Büssing, Kohls, Spiritualität transdisziplinär. Wissenschaftliche Grundlagen im Zusammenhang mit Gesundheit und Krankheit. Heidelberg 2011. S. 15.
84 Vgl. Steinmann, Ralph Marc, Spiritualität die 4. Dimension der Gesundheit. Eine Einführung aus der Sicht von Gesundheitsförderung und Prävention. Berlin 2008.

fasst die leib-seelische Ganzheit auch den Erfahrungsraum des Glaubens oder, wie dargelegt, den der Spiritualität. Das Gemeinte würde aber verfehlt, wenn die spirituelle Dimension von Gesundheit gleichsam als die Vollendung von Heilung angesehen würde. Ohne Frage lassen sich heute unter der Überschrift „Spiritualität" Phänomene beobachten, die diese Dimension unter den Leistungsaspekt stellen. In der Theologiegeschichte des Christentums ist die Unterscheidung zwischen dem Kern der Glaubenserfahrung und der dogmatischen und institutionellen Gestalt dieser Erfahrung vielfach vollzogen worden. Bis in die Gegenwart hinein ist die theoretische Frage von Richard Rothe nach einen „unkirchlichen Christentum" wirksam geblieben.[85] Letztlich kann die im 19. Jahrhundert entstandene neuzeitliche Diakonie, die deutliche Bezüge zur Erweckungsbewegung aufweist, als Gestalt dieser Differenzierung gesehen werden.

Abgesehen von diesen theoretischen und strukturellen Erfassungen der Differenzierung von Spiritualität und Religiosität spiegelt diese die soziale Wirklichkeit wider: Selbstverständnis und Lehrgestalt der historischen Kirchen in Deutschland sind deutlich zu unterscheiden von dem spirituellem Selbstverständnis der Kirchenmitglieder, von den Nichtmitgliedern ganz zu schweigen. Aus Sicht der historischen Kirchen mag dieses Auseinandertreten als Traditions- und Glaubensverlust gedeutet und als „Gottlosigkeit der Gegenwart" diffamiert werden. Doch die Differenzierung kann gerade aus einer solchen apologetischen Abwehrhaltung herausführen. Sie öffnet den Blick auf die fortwährende Präsenz des jeweiligen religiösen Grundgeschehens. Diese Erfahrung erlaubt es zudem, die kulturellen und institutionellen Vergegenständlichungen der Religion wertzuschätzen, ohne darauf fixiert zu sein.[86]

85 Vgl. Rothe, Richard, Theologische Ethik. Bd. 3. Wittenberg 1870; Vgl. auch: Rendtorff, Trutz, Christentum außerhalb der Kirche. Hamburg 1969.

86 Zu einem dynamischen und prozessualen Kirchenverständnis bekennt sich schon die Confessio Augustana aus: Ubi et quando visum est Deo.

c. Heilige Dinge – die neuen Materialisierungen von Gesundheit

Am Ende dieses Abschnitts wird noch einmal auf den eingangs zitierten Begriff der ‚Gesundheitsreligion' Bezug genommen. Die polemische Verwendung und Abwehr des Wortes ist aus dem Selbstverständnis, ein umfassendes und einheitlich gebautes kirchliches Glaubensgebäudes institutionell zu repräsentieren, nachvollziehbar. Dabei werden allerdings die geschilderten massiven Verschiebungen im Beziehungsgefüge zwischen Religion, Kirchlichkeit und Spiritualität ausgeblendet.[87] Außerdem wird übersehen, dass das Offenbarungsgeschehen Gottes in Jesus Christus in Heilungsvollzügen sichtbar wird, wie z. B. das Matthäus-Evangelium bezeugt: „Da aber Johannes im Gefängnis die Werke Christi hörte, sandte er seiner Jünger zwei, und ließ ihm sagen: Bist du, der da kommen soll, oder sollen wir eines anderen warten? Jesus antwortete und sprach zu ihnen: Gehet hin und saget Johannes wieder, was ihr sehet und höret; die Blinden sehen, und die Lahmen gehen; die Aussätzigen werden rein, und die Tauben hören; die Toten stehen auf, und den Armen wird das Evangelium gepredigt."[88] Deshalb liegt die Frage nahe, ob nicht ein spirituell gefülltes Verständnis von Gesundheit und ein in geistlicher Erfahrung gegründeter Weg der Gesundung die gegenwärtigen Weisen der Vergegenständlichung von Religion darstellen. So wie sich im Gespräch zwischen Jesus und dem Kranken am Teich Bethesda die Frage nach dem Heil und der Christusbeziehung am Gesundheitsthema („Willst Du gesund werden")[89] festmachte, so sind auch heute Bezüge zwischen Gesundheit und spiritueller Heilung erkennbar. Die Trends und Tendenzen auf dem Feld von Gesundheit zielen bei allen Scharlatanerien, Vereinnahmungen, Vermischungen und Irrungen auf diese Dimension. Und dieses in doppelter Gestalt. Einmal ist da die unmittelbare religiöse Erfah-

87 Vgl. Ponisch, Gabriele, „…daß wenigstens dies keine Welt von Kalten ist …": Wallfahrtsboom und das neue Interesse an Spiritualität und Religiosität. Berlin 2008.

88 Matthäus 11, 2–5.

89 Johannes 5,6.

rung, die die Person in ihrer Unverwechselbarkeit berührt und in seiner Leiblichkeit anspricht. Und dann sind da die kollektiven Sprachversuche und Materialisierungen dieser religiösen Dinge, die Übungsprogramme, die Ernährungsrituale oder die Sinnfindungsprojekte. „Gesundheit" wäre demnach die „kulturelle Objektivation"[90] dieser spirituellen Sehnsucht. Insofern, das ist die zusammenfassende These, wird allen Gesundheitspraktiken, trotz aller Brechungen und Fragwürdigkeiten, ebenso wie sakralen Gegenständen, eine transzendente Qualität zugeeignet.[91] Sollten diese Beschreibungen die Dynamik der Spätmoderne erfassen, so gehen die Versuche in die Irre, das Interesse an Gesundheit zu diffamieren. In allen vorausgegangenen Übergangssituationen der Geschichte hat es immer das Ausweichen vor der Herausforderung gegeben, das Verharren in der Trauer darüber, aus den alten Formungen herausgefallen zu sein. Auf dem Feld der Religion hat das in Dogmatismus und Fundamentalismus geführt, auf dem Feld der Politik zu überbordender Kontrolle und Bemächtigung.

Gibt es in der christlichen Theologie, außer dem Modus der Kritik, ein Theologumenon, das in der Lage ist, diese Deutungen aufzunehmen und diese Form von gesundheitsbezogener Spiritualität zu erfassen?

Dieser Frage wird im fünften Abschnitt nachgegangen, indem die theologische Kategorie der Gabe auf die geistliche Dimension von Gesundheit bezogen wird.

90 Vgl. Windmüller, Sonja, ‚Heilige Dinge' – Materialität und Materialisierungen des Glaubens in der Gegenwart. Projektbeschreibung. 2013. Institut für Volkskunde/Kulturanthropologie der Universität Hamburg. Unter: http://www.uni-hamburg.de/rug/forschung/kulturgeschichte_kulturkunde/volkskunde.html (Stand: 17.03.2014).

91 So wie alle Hochreligionen von Offenbarungen gespeist werden, die die bisherige Deutung und Ritualisierung des Göttlichen beiseite geschoben haben.

V. Gesundheit: die Gabe

1. Gegebensein von Gesundheit

„Gesundheit" ist das Anfangs- und Schlüsselwort einer weitgespannten Erzählung über die Begegnung von Moderne und Religion. Dieser Satz leitete die vorstehenden Überlegungen ein und beleuchtete im weiteren Fortgang die vielfältigen Facetten von Gesundheit in der Gegenwartskultur.

Entfaltet wurde bisher vornehmlich die wohlfahrtsstaatliche Gestalt von Gesundheitssicherung. Darin hat die Moderne die Religion hinsichtlich des Heils überschritten und ersetzt, indem sie Beheimatungsstrategien gegen das Grauen des Ungefähren konstruiert und durch das Lebensmodell ‚Wohlbefinden durch Sicherheit und Wohlstand' die Bürger zu beruhigen trachtet. Aber diese neue Verdinglichung des Religiösen muss dann doch zu viel an Wirklichkeit ausblenden, um funktionsfähig zu bleiben. Sie ist nicht von ungefähr nur solange produktiv, solange der Modus der ungebrochenen Herstellung von Wirklichkeit und sich steigernder Perfektionierung funktioniert. Verstörend wirken um sich greifende Melancholie und Trauer am Rande dieses Getriebes. Besonders irritiert, wenn trotz dieser Wirklichkeitsstabilisatoren und der gewährten Gratifikationen des Systems Leistungsträger auf Grund psychischer Belastungen oder Krankheiten aus diesen Ordnungen herausfallen. Dabei liegt doch zumindest ein Grund dafür auf der Hand: Der Staat schleicht sich aus der Gewährleistungsübernahme für das Wohlbefinden seiner Bürgerinnen und Bürger heraus. Diese sind zugleich gefordert, ihre Leistung in Beruf und Familie zu bringen und jetzt auch noch aktiv an der Fitness ihres Körpers zu arbeiten und damit die Verantwortung für ihr Gesundheitsschicksal zu übernehmen. Dass diese Forderungen überfordern, kann eigentlich nicht erstaunen.

Die Kirchen in Deutschland üben sich milde in ihrem Wächteramt und halten sich ansonsten am Rande. Andere Töne schlagen fundamentalistische Strömungen im Christentum und zumal im Islam gegen dieses westliche Wirklichkeitskonstrukt der Moderne an.

Die Trends und Tendenzen auf dem Gesundheitsmarkt, ebenso wie die Inanspruchnahme östlicher Heiltraditionen, lassen sich als Öffnung gegenüber anderen Quellen von Genesung und der Lockerung festgefahrener Konzeptualisierungen von Gesundheit in unserem Kulturkreis interpretieren.

Dabei hat das Konzept der Salutogenese neue Aufmerksamkeit erlangt. Möglicherweise auch deshalb, weil es auf der begrifflichen Ebene die religiöse Dimension, die Thematisierung des Heils, mit dem modernen Begriff der Entstehung, der Ursächlichkeit von Gesundheit, verbindet. Von größerer Bedeutung ist allerdings die veränderte Blickrichtung, die sich in den Worten Gesundheit und Salutogenese ausspricht: Die Bedingungen von Gesundheit stehen im Zentrum des Interesses, nicht die Ätiologie von Krankheiten. Salutogenese findet dabei in den deutschen Worten ‚Genesung' und ‚Heilung' eine noch bessere Entsprechung als in ‚Gesundheit', weil letztere zu statisch klingt und erstere den Prozess- und Geschehenscharakter deutlicher werden lässt. Die Verbindung von Salutogenese und Heilung mit den Vorstellung von Resilienz lässt noch prägnanter die dynamische Dimension hervortreten: Die Aufmerksamkeit für Gesundheit ist eine solche für Kräfte, die der Person gegeben sind oder ihr zuwachsen. Diese Vorstellungen, insbesondere wenn die Quelle dieser Energien nicht der Selbstschöpfungskraft des Subjektes entspringt, bestätigen die These, dass sich im Raum von Gesundheit Moderne und Religion in neuer Weise begegnen.

Die vielfältigen und verwirrenden Wege, auf denen heute nach Genesung und Heilung gesucht wird, können als Versuche des modernen Subjektes gedeutet werden, die zugeschriebenen Selbstbilder und die selbst gewählten Stilisierungen zu durchbrechen, weil die religiösen und gesellschaftlichen Selbstkonzeptualisierungen keine überzeugenden Identifikationsräume mehr bieten. Dabei können die spirituellen Erkundungen als Unterbrechung der individuellen und kollektiven Selbstkommunikation, als Raumerschließungen jenseits eines lediglich vergesellschafteten Lebens und Öffnungsversuche zu einem Anderen hin verstanden werden.

In spirituellem Gewand kehrt die religiöse Dimension von Gesundheit in die Gegenwartskultur zurück und scheint in der

Lage zu sein, einen Transformationsprozess sowohl der Moderne wie auch der historischen Religionen anzustoßen. Dabei sollte nicht übersehen werden, dass seit mehr als hundert Jahren vielfältige Ansätze einer spirituellen Erneuerung – auch mit christlichem Hintergrund – zu beobachten sind. Dabei werden sowohl die Selbstkonzeptualisierung der historischen Kirchen wie auch die des wohlfahrtsstaatlichen Gesundheitssystems transformiert, also unter Aufnahme und Würdigung der jeweiligen Ursprünge verwandelt.

Auf diesem Hintergrund wird die theologische und religionsphilosophische Kategorie der Gabe als Interpretationsbasis herangezogen und entfaltet. Denn die beiden Altsysteme stützen sich im Wesentlichen auf den Modus der Herstellung und Begründung, der umfassenden Kontrolle und Absicherung. Was geschieht aber, wenn diese Logik, dieser absolute Anspruch auf Wirklichkeit, hintan gestellt wird? Menschen und Systeme sehen sich dann der Wirklichkeit als gegebener Wirklichkeit ausgesetzt. Mit leeren Händen, in der Geste des Empfangens.

Welche ungelösten Themen der modernen Gesundheitsfürsorge müssten mit Hilfe des Gabe-Theorems gelöst werden? Oder zugespitzter formuliert: Welche pathogenen Aspekte des Gesundheitssystems müssten durch die salutogenen Kräfte der Gabevorstellung geheilt werden?

Der bisherige Gedankengang dieser Untersuchung hat die Desiderate in ihrer konzeptuellen Bedingtheit entfaltet; deshalb soll hier eine zusammenfassende Darstellung genügen, die an dem Schema des ersten Teils der Untersuchung orientiert ist und anschließend in ihrem Bedeutungsgehalt erläutert wird.

- **Nähe-Defizite**
  Die Vertragslogik des Gesundheitssystems fördert die Formalisierung von sozialen Beziehungen im deutschen Gesundheitssystem. Das ethische Modell des Vertragskonzeptes basiert auf einer Idealsituation, die von den konkreten Handlungsumständen absieht und dadurch Gleichheit und Gerechtigkeit garantieren will. Wird ein solches Modell reinen kommunikativen Handelns zur Grundlage eines Gesellschaftskonzeptes, so drohen Nähedefizite im sozialen Miteinander, weil dieses im Kern auf einem fiktiven Beziehungsmodell beruht: auf idealer Inter-

Abb. 6: Person/Körper/Außen und Ambivalenz/Intersubjektivität

subjektivität. Der Appell zu Solidarität gleicht diesen Mangel im Alltagsvollzug in Teilen aus. Solidarisches Handeln ist aber nicht eigentlich Bestandteil dieses Modells von Gesundheitsfürsorge.[1] Diese Schwäche des sozialen Beziehungskonzeptes verstärkt sich, weil es in den Vertrags- und Leistungsbeziehungen des Gesundheitssektors eine ökonomisch gefasste Äquivalenz besitzt. Reziprozität ist maßgeblich monetär ausgeprägt. Helfende Beziehungen sind in Geld konvertierbar. Dadurch verstärkt sich das distanzierende Moment im Gesundheitssystem zusätzlich.

– **Unsichtbarkeit der Person:**
Zur Systemlogik gehört ein helfendes Handeln unter Absehung persönlicher Gestimmtheit. Professionalität erweist sich in der Hintanstellung eigener Bedürfnisse, im Verschwinden von Personalität. Deshalb hüllt sich der Arzt in sein Berufsgewand, äußert sich fach- und datenbezogen. Deshalb wird in helfen-

1 So das sogenannte Böckenförde-Diktum, dass der Staat von Voraussetzungen lebt, die er selbst nicht geschaffen hat. Vgl. Böckenförde, Ernst-Wolfgang, Staat, Gesellschaft, Freiheit. 1976, S. 60.

den Berufen so viel Aufmerksamkeit auf die Rollenklärung verwendet. Doch damit droht die Gefahr, dass die Personen – auch die Patienten – auf dem Feld des Gesundheitssystems unsichtbar werden.

- **Ausblendung von Leiblichkeit und Emotionalität**
  Der naturwissenschaftliche Zugang zum Kranken vollzieht sich über die rational erfassbaren Symptome des Körpers. Diese Methode ist Ausdruck der Grundannahme der Moderne, dass der Körper das der Vernunft Entgegengesetzte, das andere der Vernunft ist. Die Behandlungsweise ist hoch effizient und transparent. Technisch anspruchsvolle Operationen verbieten emotionale Irritationen. Die Rede von der Mehrdimensionalität von Gesundheit versucht diese Engführung zu überwinden. Aber sie sieht den Mensch immer noch in altgriechischer Tradition als corpus permixtum, einen aus getrennten Teilen zusammengesetzten Organismus. Daraus resultiert die unaufhebbare Fremdheit zwischen Bewusstsein und Körper, zwischen dieser Welt und der anderen Welt.[2] Auch die erneuerte Körperkultur der Nachmoderne bleibt bei dem Befremden gegenüber Leiblichkeit und Emotionalität.

- **Verlust des Anderen und der Ambivalenz**
  Die Behandlungsleitlinien fördern die Qualität der Behandlung und sichern einen gleichen Standard. Doch dadurch besteht die Gefahr, die Besonderheit des Patienten, seiner individuellen Krankheitsgeschichte und seiner persönlichen Bedürfnisse auszublenden. Der Kranke kann nicht der rätselhaft andere sein, sondern wird tendenziell aus dem Blickwinkel des Masterplans der Behandlung gesehen.

In diesen Desideraten werden zum einen die unvollendeten Themen der Aufklärung aufgenommen: „Traditionellen Subjekt-und Personenvorstellungen wird erstens reduktionistische, rationale Prägung vorgeworfen, die zweitens Emotionalität und Leiblich-

2 Diese Unterscheidung findet ihren Ausdruck in Vorstellungen christlicher Frömmigkeit, z. B. im Liedvers: „mein Leben sei ein Wandern zur großen Ewigkeit. …. Mein Heim ist nicht in dieser Zeit.“ EG 481.5

keit nicht hinreichend bedenkt, und drittens daher keine tragfähigen Konzepte für Intersubjektivität zu entwickeln vermag."[3]

Zum anderen zeigen sich hier aber gemeinsame unerledigte Fragen von Religion und Moderne, die mittels brachliegender Potenziale spiritueller Deutung eine Antwort finden könnten. So überzeugend die Forderung ist, das „autonome Subjekt der Aufklärung aus der seelischen Monokultur in den Dualraum des Miteinanders zu überführen"[4], so wird dabei doch übersehen, dass solche Versuche der Selbstkonfiguration, selbst wenn sie sich aus dem Geist des Gegenübers vollziehen, monokausal bleiben. Es sei denn, ein „großes Gegenüber" ist in der religiösen Erfahrung der Gabe präsent.

Das Theorem der Gabe wäre für den Transformationsprozess von Religion und Moderne dann produktiv, wenn es in der Lage wäre, die dargestellten Desiderate mit einer Lösungsperspektive zu versehen. Aber auch nur dann, wenn eine solche Erfassung der Gabe und des Gabegeschehens mehr wäre als eine weitere Theorie.

2. Kritik der Gabe

Dieser Vorschlag, mit Konzepten der Gabe Religion und Moderne in Beziehung zu setzen, muss auf dem Hintergrund der Selbstkonzeptualisierung des deutschen Gesundheitssystems und der bestimmenden philosophischen und sozialwissenschaftlichen Theorien sofort Widerstand auslösen. Wer unter dem Leitbegriff Gabe soziale Beziehungen beschreibt, öffnet damit Tür und Tor für asymmetrische Beziehungskonstellationen. Dabei ist doch gerade der Ertrag der modernen Freiheitsgeschichte darin zu sehen, dass Menschen sich als Freie und Gleiche begegnen. Insofern wird in dem Paradigma der Gabe die Erneuerung überwundener Herrschaftsbeziehungen gesehen. Wer gibt, steht zumindest in der Gefahr, gönnerhaft zu geben, von oben herab, aus der Position des

3 Kurbacher-Schönborn, a. a. O. S. 3.

4 Palm, Goedert, Die Geburt der Seele aus dem Geist der Placenta. Oder: Peter Sloterdijks Liebe zur Geomantie. S. 1. Unter: http://www.goedartpalm.de/sloter.html (Stand: 17.03.2014).

Mächtigen dem Schwächeren etwas zukommen zu lassen. Wer die Gabe ins Gespräch bringt, wird sich die verfestigte Einsicht anhören müssen, „dass einem im Leben doch nichts geschenkt wird".

Der Vorbehalt gegen die Ethik der Gabe im Medizinsystem zeigt sich beispielhaft in der Ablehnung der anonymen Lebendorganspende in Deutschland. Die Lebendorganspende ist nur bei Verwandten ersten Grades medizinethisch akzeptiert. Gleichwohl muss die anonyme Lebendorganspende als die reinste Form der Gabe erscheinen. Aber gerade diese Form extremer Güte löst Vorbehalte aus. Das Motiv des Spenders, „anderen etwas Gutes tun zu wollen", scheint nicht überzeugend zu sein. Wird dahinter eine Erhebung des Spenders befürchtet, der sich mit seiner so selbstlos erscheinenden Tat seiner moralischen Superiorität rühmen will? Demgegenüber wird der Vorteil der vertragsmäßig erbrachten Gesundheitsdienstleistung ins Feld geführt: Durch das Sozialsystem wird die Gabe gleichsam neutral und standardisiert erbracht. Befreit von persönlicher Gestimmtheit. In einer Medizin, die sich am Leitbild der Gabe orientiert, besteht die Gefahr, dass Sympathie und Antipathie zwischen Patient und Arzt sich negativ auswirken. Die Kritiker des Gabeparadigmas in der Medizin weisen darauf hin, dass die Einstellung des Leistungserbringers für diese nicht zwingend sei, sondern die fachliche Kompetenz und die Qualität, in der diese Leistung erbracht wird, sei das entscheidende Kriterium. Dafür wird die Neutralisierung der Beziehung zwischen Arzt und Patient in Kauf genommen.[5]

Hier wird erneut der die gesamte Abhandlung durchziehende Konflikt zwischen formaler Dienstleistung und wertschätzender Präsenz, zwischen vertragsbasiertem Rechtsanspruch und liebevoller Zuwendung sichtbar.[6] Ein Gesellschaftsmodell, das auf der Ethik der Gerechtigkeit aufbaut und egalitären Handlungs-

5 Vgl. zu dieser Diskussion: Maio, Giovanni (Hrg.), Ethik der Gabe – Humane Medizin zwischen Leistungserbringung und Sorge um den Anderen. Freiburg 2014.

6 In der Diakonie ist lange Zeit gefordert worden, dass vom Gesundheitssystem, insbesondere im Bereich der Pflege, die christliche Motivation der Schwestern auch in den Leistungsentgelten einen Niederschlag finden sollte. Aus der Logik des Systems heraus ist es jedoch konsequent, Einstellung und Haltung nicht monetär zu berücksichtigen.

maximen den Vorrang gibt, wird mit einer Ethik der Gabe eher Mühe haben, weil hier eine (verengte) individuelle Perspektive auf den Weltbezug vermutet wird. Gesundheit wird als Suche nach dem guten Leben verstanden. Die Ethik der Gerechtigkeit strebt nach gerechten kollektiven Verhältnissen in der Gesellschaft.

Schließlich soll der Einwand von philosophischer Seite gegen eine Erneuerung des Gabeparadigmas benannt werden. Exemplarisch sei hier die Kritik von Sloterdijk gegen den Versuch der Erneuerung religiös begründeter Gabevorstellungen erwähnt.[7] Wer von der Gabe rede, der werde auch vom Leben als Gabe Gottes sprechen wollen. Sloterdijk verwahrt sich dagegen, dass über das Paradigma der Gabe Vorstellungen und Weltbilder wieder eingeführt werden, denen durch die Aufklärung schon der Abschied gegeben worden sei.

Auch Habermas plädiert entschieden für den bleibenden universellen Anspruch der Vernunft. In der Tat müsse man konstatieren, dass die Moderne ein „unvollendetes Projekt“ sei. Doch die heute sichtbaren Aporien der Moderne, insbesondere ihre Präferenz der Rationalisierung, lassen sich in einer neuen Einheit, im „Projekt der Universalpragmatik“[8] zusammenfassen. Die Diskurstheorie Habermas‘ hat ihre Grundlage in einer idealen Sprechsituation: „Gleichwohl gehört es zur Struktur möglicher Rede, daß wir im Vollzug der Sprechakte (und der Handlungen) kontrafaktisch so tun, als sei die ideale Sprechsituation (oder das Modell reinen kommunikativen Handelns) nicht bloß fiktiv, sondern wirklich – eben das nennen wir eine Unterstellung. Das normative Fundament sprachlicher Verständigung ist mithin beides: antizipiert, aber als antizipierte Grundlage auch wirksam.

7 Sloterdijk, Peter, Du musst dein Leben ändern. Über Anthropotechnik. Frankfurt 2009.

8 Vgl. Habermas, Jürgen, Vorbereitende Bemerkungen zu einer Theorie der kommunikativen Kompetenz. In: Habermas, Jürgen, Luhmann, Niklas, Theorie der Gesellschaft oder Sozialtechnologie. 1976. S.101–141. Vgl. Habermas, Jürgen, Vorstudien und Ergänzungen zur Theorie des kommunikativen Handelns, S. 177 f. Vgl. Habermas, Jürgen, Theorie des kommunikativen Handelns, Bd. 1, 439.13 Vgl. ebd., S. 72–113. In Anspielung auf das Rationalitätskonzept Max Webers versucht er diese These auszuweisen. Vgl. ebd., S. 225–368. Habermas, Jürgen, Vorstudien und Ergänzungen zur Theorie des kommunikativen Handelns, S. 104.

Die formale Vorwegnahme des idealisierten Gesprächs […].“[9] In der Tradition der Aufklärung konstruierte Habermas den „herrschaftsfreien Diskurs“. Diese kommunikative Rationalität ist für Habermas die neue Einheit der Vernunft, die „den Charakter eines Vermittlungsverfahrens [hat], das – gewollt oder ungewollt – alle gesellschaftlichen Interaktionsprozesse immer schon bestimmt.“[10]

Nun mag es dahingestellt bleiben, ob sich in diesen Einwänden nicht die zuvor geschilderten Desiderate der Moderne selbst widerspiegeln. Der implizite Anspruch der Universalität dieses Kommunikationsmodells legt diese Vermutung nahe.

3. Gesundheit als Gabe – philosophische Konzepte

Weiterführend ist der Blick auf die französische Philosophie der Gegenwart, in der die Kategorie der Gabe zu erheblicher Bedeutung gelangt ist.[11] Unter dem Begriff der „Neuen Phänomenologie“ haben sich in den letzten Jahrzehnten u.a. Mauss, Levinas, Marion und Ricœur dem Phänomen der Gabe gewidmet und darin ein konstitutives Moment von Interpersonalität neu zu erfassen versucht. Im Phänomen der Gabe begegnen sich ökonomische, soziologische, philosophische und theologische Zugänge. Man hat in diesen Theorien auch eine theologische Wende der französischen Phänomenologie[12] erkennen wollen. Bezeichnenderweise sind diese Ansätze in der katholischen Theologie Deutschlands intensiv und in der evangelischen Theologie kaum rezipiert worden.

9 Habermas, Vorbereitende Bemerkungen. S. 140.

10 Hoff, Johannes, Spiritualität und Sprachverlust. S. 38.

11 Ursprünglich in der Anthropologie von Marcel Mauss entwickelt (Essai sur le don, 1923/4) wurde der Begriff zu einer zentralen Vorstellung in der Anthropologie (Claude Lévi-Strauss, Pierre Bourdieu) und Philosophie (Jean-François Lyotard, Jacques Derrida, Emmanuel Lévinas, Marcel Hénaff).

12 Vgl. Staudigl, Michael, Phänomenologie der Religion oder „theologische Wende“? Zur Problematik der methodischen Integrität radikalisierter Phänomenologie. in: Focus Pragensis. Jahrbuch für Philosophie und Phänomenologie der Religion 1/2001, 44–63. S. 62.

Diese Ansätze sind motiviert von dem Ziel, Geben und Nehmen „jenseits des Tausches“ bzw. der Reziprozität zu denken.[13] Sie bilden ohne Zweifel eine Alternative zu den in der deutschen Philosophie und Sozialwissenschaft präferierten Subjekt- und Gesellschaftstheorien. Die französischen Phänomenologen verlassen bei aller Unterschiedlichkeit das Konzept von Autonomie und Selbstbestimmung und charakterisieren den Menschen stärker als relationales Wesen, das durch „Berührung“ sich Weltausschnitte anverwandelt und Resonanzbeziehungen aufbaut.[14]

a. Marcel Mauss, Die Gabe

Alle Reflexionen über die Gabe beziehen sich in der Gegenwart auf Marcel Mauss Essai sur le don, der 1950 in französischer Sprache und auf Deutsch 1990 unter dem Titel: „Die Gabe. Form und Funktion des Austausches in archaischen Gesellschaften“ erschienen ist.[15] Auf den ersten Blick liegt hier ein ethnologisches Werk vor, in dem Mauss die Frage beantwortet: „Welches ist der Grundsatz des Rechts und Interesses, der bewirkt, dass in den rückständigen und archaischen Gesellschaften das empfangene Geschenk zwangsläufig erwidert wird?“[16]

In archaischen Gesellschaften beobachtet Mauss ein geordnetes, ritualisiertes Geschehen von Geben, Nehmen und Erwidern. In diesem Geschehen bündelt sich die „totale gesellschaftliche Tätigkeit“. Es handelt sich also nicht um ein soziales Geschehen neben anderen Phänomenen. Der Austausch „ist zur gleichen Zeit ein ökonomisches, juristisches, moralisches, ästhetisches, reli-

13 Strehle, Samuel, Jenseits des Tausches. Karl Marx und die Soziologie der Gabe. BJS (2009) 19. S.127–151; vgl. auch: Lintner, Marin M., Eine Ethik des Schenkens. Von einer anthropologischen zu einer theologisch-ethischen Deutung der Gabe und ihrer Aporien; Därmann, Iris, Theorien der Gabe. Hamburg 2010; Godelier, Maurice, Das Rätsel der Gabe. Geld, Geschenke, heilige Objekte. München 1999.

14 Rosa, .a. a. O. S. 15.

15 Mauss, Marcel, Essai sur le don. Paris 1950. Dt.: Mauss, Marcel, Die Gabe. Form und Funktion des Austausches in archaischen Gesellschaften, Frankfurt 1990.

16 A. a. O. S. 18.

giöses, mythologisches und sozio-morphologisches Phänomen."[17] Dabei ist zu beachten, dass weder diese begrifflichen Unterscheidungen noch eine Differenzierung der damit bezeichneten Dimensionen von gesellschaftlicher Wirklichkeit in diesen Völkern vorgenommen wird.

Mauss forscht offenbar nach der Dynamik sozialer Beziehungen insgesamt, wenn er fragt: Was liegt in der gegebenen Sache für eine Kraft, die bewirkt, dass der Empfänger sie erwidert?

Dabei stößt er auf eine eigentümliche Ambivalenz: Auf der einen Seite scheint es in den untersuchten Gesellschaften wesentlich zu sein, dass die Gabe freiwillig gegeben wird. Auf der anderen Seite ist diese Gabe aber zugleich mit einer Verpflichtung verwoben. Aber diese verpflichtende, in der Gabe selbst liegende Kraft lässt sich offenbar in keiner Weise mit unseren modernen Tauschbeziehungen, die durch eine Konvertierbarkeit der Gabe in Geld oder andere Güter charakterisiert ist, vergleichen.

Am Ende seines Werkes wird erkennbar, dass Mauss an diesem Vergleich interessiert ist und das Gabegeschehen in „archaischen Gesellschaften" auf die Gesellschaften des 20. Jahrhunderts bezieht, die allerdings „ein rationales, ökonomisches System an die Stelle eines Systems setzten, in welchem der Austausch von Gütern keine mechanische, sondern eine moralische Transaktion war, die menschliche, persönliche Beziehungen zwischen Individuen und zwischen Gruppen herstellte und aufrecht erhielt."[18]

„In den Wirtschafts- und Rechtsordnungen, die den Unseren vorausgegangen sind, begegnet man fast niemals dem einfachen Austausch von Gütern, Reichtümern und Produkten im Rahmen eines zwischen Individuen abgeschlossenen Handels. Zunächst einmal sind es nicht Individuen, sondern Kollektive, die sich gegenseitig verpflichten, die austauschen und kontrahieren; die am Vertrag beteiligten Personen sind moralische Personen: Clans, Stämme, Familien, die einander gegenübertreten […] zum anderen ist das, was ausgetauscht wird, nicht ausschließlich Güter und Reichtümer, bewegliche und unbewegliche Habe, wirtschaftlich nützliche Dinge. Es sind vor allem Höflichkeiten, Festessen, Rituale, Militärdienste, Frauen, Kinder, Tänze, Feste, Märkte,

17 Evans-Pritchard, E.E., Vorwort zu: Die Gabe. Form und Funktion des Austausches… S. 10.

18 A.a.O. S. 12.

bei denen der Handel nur ein Moment und der Umlauf der Reichtümer nur eine Seite eines weit allgemeineren und weit beständigeren Vertrags ist."[19]

Bei aller sozialen Verpflichtung ist die Gabe jedoch durch Freiwilligkeit gekennzeichnet. Wer sich in dieses System des Gebens, Nehmens und Erwiderns hineinbegibt, hat nicht das Interesse an äquivalentem Tausch, sondern daran, dass die sich so vollziehende geistige Bindung aufrechterhalten wird: „ Alles kommt und geht, als gäbe es einen immer währenden Austausch einer Sachen und Menschen umfassenden geistigen Materie zwischen den Clans und den Individuen, den Rängen, Geschlechtern und Generationen."[20]

Die Gabe kann nicht lediglich ein technischer Vorgang sein, weil die Dinge einen Geist (hau) haben. „Das, was in dem empfangenen oder ausgetauschten Geschenk verpflichtet, kommt daher, dass die empfangene Sache nicht leblos ist. Selbst wenn der Geber sie abgetreten hat, ist sie noch ein Stück von ihm. Durch sie hat er Macht über den Empfänger, […]."[21]

b. Paul Ricœur, Poesie einer altruistischen Liebesethik

Paul Ricœurs Verständnis der Gabe[22] speist sich aus biblischen Texten. Die Auslegung der Schriften der Vergangenheit dient der Gegenwart des Verstehens. Die Hermeneutik Ricœurs mit seiner Wertschätzung der Symbolik, Zeichenhaftigkeit und Erzählkraft religiöser Sprache, findet ihr Ziel in der Erschließung von Sinn- und Existenzmöglichkeiten des Auslegers selbst.

Aber das Selbst, das gegenwärtige Subjekt ist nicht ohne den Anderen zu denken. Die jesuanische Forderung der Feindesliebe erkennt und beschreibt das Grundmotiv menschlicher Existenz. Im liebevollen und barmherzigen Umgang mit dem Anderen überschreitet sich das Selbst. Dabei wir dem anderen selbstlos

19 Mauss, a. a. O. S. 21 f.
20 A. a. O. S. 39.
21 A. a. O. S.33.
22 Ricœur, Paul, Liebe und Gerechtigkeit. Tübingen 1990.

aufgeholfen. Dieses barmherzige Tun erfolgt nicht in der Erwartung und mit dem Anspruch, etwas zurück zu bekommen. Vielmehr steht die bedingungslose Anerkennung des Anderen im Mittelpunkt, die die Quelle wechselseitiger Bejahung ist. Insofern ist die Gabe der Anerkennung nicht reziprok im Sinne eines Zurückgebens zu verstehen, sondern als berührende Erfahrung von Versöhnung trotz bleibender Unterschiedenheit.

Diese Liebesgabe, so lautet aber die landläufige Kritik, folge doch in Wahrheit einem „transzendenten Utilitarismus"[23], sie sei „durch eine Hoffnung beflügelt: dass einem dafür im Himmel wiedergegeben wird."[24] Dabei wird der reformatorische Impuls, auf die Kontingenz der Gnade Gottes zu verweisen, ebenso übersehen wie der Hinweis darauf, dass die Ökonomie des Glaubens und die Ökonomie der weltlichen Gabe kategorial zu unterscheiden sind. Für erstere ist der Tauschvorgang ausgeschlossen.

Paul Ricœur setzt in seiner Argumentation beim Zusammenhang von Gabe und Opfer an. „Nur wenn das Geben ein Opfer ist, geschieht es aus angemessener Haltung: die Gabe als existenzieller Akt, nicht als Darreichung aus einem Überfluss."[25] Die Ökonomie des Glaubens lautet: zu geben, ohne zu bekommen. Die weltliche Ökonomie hat ihr Grundmotiv demgegenüber im „do ut des" des römischen Rechts. Wer gibt, damit der andere wieder gibt, ist auf der Spur einer utilitaristischen Ethik und fern vom jesuanischen Liebesgebot. Die Ökonomie des Glaubens wird demgegenüber von „Mitleid und Güte"[26] getragen.

Bei diesen Reflexionen über die Gabe setzt Paul Ricœur die elementare Gabe der Gegebenheit des Lebens voraus. Jeder Mensch hat mit der Geburt sein Leben als Geschenk empfangen. Damit ist das Grundmotiv des Lebens formuliert: Wer sein Leben als geschenkt erlebt, als Gabe, die er umsonst empfangen hat, der führt auch sein Leben als selbstloses Geben.

Im Hintergrund dieser Formulierungen steht das Konzept einer phänomenologischen Anthropologie, die Paul Ricœur ins-

23 Priddat, Birger, Ökonomie der Gabe im Kontext einer Ökonomie des Glaubens. Auf der Spur Paul Ricœurs. S. 1. Unter: http://epub.ub.uni-muenchen.de/12366/1/ricoeur_3.pdf (Stand: 17.03.2014).

24 Ebd.

25 Zitiert nach Priddat, a.a.O. S. 2.

26 Ricœur, Paul, Liebe und Gerechtigkeit. S. 67.

besondere in der Auseinandersetzung mit Sigmund Freud entwickelt hat.[27]

Ricœur konzediert die Wechselseitigkeit in der Beziehung von Menschen, aber er gibt diesem „Tausch" einen jedem ökonomischen Kalkül entzogenen Inhalt: Dankbarkeit und Liebe. Auf diesem Hintergrund kann Ricœur von der „Ökonomie des Glaubens" sprechen. Im Anderen erkennt der Mensch einen durch die göttliche Gabe Beschenkten wieder. Die Gabe ist insofern die dieses erkennende Antwort. Sie ist also Gabe an Gott – über die zwischenmenschliche Gabe. Und dieses Gabegeschehen kennt kein Beziehungsgefälle, denn auch „vom leidenden Anderen geht ein Geben aus, dass eben nicht mehr aus seinem Vermögen zu handeln und zu existieren geschöpft ist, sondern aus seiner Schwachheit selbst."[28]

Diese in der Ökonomie des Glaubens eingebettete Gabe ist der Grund der Möglichkeit des Gebotes der Feindesliebe und ethischen Handelns insgesamt. Dennoch sind hier für Paul Ricœur ökonomische Sachverhalte impliziert: „In einer Ökonomie des Glaubens stehen wir […] in der Schuld der Schöpfung; wir haben Kredit aufs Leben bekommen. Kredite sind zurückzuzahlen: 1. In der Dankbarkeit an den Schöpfer, und 2. Indem wir im Leben dafür geben, daß wir längst bekommen haben."[29]

Der Leitgedanke für Ricœur ist das Handeln in Demut: Wir haben mehr bekommen, als wir ausgleichen können – und darauf kommt es in der Welt auch gar nicht an, weil wir uns in der Ökonomie des Glaubens nicht in der Welt der Verträge und des Tausches befinden. „Da dir ja gegeben wurde, gib deinerseits. Gemäß dieser Formulierung und kraft des ‚da ja' zeigt sich die Gabe als Ursache der Verpflichtung. […] In dem Moment, indem die Ökonomie der Gabe auf die Praxis trifft, entwickelt sie eine Logik der Überfülle, die zumindest zunächst der Entsprechungslogik der Alltagsethik völlig entgegengesetzt ist."[30]

27 Vgl. Gondek, Hans-Dieter, Tengelyi, Laszlo, Neue Phänomenologie in Frankreich. Frankfurt 2011. Zweites Kapitel: Spielarten der Leiblichkeit. Ansätze zu einer phänomenologischen Anthropologie. S. 260–352.

28 Ricœur, Paul, Das Selbst als ein Anderer. Aus dem Französischen von Jean Greisch. München 1996. S. 232.

29 Priddat, a. a. O. S. 3.

30 Ricœur, Liebe und Gerechtigkeit. S. 49.

Diese Ausführungen könnten im Menschen möglicherweise ein Gefühl des Ungenügens auslösen. Doch Ricœur ruft dem Menschen lediglich ‚ins Gewissen', dass er bei aller Verletzlichkeit und Bedürftigkeit fähig ist, mit Ambivalenzen zu leben. Die Quelle dafür ist die „Bejahung des Anderen im Kraftfeld der Vergebung"[31]. Paul Ricœurs Hermeneutik der Gabe ist Ausdruck seiner Anthropologie, die mit einer dem Menschen zugewandten Schöpfung rechnet. Die Antwort- und Ausdrucksgestalt des Menschen dafür ist der Dank im hermeneutischen Zirkel von Erkennen, Wiedererkennen bis hin zu wechselseitiger Anerkennung. Ricœur interpretiert Reziprozität demnach als Tausch von Anerkennung.

c. Jean-Luc Marion: Die Gegebenheit[32]

Jean-Luc Marion kann unter den französischen Philosophen der Gegenwart als Verfechter einer konsequenten Phänomenologie gelten. Es ist zwingend „dem Phänomen eine unbestreitbare Priorität zurückzugeben, es erscheinen zu lassen, nicht mehr so, wie es ist – entsprechend den a priori vorausgesetzten Bedingungen der Erfahrung und ihrer Gegenstände – erscheinen soll, sondern wie es sich von sich aus und als solches gibt."[33] Mit diesem Ansatz führt Marion den von Husserl eingeführten Begriff der „Gegebenheit" fort. Im Unterschied zu Husserl sieht Marion das Erscheinen des Phänomens nicht vom transzendentalen Ich abhängig. „Marion will demgegenüber das Phänomen ohne Rekurs auf ein transzendentales Feld von a priori Bedingungen erreichen und dreht deshalb die Priorität zwischen dem Ich und dem Phänomen um: nicht das Phänomen sei vom Selbst, sondern das Selbst sei vom Phänomen her definiert, das seinerseits im Zentrum steht: es gibt sich und wir können es nur empfangen."[34]

31 Wenzel, Knut, Glaube in Vermittlung. Theologische Hermeneutik nach Paul Ricœur. Freiburg 2008. S. 326.

32 Marion, Jean-Luc, Etant donne, Paris 1997.

33 Marion, Jean-Luc, Eine andere „Erste Philosophie" und die Frage der Gegebenheit. In: Ders.; Wohlmuth (Hg.), Ruf und Gabe. Zum Verhältnis von Phänomenologie und Theologie. Bonn 2000. S. 30.

34 Hoffmann, Veronika, Skizzen zu einer Theologie der Gabe. Freiburg 2013. S. 93.

Damit unterscheidet sich Marion von anthropologischen und soziologischen Forschungszugängen zum Phänomen der Gabe. Während sich nämlich bei diesen ein innerer Zusammenhang von Gabe und Tausch zwingend ergibt, so blendet Marion den Geber, den Empfänger und das Objekt der Gabe aus. Er betont, dass die Gabe sich in dem Maße gibt, indem sie darauf verzichtet, zu sein. Marion möchte die Gabe auf die Gebung reduzieren. Der Gabenvorgang und nicht das Gabenobjekt sind wesentlich.

Übrig bleibt lediglich die Gegebenheit als Raum der Gabe, frei von jeder apriorischen Vorstellung, frei von jeder subjektiven Urheberschaft. „Das Ich wird zum Protokollanten dieses Prozesses, zum Empfänger oder Patienten, aber fast niemals zum Urheber oder Erzeuger."[35] Das Gegebene stellt sich ein, ereignet sich unvorhergesehen, es widerfährt und stößt dem Menschen zu.

In diesen Formulierungen ist vielfach die Verknüpfung von phänomenologischer und religiöser Sprache gesehen worden. In der Tat kann aus diesen Ausführungen Marions ein göttliches Geben erschlossen werden. Wegen dieses „transzendentalen Schattens" ist Marion heftig kritisiert worden. Dabei versucht Marion den Phänomenbegriff so zu fassen, dass die Möglichkeit des so genannten „religiösen Phänomens" offen bleibt. Es ist eine gewagte Operation, von einem religiösen *Phänomen* zu sprechen, da es ja eigentlich das „unmögliche" (d.h. das prinzipiell nicht gegenständlich werden könnende) Phänomen ist?[36] In Gestalt einer gleichsam negativen Theologie nähert sich Marion dem Phänomen der Religion und eröffnet die Möglichkeit eines nicht-theologischen Offenbarungsbegriffs, der „für die Epiphanien des Anderen" offen ist oder auch für den „Vorübergang der Götter". Eine „theologische Wende" der neueren Phänomenologie sieht Michael Staudigl, weil insbesondere durch die Arbeiten Marions religiöse Phänomene in den Blick genommen werden können: „Demgegenüber eröffnen die Interventionen Marions und insbesondere Henrys der Phänomenologie die Möglichkeit, nicht nur, aber insbesondere auch die Phänomene der Religion erstmals diesseits einer theologischen Vorentscheidung noch aufzugreifen. Indem

35 Marion, a.a.O. S. 30.

36 Vgl. Oberhofer, Peter, Jean-Luc Marion über das „saturierte Phänomen", Wien 2005. Unter: http://www.textfeld.ac.at/text/1132 (Stand: 17.03.2014).

diese Radikalisierungen der Phänomenologie die Möglichkeit eines Aufbruchs der klassischen Phänomenalität in der Abgründigkeit der phänomenologischen Methodologie selbst lokalisieren, bekunden sie zugleich, ganz im Gegensatz zu Janicauds Vorwurf, ein methodisches Problembewußtsein allerersten Ranges, das es ihnen erlaubt, die phänomenologische Frage in ihrem eigenen Sinne radikal voranzutreiben."[37]

d. Jacques Derrida, Kritik und Hyperkritik der Gabe

Der Text „Falschgeld"[38] ist für das Gabeverständnis von Derrida zentral. Darin bezieht er sich auf Marcel Mauss und beschreibt die Gabe als das Unmögliche: Wenn „… sich die Gabe in der ökonomischen Odyssee des Kreises annulliert, sobald sie *als* Gabe erscheint oder Gabenbedeutung annimmt…, gibt es keine ‚Logik der Gabe' mehr; und man darf wohl alles darauf wetten, dass ein konsequenter Diskurs über die Gabe unmöglich wird: er verfehlt seinen Gegenstand und spricht im Grunde genommen immer von etwas anderem. Man könnte so weit gehen zu sagen, dass selbst ein so monumentales Buch wie der *Essai sur le don* von Marcel Maus von allem Möglichen spricht, nur nicht von der Gabe: der *Essai* handelt von der Ökonomie, dem Tausch und dem Vertrag, vom Überbieten, dem Opfer, der Gabe *und* der Gegengabe, kurz von allem, was aus der Sache heraus zur Gabe drängt *und* zugleich dazu, die Gabe zu annullieren."[39] Derridas macht hier auf die strikte Unterscheidung von Gabe und Tausch aufmerksam und unterstellt Maus, nicht von der Gabe, sondern vom Gabentausch zu handeln. „Der Tausch ist rückläufig, zirkulär, die Gabe nicht."[40] Der Gabentausch ist dem Feld der Ökonomie zuzurechnen, das durch die Kategorien Reziprozität und Äquivalenz bestimmt ist. Aber ein solches tauschorientiertes Gabenverständnisses ist für Derrida ausgeschlossen. „Dass Gabe keinen Rücklauf kennt, bedeutet nicht etwa nur, dass sie nicht durch etwas Äquivalentes er-

37 Staudigl, Michael, a.a.O. S. 62.
38 Derrida, Jacques, Falschgeld. München 1993.
39 Derrida, Falschgeld. S. 37.
40 Gondek/Tengelyi, a.a.O. S. 412.

widert werden *muss*, sondern dass sie nicht erwidert werden *kann* und *darf*, und das gilt für jede Form der Erwiderung. Gabe ‚gibt es' nur dann, wenn *nichts* auf sie folgt, wenn nichts aufgrund ihrer zu ihr zurückkehrt."[41]

Derridas Gabeverständnis ist ‚anökonomisch': „Damit es die Gabe gibt, ist es nötig, dass der Gabenempfänger nicht zurückgibt, nicht begleicht, nicht tilgt, nicht abträgt, keinen Vertrag schließt und niemals in ein Schuldverhältnis tritt."[42] Damit es Gabe gibt, darf sie dem Gabenempfänger oder dem Geber nicht bewusst sein. Die Gabe als Gabe muss jeweils notwendig ins Vergessen geraten und darüber hinaus Gabenempfänger und Geber gleichermaßen verschwinden. Die Gabe als Gabe dürfe letztlich nicht als Gabe erscheinen: weder dem Gabenempfänger noch dem Geber.[43]

Damit gerät Derrida an die Grenze seines Denkens der Gabe: Kann es eigentlich eine Erscheinungsform der Gabe geben, wenn diese den Beteiligten nicht als solche erscheinen darf? Derrida greift diesen Einwand auf, indem er von der Unmöglichkeit der Gabe spricht: „[…] diese Bedingung der Möglichkeit der Gabe […] bezeichnet gleichzeitig die Bedingung der Unmöglichkeit der Gabe."[44] Derrida sagt bezeichnenderweise nicht, die Gabe ist unmöglich, sondern sie „sei das Unmögliche."[45]

Damit folgt Derrida zwar einer „antitranszendentalistischen Denkfigur"[46], gerät damit aber gleichsam auf das Sprachfeld einer Negativen Theologie: „Dieses Un-mögliche ist als ein Wirkliches zu verstehen, das nicht zuvor ein Mögliches war, das nicht zuvor als möglich erwartet, vorausgesagt und vorausgesetzt werden konnte. Die Gabe ist denkbar nur als unerwartbares, unvorwegnehmbares, unkalkulierbares Ereignis; und dieser Begriff des

41 Gondek/Tengelyi, ebd.

42 Boudelaire, Charles, Das falsche Geldstück. In: Derrida, Jacques, Donner le temps. La fausse monnaie I, Paris 1991; Dt.: Zeit geben: Falschgeld. Übersetzt von Andreas Knop und Michael Wetzel, München 1993. S. 33.

43 Vgl. Gondek/Tengelyi, a. a. O. S. 414.

44 Derrida, Donner le temps. S. 24 dt. S. 22.

45 A. a. O. S. 19 Dt. S. 17.

46 Gondek/Tengelyi, a. a. O. S. 413 Anmerkung 73.

Ereignisses ist analog zu Bedingungen der Möglichkeit = Bedingungen der Unmöglichkeit zugleich als „Enteignis" zu denken.[47]

Derrida fordert, damit es Gabe geben kann, ein absolutes Vergessen. „Auch wenn es nichts hinter sich zurücklassen darf, auch wenn es alles ausstreichen muss, bis hin zu den Spuren der Verdrängung, kann dieses Vergessen hier, dieses Vergessen der Gabe nicht eine einfache Nicht-Erfahrung, eine einfache Unscheinbarkeit, eine Selbstausstreichung sein, die sich mit dem, was es ausstreicht, davon macht. Damit es Gabenereignis (wir sagen nicht -akt) gibt, muss etwas geschehen, in einem Augenblick, einem Augenblick, der zweifellos nicht der Ökonomie der Zeit angehört, in einer Zeit ohne Zeit, derart, daß das Vergessen vergisst, daß es sich vergisst, aber daß dieses Vergessen, ohne etwas Gegenwärtiges, zu Gegenwärtigendes, Bestimmbares, Sinnhaftes oder Signifikantes zu sein, nicht nichts ist."[48]

Die Gabe wird von Derrida als reines Ereignis, als Leben im Augenblick, als Gelingen, das seinen Grund nicht kennt, gedacht. Das ist zwar noch ein „Denken der Gabe", aber dieses wird von Derrida in der Weise gefasst, dass die Un-bedingtheit des Denkens deutlich werden soll. Diese Unbedingtheit des Denkens ist aber nicht mit einem aufklärerischen Freiheitsbewusstsein gleichzusetzen. Denn Derrida rührt mit dieser Beschreibung an den Einbruch des Anderen, das unvorhersehbar, nicht rekonstruierbar ist. Für das Denken und das Bewusstsein gelten demnach die gleichen Annahmen wie für die Gabe. Man kann also fragen, ob mit dem Hinweis auf die Unbedingtheit des Denkens auch das Bewusstsein „als leben in der Gebung" verstanden werden kann.

Der Blick auf die französische Gegenwartsphilosophie[49] hat ein Nachdenken über die Gabe offenbart, bei der der Gegenstand der Gabe ebenso in den Hintergrund tritt wie der Geber der Gabe. Das Augenmerk wird auf die Weise des Gebens, auf das Geschehen des Gebens gelegt.

Das Andersdenken der Gabe ist Ausdruck eines völlig anderen Denkansatzes bei Derrida. Mit den letzten Ausführungen ge-

47 Gondek/Tengelyi. Ebd.

48 Derrida, a. a. O. S. 30. Dt. S. 28.

49 Wolf, Kurt, Philosophie der Gabe. Meditationen über die Liebe in der französischen Gegenwartsphilosophie. Stuttgart 2006.

rät Derrida an die Grenze des Sagbaren, wo durch die Möglichkeit der Vergegenwärtigung des ganz Anderen, des Unmöglichen, es in diesem Augenblick möglich wird.

Es liegt auf der Hand, dass damit religiöse Vorstellungen berührt werden. Gabe, die von ihrer Dinglichkeit befreit ist, lässt das Geschenktsein des Lebens, die Erfahrung geschenkter Möglichkeit durch den „An-spruch" des anderen, aufleuchten.

Diese poetische Rede von der Gabe ist zugleich der Versuch, eine Theorie des Subjektes zu entwerfen, die aus den Fängen der Zweckorientierung und der Kühle selbstreflexiven Nachdenkens hinausführt. Habermas hat Derrida, und mit ihm den Vertretern der neuen Phänomenologie in Frankreich, vorgeworfen, sich damit aus dem Bereich der Philosophie in den der Literatur verabschiedet zu haben. Doch damit entzieht sich Habermas – und mit ihm viele in der Tradition der Aufklärung denkende Philosophen, Soziologen und Theologen – der Infragestellung eines Denkens, das sich weiterhin an Platon, Kant und Hegel orientiert und apriorische und damit metaphysische Kategorien für die Erfassung der Wirklichkeit heranzieht.

4. Gesundheit als Gabe

Die vier skizzierten Gabe-Theorien beziehen sich nicht explizit auf das Thema Gesundheit. Aber jedem dieser phänomenologischen Zugänge zur Gabe können weiterführende Hinweise zu einem zeitgemäßen Verständnis von Gesundheit entnommen werden. Darüber hinaus kann sich durch eine Gesamtschau dieser Gabetheorien ein Panorama eröffnen, das in der Lage ist, die eingangs dieses Abschnittes formulierten Desiderate der Moderne im Blick auf Gesundheit zu transformieren. Diese Vermutung wird im Folgenden zunächst thetisch zusammengefasst, sodann schematisch dargestellt und schließlich entfaltet.

Marcel Mauss hat die unlösbare Verwobenheit von Gabe und Geber erkannt. Der dinglichen Gabe wohnt eine Kraft inne und der Geber involviert sich im Geschehen des Gebens über die Gabe in den Lebensraum seines Gegenübers. Die Gabe ist niemals nur das Ding in seiner Körperlichkeit, sondern sie verleiblicht, sie inkarniert sich im Geschehen des Tausches zwischen

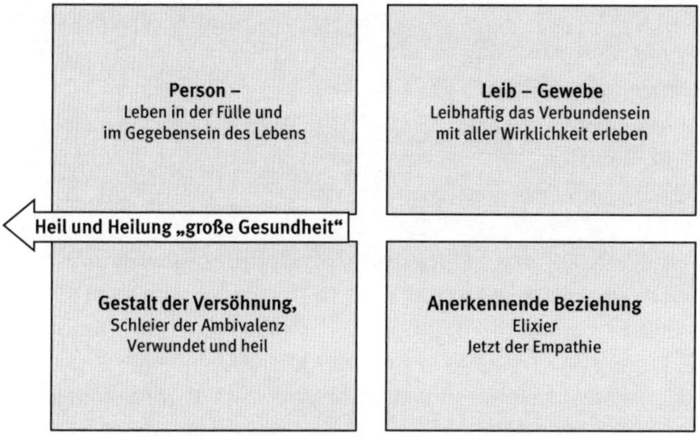

Abb. 7: Gabe und die große Gesundheit

Geber, Empfänger und Gabe. Wobei dieser Tausch entsprechend dieser Gabevorstellung eine Reziprozität gleichsam höherer Ordnung umfasst.

Jacques Derrida hebt auf das Unvermutete, das nicht Herstellbare, schlicht auf das Unmögliche der Gabe ab. Sie ereignet sich, rätselhaft in ihrem Warum, plötzlich im ihrem Hier und Jetzt. Er deutet damit auf das Geheimnis und das Elexier von Intersubjektivität: hingebungsvolles Dasein. Dieses ist notwendigerweise „an-ökonomisch“.

Jean-Luc Marion kann als der konsequenteste Phänomenologe gelten, weil er mit gewinnender Konsequenz alle Vorstellung, alle Denkbilder und apriorischen Kategorien hinter sich lässt. Er kennt weder Geber noch Empfänger, weder Gabe noch Gegenstand, sondern nur das Gegebensein: die reine Gabe, die mit dem Leben selbst da ist.

Paul Ricœur schließlich teilt diese Haltung und weiß doch zugleich von der bleibenden Ambivalenz des Gegebenseins, von der Verletzlichkeit des Lebens und vom bleibenden Versuch, unter diesen Bedingungen von Versöhnung mit dem Anderen und Fremden sprechen zu müssen. Die Zeichen und Symbole eröffnen diesen Raum vorläufiger Rekonstruktion.

Die Akzentuierungen der Phänomenologie der Gabe, verbunden mit der vorstehenden schematischen Darstellung, erschließen das Feld von Gesundheit und geben am Ende der Vorstellung von Heilung und Heil in Gestalt „der großen Gesundheit“ Raum.

a. leibhaftig

Ein Desiderat gegenwärtiger Vorstellungen von Gesundheit ist die Fixierung auf die Körperlichkeit. Intakt und leistungsfähig soll der Körper sein. Der Wiederherstellung des Körpers steht im Medizinsystem im Vordergrund. Im Hintergrund steht eine „Körperpolitik“[50], die sich in der Forderung der Selbstverantwortung für das eigene Gesundheitsschicksal abbildet. In dieser Dinglichkeit und Vergegenständlichung liegt das beschriebene Moment der Unterscheidung von Körper und Seele, der Aufspaltung von Behandlungstechnik und Behandeltem. Da schafft auch die Neurobiologie keine Abhilfe. Nur in vordergründiger Betrachtung versöhnt die neueste Forschung Körper und Geist.

Aber eine Lösung für die Materie-Bewusstseins-Problematik zeichnet sich im Gefolge von *Marcel Mauss* ab, der von der unlösbaren Verwobenheit von Gabe und Geber spricht. Auch das Geschenk der Gesundheit, der Vorgang der Heilung stellt ein subtiles Geschehen des Austausches zwischen dem Patienten als Person, dem Arzt und dem Körper des Kranken dar. Der Unterschied in der Wahrnehmung sollte sich aber auch in der Begrifflichkeit zeigen; deshalb wird im Blick auf das hier entfaltetet Verständnis von Heilung und Genesung statt vom Körper konsequent vom Leib gesprochen werden.[51] Denn dieses Tauschgeschehen verleiblicht sich, inkarniert sich im Vollzug der Behandlung und der Gesundung. Der dinglichen Gabe, dem Eingriff, wohnt eine Kraft inne, die zur Wirkung kommt, wenn Geber und Empfänger sich über diesen leiblichen Vollzug involvieren. Mit dieser begrifflichen Unterscheidung wird an Aussagen von Carl-Friedrich Graf

50 Beck, Stefan, Michi Knecht, Körper, Körperpolitik, Biopolitik. In: Körperpolitik – Biopolitik. Gesellschaft für Ethnologie (GfE) (Hg.), Münster 2003. S. 7.

51 Vgl. Kapitel I die kritischen Bemerkungen zur Körperorientierung.

Dürckheim angeschlossen, der zwischen dem Körper, den wir haben, und dem Leib, der wir sind differenzierte.[52]

Wenn heute so nachdrücklich von „ganzheitlicher" Gesundheit gesprochen wird, dann kann dem insoweit gefolgt werden, dass die Trennung von Geber, Empfänger und Gabe im Heilungsgeschehen gemildert werden. Diese Vorstellung reicht weiter als das Konzept der Mehrdimensionalität von Gesundheit. Denn dieses sieht den Mensch immer noch in altgriechischer Tradition als corpus permixtum. Als zusammengesetzter Organismus. Dem gegenüber meint Leiblichkeit die unverwechselbare Einheit der Person, die sich leiblich inkarniert. Die leibliche Dimension von Gesundheit transformiert die Fremdheit zwischen Bewusstsein und Körper.

Die Gabetheorie von Marcel Mauss ist allerdings vielfach in der Hinsicht rezipiert worden, dass das Wechselverhältnis von Gabe und Gegengabe gleichsam eine anthropologische Konstante und ein universelles Gesetz in der Menschheitsgeschichte sei. Dabei wird einmal übersehen, dass die ethnologischen Studien, auf die Mauss zurückgreift, gerade die Kontextualität des Gabegeschehens herausstellen. Gleichzeitig wird ausgeblendet, dass das Gabegeschehen in diesen Kontexten eben nicht ein schlichtes Tauschgeschehen darstellt, weil hier nicht – wie in den Kulturen der Moderne – strikt unterschieden wird zwischen Personen und Sachen, zwischen dem ökonomisch berechenbaren Preis und der Motivation der handelnden Personen. Die Gründe für diese Unterscheidung im deutschen Gesundheitssystem sind im zweiten und dritten Teil dieser Untersuchungen dargelegt worden. Die scharfe Trennung zwischen dem uneigennützigen Geben, wie es nach wie vor in der gemeindlichen Diakonie propagiert wird, und dem ökonomischen Leistungsaustausch kann als durch und durch modernes Phänomen angesehen werden.

Die ethnologischen Studien zeigen eine andere Sicht auf diese Vorgänge: die Person und die Sachleistung verschmelzen miteinander. Darüber hinaus ist dieses Geschehen in seiner Gesamtheit ein Ausdruck, wie Menschen sich in Beziehungen zu anderen

52 Dürckheim, Der Körper, den wir haben und der Leib der wir sind. So lautet der Titel des Vortrages während Lindauer Psychotherapie-Wochen 1983. Vgl. auch: ders, Übung des Leibes. München 2. Auflage 1999.

Menschen involvieren. Die Gabe, wenn diese isolierte Betrachtung überhaupt gewählt werden soll, und das Gabegeschehen spiegeln die Kraft und Energie, die in sozialen Beziehungen beschlossen liegt. Wird diese Interpretation auf das Gesundheitssystem der Gegenwart bezogen, so zeigt sich darin zum einen eine künstliche Unterscheidung, eine Aufspaltung eines Gesundheitshandelns, das wohl der neuzeitlichen Theorie sozialen Miteinanders entspricht, aber nicht dem, wie Menschen anderer Kulturen und anderer Zeiten heilsam miteinander umgegangen sind.

Heilung erfordert zwingend eine hingebungsvolle Beziehung, die auch mit heilsamer Berührung des Leibes einhergehen kann. Inzwischen gibt es vielfältige wiederbelebte Formen „leiblicher Behandlung“: Das kann z. B. die vom Gebet begleitete Handauflegung sein. Aber auch die auf besonderer Einfühlung beruhenden Methoden, wie z. B. Pulsdiagnose im Ayurveda oder kinesiologische Diagnoseformen. Empathie und Intuition haben eine leibliche Dimension.

Man kann auch sagen, die Vorstellung des Leibes heilt die in unserem Kulturkreis bestimmende Fremdheit zwischen Körper und Bewusstsein. Diese Vorstellung ist bildkräftig für den Menschen der Nachmoderne, der „aus seiner geborgenen Schalenexistenz geschleudert und [dem] die wärmenden Mäntel des Himmelsgewölbes weggerissen“[53] worden sind. Der Leib, der wir sind, ist das „Gewebe“, zwischen der Person und der Welt, die Grenze zum Außenraum. Der Leib ist die Membran zwischen dem Hier und dem Heiligen. Am deutlichsten zeigt sich dieses im Abendmahl: „Das ist mein Leib, der für euch gegeben wird …“ – und in der Benetzung der Haut mit Wasser in der Taufe, in der doch die ganze Person berührt wird.

Die christliche Bildlehre geht von der Ineinssetzung von Bild, Leib und textilem Bildträger aus. Diese Einheit manifestiert sich in der Verbildlichung des Schweißtuches der Heiligen Veronika. Als Christus am Kreuzweg zusammenbrach, reichte sie ihm ein Tuch, in das sich sein Antlitz einprägte und das fortan über heilende Kräfte verfügt.

Das Gewebe der Außenhaut ist aber nur in seiner Verletzbarkeit Membran. Die Kreuzesdarstellungen haben gerade darin ihr

53 Palm, Goedert, a. a. O. S. 1.

Spezifikum: Der Akt des Verletzens, des Entblößens ist zugleich ein Offenbarwerden des Heiligen.

In der Malerei ist diese Dimension zentral: Ein Gemälde ist Gewebe von Farbe durchdrungen, ein seiner Reinheit beraubtes Stück Stoff, das auf einem Keilrahmen aufgespannt ist. „Auch heute wird der Akt des Malens noch als Akt der Verletzung und des Heilens, des Entblößen und des Bergens gesehen."[54] Bis dahin, dass durch einen Messerhieb die heilige Fläche der Malerei aufgeschlitzt wird. Dabei gibt die Wunde des Bildes nicht nur den Blick auf das Material frei, sondern öffnete der Malerei den Weg in den Raum und die Transzendenz, führt an die Grenze von Materialität und Immaterialität. Insofern öffnet der Leib andere Vorstellungsräume: „Das Subjekt endet nicht an seiner Außenhaut, sondern ist unendlich mit dieser Welt verstrickt."[55] Die Rettung liegt folglich nicht im Innenraum des Individuums – und auch nicht in den vergesellschafteten Innenräumen, sondern im Welt-Außenraum, in der großen Beziehung. Solche Erfahrungen des Gewahrwerdens der Wirklichkeit als Wirklichkeit nennt die Religion Mystik und die Moderne Ästhetik.[56]

b. hingebungsvoll

Jacques Derrida zielt mit seinen Beschreibungen der Gabe auf das Geheimnis des Bezogenseins von leibhaftigen Personen. Dabei stellt sich das Gelingen von Beziehung unvermutet ein. Nähe kann nicht gewollt und nicht gemacht werden. Unvermutet ist sie in diesem Augenblick da. Rätselhaft in ihrem Warum und zugleich berührend und beglückend. Die absichtslose Hingabe ist „an-ökonomisch". Sie schließt keinen Vertrag, sie sucht keine Absicherung. Sie ereignet sich schlicht. Und ist angesichts des üblichen Weltumgangs „das Unmögliche".

54 Kunst & Textil. Stoff als Material und Idee in der Moderne von Klimt bis heute. 12.10.2013–02.03.2014. Kunstmuseum Wolfsburg. Ausstellungstext.

55 Palm, Goedart, a. a. O. S. 1

56 Wenzel, Forschungsnetzwerk Gabe 2013.

Denn das andere, das gesellschaftsübliche Elixier von Beziehung ist Aufmerksamkeit. Das Grundwort unserer Gegenwart nicht silenzio, sondern: attentione! Ich bitte um Aufmerksamkeit! Attention please. Überall schallt uns in Worten und in Sachen dieser Rufe entgegen. Das ist das Motiv von Präsenz der Personen und der Dinge: Aufmerksamkeit. Der Wettstreit um das Maß an Aufmerksamkeit! Das rastlose Bemühen um Aufmerksamkeit: Im Internet, in der Politik, aber auch in den öffentlichen Räumen. Der Applaus, das Lachen, die Quote, das sind die Indikatoren von Aufmerksamkeit.

Eigentümlich, diese Angst, übersehen zu werden und deshalb mit aller Kraft Aufmerksamkeit zu erzeugen. Die Sorge, der Strom der Ereignisse könnte abreißen, der Wortfluss könnte austrocknen. Stattdessen gibt es eine eigene Währung der Aufmerksamkeit in Gestalt von Renommee, Ruhm. Aber ist das nicht Kommunikation ohne Kontakt? Beziehung ohne inneres Bezogensein? „Nicht nur Menschen kranken an Nähedefiziten, auch die philosophischen Verortungen der Seele leiden an Mangelerscheinungen, weil sie verschüttet haben, was zuvor Ahnungen, Visionen, Anamnesen, mithin fragile Erkenntnisgegenstände des Miteinander waren.“[57] Die neuen Medien haben sogar eigene Bilanzierungsregeln für Reputation und Ruf in Gestalt von Followern und Clicks – und diese sind konvertierbar in Geld. So zeigt sich in welch enger Verbindung Aufmerksamkeits- und Geldökonomie stehen.

Auf Grund dieser Fixierung von Wahrnehmung bedarf es der Erinnerung an subtile Formen der Verbundenheit. Es bedarf weiter der erneuten Einübung in eine Achtsamkeit, die von Intuition und tiefem Gespür bestimmt ist. Die die sachlich-rationalen Diskurse hinter sich lassen kann und der emphatischen Dimension von Begegnung Raum geben kann. In diesem Hier und Jetzt, das weder Zeit noch Stunde kennt, stellen sich möglicherweise ungeahnte Erfahrungen von Verbundenheit ein. Das deutsche Wort „hingebungsvoll“ erfasst das Geschehen subtil: Die Person ist voller Hingabe, selbstvergessen und erfüllt von diesem Geschehen. Die Person tritt auch im Modus der Empathie und der Intuition in Beziehung zu sich selbst, zu anderen und dem Transper-

57 Palm, Goedart, a.a.O. S. 1.

sonalen. In der vertraglichen und ökonomischen Bestimmtheit unseres Gesundheitswesens, in dem Autonomieverzicht im vorgeblichen Eigeninteresse die Beziehungen prägt, muss das so eingeschränkte Subjekt um Aufmerksamkeit, um sein Recht und seine Position ringen. Es liegt auf der Hand, dass dadurch ein Befremden vorherrscht, das der Nähe im Wege steht, dass das Ich vom Du trennt.

Schon die Anfänge der Psychotherapie waren bemüht, Einfühlung und Empathie in Ärzten und Patienten zu wecken. Heute sind Verfahren, die über Musik, Bewegung und Malen Nähe zu sich und anderen möglich machen, selbstverständlich. Meditation und Imagination werden in Behandlungsprozesse integriert, weil die Heilkraft der Stille, ebenso wie das heilende Widerfahrnis des Hier und Jetzt im Gesang und im Tanz sich einstellen.

c. wurzelecht

Jean-Luc Marion lässt letztlich auch die soeben beschriebenen Restbestände von Intersubjektivität hinter sich. Er kennt weder Geber noch Empfänger, weder Gabe noch Gegenstand, sondern nur das Gegebensein: die reine Gabe, die mit dem Leben selbst da ist. Daran hat jeder Mensch Anteil.

Die reine Gabe, die Fülle des Lebens in seinem Gegebensein, vergegenwärtigt sich, in anderen Worten, als Individuation, als personale Wirklichkeit. Diese Formulierungen liegen sehr nahe an theologischen Vorstellungen, wie sie z. B. von Gerhard Ebeling entfaltet worden sind: die Person, ist die, die an dem Göttlichen partizipiert. Die Glaubenserfahrung ist die Vergegenwärtigung Gottes in der Person.

Auf dem Feld der Psychotherapie hat Graf Dürckheim schon vor Marion und Ebeling in dieser Weise von der Person gesprochen. Die Person ist nach Dürckheim als das anzusehen, durch das das Leben, in all seinen Erscheinungsformen, angefangen von seinem Grund bis hin zu seinen sozialen Beziehungen, hindurch tönt. Die Erfahrung der Partizipation an diesem Gegebensein macht das Subjekt zur Person. Der Weg der Heilung beginnt mit der Vergegenwärtigung solcher Erfahrungen elementaren Verbundenseins. Erfahrungen der Überwältigung, des Staunens und der Faszination. Dürckheim spricht von Seinsfühlungen. Hierin erfährt sich die Person durchlässig auf das Sein in ihr.

Dürckheim spricht aber auch von der Person als „Welt-Ich", das maskenhaft auftritt und dabei fern von dem Kontakt zur Tiefe des Seins ist. Seine initiatische Therapie leitet an, die Krisen und Brechungen des Lebens als Ruf zur Wandlung zu vernehmen. Im Augenblick radikalen existenziellen Ausgesetztseins kann sich der Weg der Individuation des Menschen auftun, auf dem sich geistige und weltliche Dimension seines Menschseins versöhnen.

In der Begrifflichkeit unterscheiden sich Marion und Dürckheim deutlich. Der Phänomenologe Marion würde Dürckheim seine voraussetzungsvolle Sprache vorhalten. Gemeinsam ist beiden aber doch der Versuch der Erfassung einer anderer Wirklichkeits- oder Daseinsqualität, die hinter den kollektiven Ordnungen und Denkstrukturen steht. Gemeinsam ist beiden auch die Überzeugung, dass angesichts der Brüchigkeit der kollektiven Sicherheitssysteme keine Rückkehr in rational gebaute Oberwelten heilsam ist. Insofern wird man sagen können, dass Dürckheim und Marion in einer dekonstruktivistischen Wirklichkeiterfassung einig sind: In allen Schmerzen und Krisen ist das Ertragen der Ambivalenz der Weg der Genesung.

d. verwundet und heil

Auch *Paul Ricœur* spricht von dem bleibenden Schleier der Ambivalenz, von der Verletzlichkeit des Lebens, von der Gleichzeitigkeit des Verwundet- und Heilseins. In der Krankheit ist das unausweichlich Andere gegeben, das Fremde, dem nur in Anerkennung und Bejahung zu begegnen ist. Gesundheit lässt sich auch an diesem Punkt mit der Vorstellung von Ganzheit verbinden, als auch das andere von Gesundheit, die Krankheit, dazugehört. Dennoch geben Zeichen und Symbole Zeugnis von der Erlösung von Krankheit und von der Versöhnung mit dem Anderen und Fremden. Die Zeichen und Symbole eröffnen einen Raum vorläufiger Rekonstruktion.

Auch und insbesondere in dieser Phänomenologie der Gabe zeigt sich der gebrochene Rekurs auf das Absolute und Ganze. Zugleich ist hier ist der Bezug zu Bildern der christlichen Überlieferung und Theologie zu greifen: Die Selbstmitteilung des Heiligen vollzieht sich in der Kreuzesgestalt, in der gebrochenen Gestalt des leidenden Gottesknechtes.[58]

In der Gegenwart wird die kulturelle und gesellschaftliche Einholung des Fremden in Gestalt der Integration von Menschen anderer Herkünfte versucht. Die Inklusionsprogrammatik versucht den kranken Anderen zu integrieren. Neuerdings wird auch über die Bedeutung von Devianz[59] für die Unternehmensentwicklung nachgedacht.

Offensichtlich ist in unserer Kultur, unter Einschluss der Kirchen, Zugehörigkeit das Ergebnis von Zuschreibungsprozessen: Z. B. die rechtliche Anerkennung als Asylbewerber oder die formale Zugehörigkeit zur Kirche als Grund der Möglichkeit, Rechte in Anspruch zu nehmen. Solche Zuschreibungen beruhen auf vielfältigen Grundannahmen, letztlich auf normativen Annahmen und voraussetzungsvollen Konstrukten. Die dekonstruktivistische Perspektive der französischen Phänomenologen – ebenso wie die jüdisch-christliche Bezeugung des Heiligen – können als Infragestellung solcher Versuche gelesen werden. In der Konsequenz verbietet es sich, Gesundheit zu definieren oder Kriterien dafür festzulegen. Was bleibt ist lediglich die vorläufige symbolische und rituelle Einholung des unaufhebbar Anderen, in uns, in aller Wirklichkeit und gegenüber dem religiösen Anderen.

58 Vgl. Sellin, Gerhard, Zwischen Deskription und Reduktion. Aporien und Möglichkeiten einer Theologie des Neuen Testaments. Evangelische Theologie, Jg. 64, Heft 03/2004, Seiten 172–186. Die Ambivalenz des Heiligen als eines Zerstörenden und gleichzeitig Leben Gewährenden findet sich in der Ambivalenz vom zürnenden und gnädigen Gott wieder. Zur Zeit der Abfassung des Hebräerbriefes, vermutlich zwischen 80 und 90 nach Christus, gibt es den Tempel und damit den Opferkult nicht mehr. Die Logik des Opferns war bereits von den Propheten erschüttert worden. Die kultische Zähmung der Heiligkeit Gottes zum Zwecke der Segensvergewisserung hatte ihre Plausibilität verloren. Die ersten Christen haben angesichts der Erfahrung des schmählichen Todes jenes Menschen, der ihnen als das menschliche Antlitz Gottes erschien, die Konsequenz gezogen: Gott selbst hat das letzte Opfer vollbracht und damit die profane Welt geheiligt und versöhnt.

59 Oermann, Nils Ole, Zu Möglichkeiten und Grenzen der Rede von Werten in der Wirtschafts- und Unternehmensethik. In Loccumer Beiträge zur Wirtschaftsethik. 2011.

Was bedeutet das aber für das Erleben gebrochener Gesundheit? Wie kann das schmerzhaft Andere der Krankheit ertragen werden? Diesen Fragen wird unter dem Sprachbild der „Großen Gesundheit“ im Folgenden nachgegangen.

5. Große Gesundheit

Die dargestellten Phänomenologien der Gabe, oder besser gesagt: diese theologischen Phänomenologien der Gabe, fügen sich zu jüdisch-christlichen Vorstellungen von Gesundheit und Krankheit. Letztlich beinhalten beide eine Spiritualität der großen Gesundheit, die etwas ganz anderes beschreibt als die Nötigung zur dauernden Perfektionierung des Lebens und des Leibes, sondern ihre Essenz im „stirb und werde“[60] hat. Diese Formulierung aus der letzten Strophe des Goethegedichts aus dem west-östlichen Diwan wird hier verstanden als durch Abschiede, Krankheit gewandeltes Leben. Sie hat ihre Entsprechung in dem neutestamentlichen Wort aus Johannes 12,24: „Wenn das Weizenkorn nicht in

60 Johann Wolfgang Goethe: Selige Sehnsucht
Sagt es niemand, nur den Weisen,
Weil die Menge gleich verhöhnet,
Das Lebend’ge will ich preisen,
Das nach Flammentod sich sehnet.
In der Liebesnächte Kühlung,
Die dich zeugte, wo du zeugtest,
Überfällt dich fremde Fühlung
Wenn die stille Kerze leuchtet.
Nicht mehr bleibest du umfangen
In der Finsternis Beschattung,
Und dich reißet neu Verlangen
Auf zu höherer Begattung.
Keine Ferne macht dich schwierig,
Kommst geflogen und gebannt,
Und zuletzt, des Lichts begierig,
Bist du Schmetterling verbrannt.
Und so lang du das nicht hast,
Dieses: Stirb und werde!
Bist du nur ein trüber Gast
Auf der dunklen Erde.
West-östlicher Diwan. Stuttgart 1819. S. 30f.

die Erde fällt und erstirbt, bleibt es allein, wenn es aber erstirbt, bringt es viel Frucht."

Die Vorstellung von der großen Gesundheit, die durch die Krankheit gegangen ist, die im Tod nicht den Feind sieht, der beherrscht werden muss, hat ihre Entsprechung in einer Mystik der Abwesenheit, des Vermissens, der Verzweiflung und der Trauer. Der Schmerz Gottes, die Verwundung des Gewebes des Leibes, die Verletzung des Heiligen, die Durchbrechung des geschlossenen Bildes, sind die Voraussetzungen der großen Gesundheit. Die Wunde öffnet den Raum der Transzendenz. Die Krankheit zum Tode ist zugleich Krankheit zum Leben.[61]

Nein, das ist keine Einweisung in die „ars moriendi" in der Nachfolge Platons und der Stoiker, das ist keine Vorwegnahme der Trennung der unsterblichen Seele vom sterblichen Körper im Tod. Vielmehr liegt das Augenmerk auf dem Leben, eben auf der großen Gesundheit, die in dieser Weise von Goethe, Kierkegaard und Nietzsche beschrieben worden ist.

Gesundheit und Krankheit sind gleichermaßen Zeichen einer Krise, die ihre Entsprechung in der Ambivalenz des Heiligen selbst hat. In der christlichen Überlieferung und Theologie ist diese Vorstellung z. B. unter den sperrigen Begriffen des „gnädigen und des strafenden Gottes" entfaltet. Nimmt man diese Begriffe fort und ersetzt die belasteten Assoziationen durch soteriologische Bilder tritt zweierlei hervor: Im Raum des Heiligen, im Herzen Gottes selbst, gibt es den Zwiespalt – in unserer Perspektive – von gesund und krank, von verletzt und geheilt, von Schmerz und Beglückung. Ja, diese Ambivalenz ist das Göttliche selbst – mit der Sehnsucht der Versöhnung und Verbindung dieses Zwiespaltes versehen. Das Christentum, als ganz und gar weltzugewandte Religion, kennt keine „Ganzheit", die diese Ambivalenz auflöst. Vielmehr führt die „Kraft der Liebe" zu dem Anderen und Fremden in uns, in aller Wirklichkeit und im Heiligen selbst zur „großen Gesundheit".

Mit dieser Metapher ist der Weg in andere Räume angedeutet, die wir in unserer vergesellschafteten Welt bisher wesentlich ausgeblendet haben. Die Vorstellung einer großen Gesundheit, einer

61 Vgl. Kierkegaard, Sören, Die Krankheit zum Tode. München 2005.

geistlichen Heilung öffnet einen anderen, weiteren Raum als die heilversprechende enge Kammer, die aus der Triangulation von Ratio, Ökonomie und Politik gezimmert ist.

Friedrich Nietzsche hat ein Verständnis von Gesundheit entfaltet, das in der Krankheit nicht seinen Gegensatz, sondern seinen integralen Teil erfasst.[62] Nietzsche hat in „Menschliches Allzumenschliches" das Bild der „großen Gesundheit" gezeichnet, „welche der Krankheit selbst nicht entrathen mag."[63] Diese Vorstellung ist die Mitte seiner ‚Lebensphilosophie', sie ist die „Gesundheitslehre des Lebens"[64], die ihren Focus in der Einsicht hat, „daß das Leben der Krankheit bedürfe ... als eines Mittels und Angelhakens der Erkenntnis."[65] Sei es Goethes „Stirb und werde", oder Nietzsches „Große Gesundheit" oder Kierkegaards „Krankheit zum Tode", beschrieben und erfasst werden Wege der Reifung. Denn der durch die Krankheit gegangene Mensch verändert sich, wandelt sich tiefgreifend im Geschehen der Gesundung.

Wenn wir über die neuen Aufstellungen uns in diesen anderen Räume bewegen, die der großen Einheit mit den Menschen vor uns, die der großen Schmerzen, die Generationen von Menschen ertragen haben, dann durchschreiten wir diese Räume in der Hoffnung auf Heilung, zumindest auf Versöhnung in diesem großen Außen.

6. Theologie der Gabe

Vor dem Hintergrund dieser theologischen Öffnung der gegenwärtigen französischen Philosophie kann die deutsche evangelische Theologie Gesundheit als Gabe weiterführend auf das biblische Zeugnis und die eigenen theologischen Grundmotive

62 Wildt, Andreas, Stirb und werde. Die Vergegenwärtigung des eigenen Todes in spirituellen Traditionen und der zeitgenössischen Psychotherapie. Unter: http://www.sein.de/archiv/2002/november-2002/stirb-und-werde.html (Stand: 17.03.2014).

63 Nietzsche, Friedrich, Menschliches Allzumenschliches I, Vorrede 4; KSA, Bd. 2, S. 17.

64 Nietzsche, Friedrich, Unzeitgemäße Betrachtungen II; KSA, Hd. 1, S. 331.

65 Nietzsche, Friedrich, Menschliches Allzumenschliches, a. a. O. S. 17.

beziehen.[66] Sie findet damit einen Weg aus den platonisierenden Dualismen von Leib und Seele, von Welt und Überwelt heraus. Während sich die Überlegungen zur Gabe in der französischen Philosophie vornehmlich auf die Konstitution von Personalität und Interpersonalität beziehen und darin ihrer konstruktivistischen Prägung verhaftet bleiben, ist die Theologie in der Lage, Gesundheit und Krankheit, die Tiefe und Widersprüchlichkeit der Lebensgestalt selbst zu erfassen.

Die theologische Vorstellung von Gesundheit als Gabe ist darüber hinaus geeignet, philosophische, medizinische und sozialwissenschaftlichen Zugänge aufeinander zu beziehen. Doch die theologischen Vorstellungen bieten mehr als lediglich die Vermittlung von sozialphilosophischen und medizinischen Sprachspielen. Sie lassen sich als transdisziplinäre In-Beziehung-Setzung erfassen.[67]

a. Gabe des Lebens

Die Gabe des Lebens fügt sich aus der Erfahrung geschenkter Leiblichkeit, inspirierter Sinnlichkeit und der Gewiesenheit auf den Anderen. Gesundheit charakterisiert einen Menschen, der sein Leben als Gabe erlebt und versteht. Das Selbstverhältnis ist mehr als die Weise der Selbstreflexion, es manifestiert sich in der Leib-Seele-Geist-Person-Ganzheit. Diese Vorstellung ist Ausdruck der schöpfungstheologischen Gegebenheit.

Am Anfang steht die Gabe, bei der Schöpfung der Welt, bei der Geburt des neuen Menschen. Gott gibt sich hin – und Leben

66 Beispielhaft für den Forschungsbedarf in der evangelischen Theologie zu diesem Thema steht die Beobachtung, dass die Theologische Realenzyklopädie, Herausgegeben von Gerhard Müller, Berlin 1985, in Band XIV weder einen Artikel zu „Gesundheit“ noch einen zu „Heilung“ bietet.

67 Walther Zimmerli hat ein Konzept transdisziplinär-integrativen Austausches zwischen den Wissenschaften entwickelt, das die interdisziplinär additive Orientierung überwindet. Vgl. Walter Zimmerli, Ingenieurausbildung an der Schwelle zum technologischen Zeitalter. S. 19. In: Zimmerli, Walther, Wider die zwei Kulturen. Fachübergreifende Inhalte in der Hochschulausbildung. Berlin 1990. S. 3–23.

entsteht, so war es im ersten und zweiten Anfang der Welt, so ist es je und je, immer und heute: Das Geschenk, die Geste der Zuwendung, das sind die lebensvollen Symbole der Offenbarung Gottes, der Öffnung des Heiligen. Gott gibt sich den Menschen hin, er öffnet sich für uns, schenkt ein Teil von sich. In der Bildsprache Michelangelos wird durch die Berührung mit dem Finger Gottes der Mensch in seiner Individualität und die Welt in ihrer Vielfalt geschaffen. Gott zieht seine Hand auch nicht zurück vor verletztem und versehrtem Leben. Berührung, Resonanz, bleibende Relationalität, all dies umfasst die Gabe des Lebens.

Die Anerkennung des Gegebenseins des eigenen Lebens ist Grund der Möglichkeit solidarischer Beziehungsaufnahme. Die Person, die sich der eigenen Gegebenheit bewusst ist, die das eigene In-der-Welt-Sein als Geschenk durch einen anderen erlebt, kann Alterität annehmen, weil sie in der eigenen Person gegeben ist. Alterität ist konstitutives Merkmal der Person. Auf diesem Hintergrund ist das Motiv des Gegebenseins des Lebens tragfähiger als die Vorstellung der Würde des Menschen.

b. Gabe des Heils

Die Menschwerdung des Menschen stellt sich ein durch gelingende Beziehung. Die Aussage, dass Gott in Jesus Christus Mensch geworden ist, kann in ihrer Besonderheit kaum genügend gewürdigt und bestaunt werden. Die Offenbarung, die Hingabe Gottes an die Welt dient der Entdeckung der Person, der Freilegung seines Ursprungs.

Die Geburt Jesu wird als Erfüllung der alttestamentlichen Verheißung aus Jesaja 9,5 gedeutet „Ein Kind ist uns geboren, ein Sohn ist uns gegeben, und die Herrschaft ruht auf seiner Schulter" und mit dem Motiv der Gabe verbunden. Nicht nur die Menschwerdung des Menschen trägt Gabecharakter, sondern vor allem die Menschwerdung Gottes. Die Hingabe in ihrer Leiblichkeit charakterisiert den Lebensweg des Jesus aus Nazareth: Die Geburtsgeschichte, die diakonische Lebensweise Jesu und seine Hingabe in den Kreuzestod bezeugen diese leibliche, seelische und geistige Präsenz des göttlichen Logos. Die bleibende Vergegenwärtigung dieser Gabe wird im Abendmahl gefeiert: Das ist mein

Leib … für euch gegeben. Diese Hingabe ist Grund der Möglichkeit und Vollzug des Heils.

„Des Menschen Sohn ist nicht gekommen, dass er sich dienen lasse, sondern dass er diene und gebe sein Leben zur Erlösung für die vielen“ (Markus 10,45). Seine Hingabe, seine Lebensgabe schenkt Erlösung.

In der Jesus-Überlieferung wird sein Handeln nicht nur als Zusammenhang von Glaube und Gesundheit offenbar, sondern auch die Verbindung von Heilung und Heil verkündet: „Ich bin nicht gekommen zu den Gesunden, sondern als Arzt zu den Kranken.“[68] Diese Geschichte gibt einen Grundzug des Heilungshandeln Jesu wieder: Er kommt nicht als Bußprediger, der Menschen Schuldgefühle appliziert. „ Ich bin nicht gekommen, um die Menschen zu richten, sondern um sie zu heilen.“[69] Für die Jesus-Bewegung und das frühe Christentum ist der enge Zusammenhang von Medizin und Glaube, von Heilung und Heil selbstverständlich: „Blinde sehen, Lahme gehen, Aussätzige werden rein und Taube hören, Tote stehen auf, und den Armen wird das Evangelium gepredigt.“[70] Die „diakonische Lebensweise“ Jesu offenbart Begegnung und Beziehung unter den Vorzeichen von Krankheit und gebrochenen Beziehungen. Seine Gegenwart macht Menschen gesund, sie ist heilsam und Heil spendend. In der Perspektive von Gesundheit und Krankheit wird die Person nicht in ihrer idealen Konzeptionierung in den Blick genommen, sondern in der Gleichzeitigkeit von sich geben und sich entzogen sein. Sein Name ist gleichsam Programm: Sein hebräischer Name „Jeschua“ heißt der Heilende, im Griechischen ist dieses enthalten im Begriff „soter“: der Retter und Heiler. Aber auch Christos meint den Heilbringer. Darin bekundet sich die Synthese von Heil und Heilung, das Zusammenwirken eines ärztlichen und eines priesterlichen Elements.

Wie das Leben am Anfang Gabe ist, so ist auch die Heilung Gabe. Der sich verlierende Mensch, der vom Verschwinden bedrohte, wird sich aufs Neue geschenkt.

68 Markus 2,17.
69 Johannes 12,47.
70 Matthäus 11,5.

Gabe ist Teilgabe – dies ist die intensivste Form der Begegnung und Beziehung. Caritas ist diese Bewegung des angerührten Herzens, weil es in dem anderen – in seinem Glück oder in seinem Elend – den in die Welt versunkenen Christus wahrnimmt. Dieser diakonische Glaube erkennt und sieht im anderen nicht das Elend, sondern das Heil und Glück seines eigenen Lebens: Christus, der durch den Tod zum Leben führt. Darum ist es angemessen, vom Mitgefühl statt vom Mitleid zu reden. Der zweite Begriff richtet unter der Hand ein Gefälle auf zwischen denen, die sich hier begegnen.

c. Weise des Gebens

Die Hingabe und Präsenz Gottes wird im Alten und Neuen Testament vielfältig als Barmherzigkeit beschrieben. Gott war nicht nur am Anfang als Schöpfer präsent, sondern ist allezeit gegenwärtig. Gott ist in der Barmherzigkeit[71]; er benutzt die Lebensäußerung der Barmherzigkeit, um seine Schöpfung vor der drohenden Zerstörung zu bewahren. Barmherzigkeit ist der Ort der Gegenwart Gottes im Alltag der Welt zwischen Schöpfung und Erlösung. Mit der Barmherzigkeit widerspricht Gott dem Urteil, die Welt sei verfallen und das freie Spielfeld der Gnadenlosen. Gott zählt auch die Unvollkommenen, die Schuldigen zu seiner Schöpfung, er sieht den Verlorenen an.

Barmherzigkeit ist die zweite Lebensgabe Gottes an seine Menschen. Bei welchen Menschen es zum Tun der Barmherzigkeit kommt, so ist Gott darin die aktive Kraft. Die deutsche wie auch die lateinische Wortbedeutung ‚misericordia' kommen dem Gemeinten sehr nahe: Mit dem Herzen bei den Armen zu sein. Mit dem Innersten bei anderen sein zu können, das ist das mit dem Begriff Barmherzigkeit beschriebene Wunder. Es hebt mit der eigenen Erfahrung an, Gnade und Erbarmen erlebt zu haben.

In der evangelischen Tradition hat deshalb das Christfest diese besondere Bedeutung: In der Geburt Jesu gibt Gott sich selbst. Er gebiert sich gleichsam aus Liebe in die Welt hinein. Diese göttliche Gabe haben die Frommen innig besungen: „Nichts, nichts

71 Wingren, Gustaf, Art.: Barmherzigkeit, TRE Bd. 5. S. 236.

hat dich getrieben zu mir vom Himmelszelt, als das geliebte Lieben, damit du alle Welt, in ihren tausend Plagen und großen Jammerlast, die kein Mund kann aussagen, so fest umfangen hast."[72]

Damit ist die Weise des Gebens benannt: die Hingabe und die darin wirksame Kraft, die Liebe. Das ist auch die Kraft, aus der die Nachfolge Jesu sich speist: „Niemand hat größere Liebe denn die, dass er sein Leben gibt für seine Freunde."[73]

Aus freien Stücken, gleichsam als absichtslose Aussendung, gratis geschieht Barmherzigkeit. Christliche Theologie und Frömmigkeit eröffnen die Vorstellung und Erfahrung der Gabe, die frei ist von der Logik des Tausches oder dem Motiv der individuellen Selbststeigerung.

d. Gabe der Gegenwart

Barmherzigkeit ist die je und je sich vergegenwärtigende Präsenz des ganz Anderen und die Weise des Gegenwärtigseins beim Nächsten. Die biblischen Texte erzählen vielfältig davon, wie Menschen des An-Spruchs Gottes gewahr werden. Die Hingabe Gottes hat immer einen Ort, sie bezieht sich immer auf eine Person, eine Gemeinschaft in ihrem geschichtlichen und kulturellen Kontext. Insofern ist das Christentum – wie auch das Judentum – verwoben in Alltag und Leben in ihrer betrachtenden und handelnden Frömmigkeit.

Es bleibt aber immer die Offenbarung Gottes an diesem Ort und für diesen Menschen. Insbesondere im Neuen Testament wird erzählt, wie Menschen an der Heilung ihres Leibes die Gegenwart Gottes erfahren. Die Gabe im Hier und Jetzt ist das gesprochene Wort. Christus fragt: „Was willst Du, dass ich dir tun soll?"

72 Evangelisches Gesangbuch Lied 11: „Wie soll ich dich empfangen und wie begegn ich dir." Vers 5. In den Frömmigkeitsbewegungen des frühen Mittelalters findet sich eine eigene weihnachtliche Liebeslyrik. Mechthild von Magdeburg, Das fließende Licht der Gottheit, übertragen von Siegmund Simon, Berlin 1907, formulierte: „Du Feuer und Abgrund der Liebe … Du Narr aus Liebe, brauchst Du denn Dein Geschöpf? […] Dabei bist Du doch das Leben, von dem alles das Leben hat und ohne das nichts lebt."

73 Johannes 15,13.

Und der Kranke antwortet: „Dass ich gesund werde…“. Die Antwort auf den Anspruch des Heilandes, wie sie das Neue Testament berichtet, ist das Geschehen von Heilung und Heil. Die Gabe der Gesundheit liegt in der Antwort, in der das Wort des Anrufes – gebrochen und verschleiert – erklingt. Jeder Antwort wohnt ein Überschuss inne – so ist es möglich, die Gabe vor der ökonomischen Kontaminierung zu schützen.[74]

Nicht die Gabe der Gesundheit ist Thema – damit würde wieder der Gegenstandsbereich der Gabe dominant –, sondern Gesundheit als Gabe nimmt den Geschehenscharakter der interpersonalen Beziehung auf.

Die Gabe im Hier und Jetzt ist aber auch die Geste, die Handauflegung bei der Segnung, die Intuition in diesem Augenblick. Das Geschenk der Einsicht, der Geistesgegenwart in der Situation der Entscheidung[75], die Aufmerksamkeit für den anderen, all dies stellt sich unversehens ein – oder bleibt verschlossen. Der Andere und der ganz Andere stehen nicht zur Verfügung, sie bleiben faszinierend fremd und doch präsent.

Gesundheit als Gabe ruft die Erfahrung von Gesundung in Erinnerung. Gesundheit als Gabe lenkt den Blick auf den Vollzug einer Lebenshaltung, die befreit ist vom Willen zur Selbstgestaltung und Selbstinszenierung, die frei ist, sich ökonomischer Kontaminierung und Zweckorientierung zu entziehen.

Die Überschrift „Gabe der Gesundheit“ könnte als Anleitung zu einer Kunst der gesunden Lebensführung missverstanden werden. In der Tat zeigt die neutestamentliche Überlieferung, dass das Widerfahrnis der Gesundung auch die Lebensführung neu ausrichtet. Aber Gesundheit als Gabe ist nicht konzeptualisierbar.

74 Vgl. zu dieser Argumentation: Waldenfels, Bernhard, Phänomenologie der Aufmerksamkeit. Frankfurt 2004. S. 60 f.

75 „Nicht so Abraham; froh und unbefangen, zuversichtlich antwortete er laut: Hier bin ich.“ Kierkegaard, Sören, Furcht und Zittern. Dialektische Lyrik von Johann Silentio. Hamburg 1961. S. 21.

7. Zusammenschau

Am Ende des fünften Teils dieser Überlegungen wird der Versuch einer ersten und vorläufigen Zusammenfassung unternommen, in der der Ertrag der Theorien der Gabe für die Erfassung von Gesundheit in der Gegenwart skizziert wird.

- **Gesundheit und Spiritualität**
  Die Verknüpfung von Gesundheit und Spiritualität bzw. Religiosität erhält in den Phänomenologien der Gabe eine Entfaltung und Begründung. Die Gabe-Theorien sind in der Lage, die in den ersten vier Teilen dieser Ausarbeitung beschriebenen Erscheinungsformen von Gesundheit und Spiritualität systematisch zu erfassen und zu deuten. Besonders produktiv sind kritische Reaktionen auf rein ökonomisch verstandene Tauschprozesse im Gesundheitssystem in den Modellen der „Anökonomie". In der Konsequenz wird eine lediglich in sozialen Kategorien beschriebene Reziprozität überwunden. Denn die Verbundenheit von Menschen, aber auch die Bezogenheit von Person und Sache, überschreitet das rational Fassbare. Intuition oder das Gespür leiblicher Präsenz geben eine Ahnung davon. In dieser Konsequenz ist von leiblicher, statt von körperlicher Gesundheit zu reden, um die Person dem Zugriff der Körperpolitik zu entziehen, die die Leiblichkeit des Menschen ganz und gar ökonomischen Tauschvollzügen unterwirft.[76] Schließlich tritt an die Stelle von Integration und Inklusion als Modus des Umgangs mit Fremden die Metapher des ganz Anderen, aus der heraus gleichwohl ein Bild von Versöhnung und Fortbestehen von Ambivalenz erscheint.

  Die Beschreibung des Feldes von Gesundheit in den ersten vier Abschnitten, die eine Durchdringung und Überlage-

76 Diese wegweisende Unterscheidung geht zurück auf: Dürckheim, Karlfried Graf, Vom doppelten Ursprung des Menschen. Rütte 2004; Dürckheim, Karlfried Graf, Der Alltag als Übung, Bern 2009; Welwood, John, Psychotherapie und Buddhismus. Der Weg persönlicher und spiritueller Transformation, Freiburg 2010; Kornfield, Jack, Das weise Herz. Die universellen Prinzipien buddhistischer Psychologie. München 2008; Berendt, Joachim-Ernst, Die Welt ist Klang. Nada Brahma. Frankfurt 2007.

rung der Sphären von Gesundheit und Spiritualität zu Tage gebracht hat, entspricht grundsätzlich der phänomenologischen Methode. Die Phänomene werden erfasst und nicht sogleich in einem Deuterahmen gefügt. Aber gerade in dieser Offenheit zeigt sich, dass es im Zuge der Überlagerung und Durchdringung der Sphären zu Verschiebungen des Stellenwertes von Gesundheit und Religion gekommen ist.

Die Lockerung bzw. Aufhebung der Bedeutungsidentität von Spiritualität und Religiosität, verbunden mit erkennbaren Differenzen in den Erscheinungsweisen und Hintergründen, deutet klar auf einen anderen Ort religiöser Praxis in der Gegenwartskultur hin: Nicht mehr die gesellschaftliche Funktion von Religion steht im Vordergrund, sondern die Erfahrung persönlicher Verbundenheit mit dem Heiligen. Ganz analog verschiebt sich auch der Ort von Gesundheit: aus der Funktion im gesellschaftlichen Feld wandelt sich die Aufmerksamkeit für Gesundheit: die sinnliche Erfahrung der eigen Lebendigkeit und Kraft, des persönlichen Wohlbefindens tritt an die erste Stelle.

Hierin bestätigt sich die Eingangsthese, dass der polemisch verwendete Begriff „Gesundheitsreligion", unter Auslassung des diffamierenden Moments, präzise die aktuelle gesellschaftliche und kulturelle Hintergrundthematik erfasst. Die heute umstandslose Verknüpfung von Spiritualität und Gesundheit ist Ausdruck dafür, dass die Grenzen zwischen dem Religiösen und Profanen unscharf geworden sind.[77] Das muss die irritie-

77 Erst die naturwissenschaftlich begründete moderne Medizin führt zu einer Trennung von Medizin und Religion. „Schließlich setzten sich die Vertreter eines wissenschaftlichen Weltbildes durch. Diagnostische und therapeutische Konzepte wurden auf der Basis naturwissenschaftlicher Methodik entwickelt. Das Zusammenspiel naturwissenschaftlicher Methoden und Prinzipien und eine Vielzahl technischer Errungenschaften, verhalf der Medizin zu so ungeahnten Erfolgen, so dass ihr nach und nach der Alleinanspruch auf den Bereich der Heilung übertragen wurde. In anderen Kulturen sind Medizin und Glaube bis heute weiterhin eng miteinander verbunden. Die Naturreligionen legen Zeugnis ab von dem Zusammenhang zwischen dem persönlichen Wohlbefinden und der Verehrung einer höheren Macht. In Anknüpfung an dieses Verständnis ist im Schamanismus bei einer körperlichen Heilung das Seelenheil eingeschlossen." Utsch, Michael, Ehm, Simone, Glaube und Gesundheit. Historische Zusammenhänge und aktuelle Befunde. In: Kann Glaube gesund machen, EZW-Text Nr. 181.2005. S. 5.

ren, für die die sogenannte Säkularisierungsthese Deutungskraft besitzt und die in diesem dualem Konstrukt die tradierte Unterscheidung von heilig und profan zu verlängern gedenken.

Die neuere französische Phänomenologie ist, wie dargestellt, mit ethnographischen und ethnologischen Forschungen verknüpft. Auch die Ethnologie in Deutschland hat seit der Jahrtausendwende zahlreiche Studien vorgelegt, die die Durchdringung und Überlagerung religiöser und profaner Lebensformen aufweisen. Dabei wird das Heilige räumlich gedacht und erfahrungsbezogen erlebt. „In traditionellem Verständnis steht Sakralität für die Manifestation und Repräsentanz des (transzendenten) Göttlichen und sie wirkt zugleich als dessen Vermittlerin. Heiligkeit – in Abgrenzung zum Profanen – dient als ordnendes Prinzip im Umgang mit Objekten und Orten. Heiligkeit als gesellschaftliche Übereinkunft prägt die Wahrnehmung und Erfahrung von Raum und Ding. Heiligkeit als das Andere/Besondere/Fremde hebt über eine solche Alteritätserfahrung Orte und Objekte über das Alltägliche und Gewöhnliche hinaus.“[78] Auch dieser Akzent ist unmittelbar anschlussfähig an die dargelegten Gabetheorien und auf das Feld von Gesundheit zu übertragen. Diese Orte können Klöster oder Kliniken, Fitnessstudios und Wellnesstempel sein, aber auch Museen und Theater.

- **Heilmethoden, Räume und Rollen**
  Neben der Darlegung von sich durchdringenden und überlagernden Entwicklungen von Spiritualität und Gesundheit ist auch von Verschiebungen und Schwerpunktverlagerungen bei den Erkenntnisweisen, den Heilmethoden und deren Quellen berichtet worden. Vorher und gleichzeitig ist von medizinischer Seite vielfältig eine Verbindung zwischen Heilung und Heil, zwischen Medizin und Gesundheit geschlagen worden.[79]

78 Minta, Anna, Glaubenssachen, kritische berichte. Heft 2. 2013. S. 7.

79 Vgl. Kaatsch, Hans Jürgen, Rosenau, Hartmut, Werner, Theobald (Hg.), Medizinethik, Ethik interdisziplinär, Berlin 2008, Bd. 16.; Rosenau, Hartmut, Heil und Heilung – über die Verwandtschaft von Religion und Medizin, in: Kaatsch, Hans-Jürgen, Rosenau, Hartmut (Hg.), Medizinethik. Hamburg 2008. S. 197–200.

Für den Einzelnen und seine Lebenspraxis wie auch für die im Medizinsystem Handelnden sind diese Blickwinkel möglicherweise von größerer Bedeutung als die großen kulturellen Transformationen von Gesundheit im Zusammenspiel mit Religion. Die Rede von der „Großen Gesundheit" kann deshalb leicht als religiöse Überhöhung missverstanden werden, wenn sie nicht zugleich beim Bemühen um die „kleine Gesundheit" erlebt werden kann.

Im alltäglichen Gesundheitshandeln sind folgenden Verschiebungen und Öffnungen zusammenfassend zu nennen:

- Weiterung der Wahrnehmung: Der Schwerpunkt der Wirklichkeitserkenntnis verlagert sich vom überwiegend empirisch-objektiven Modus zu einer mehr sinnlich-subjektiven Erfahrungsweise von Gesundheit.
- Weiterung der Spektrums der Heilmethoden: die überwiegend akut und invasiv ausgerichtete Behandlungsweise wird ergänzt um lindernde und personal-intuitive Heilmethoden.
- Weiterung der Quellen des ärztlich-therapeutischen Handeln: Neben der überwiegend aus naturwissenschaftlichen Quelle gespeisten Diagnose und Behandlung wird die mystisch-religiöse Quelle für Genesung und Heilung erschlossen.
- Transformation der Rollen und Orte: Heilung hat – wie schon die neutestamentlichen Heilungsgeschichten zeigen – eine eminent personale Dimension. Die beschriebenen Verschiebungen und Öffnungen berühren deshalb auch elementar die Rollen der Handelnden. Der Patient partizipiert am Heilungsprozess – als Glaubender. Der Arzt ist Priester und der Priester ist zugleich Arzt. All dieses bedingt neue Räume der Rekonstruktion und der Versöhnung.

Der abschließende sechste Teil dieser Untersuchung versucht diese letzten Aspekte zu beschreiben und im Blick auf personale, berufliche und unternehmerische Gesundheitsförderung zu vertiefen.

VI. Gesundheit Raum geben

Gesundheit hat sich als Themenfeld erwiesen auf dem, exemplarisch für die Moderne, eine Verschiebung der Grenzen zwischen sakral und säkular, zwischen Heil und Gesundung sichtbar wird. Die dichotome Konzeptualisierung von Natur und Gnade weicht Vorstellungen der Konvergenz beider Sphären. Ein Ausdruck dafür ist die extensive Gesundheitsorientierung der gegenwärtigen Gesellschaft, die gleichzeitig verwoben ist mit Imaginationen von Heilung und spiritueller Erfahrung.

Dieses Ineinander von „gewöhnlicher menschlicher Phantasie" und „mystischer unmittelbarer Berührung durch Gott" hat Hans Urs von Balthasar für die Sinneserfahrung betont.[1] Der Raum der Begegnung dieser Dimensionen ist der Alltag. Spirituelle Erfahrung kann nicht die Ausnahme, das Besondere und Ekstatische sein, sondern hat allein in, mit und unter den ambivalenten alltäglichen Widerfahrnissen ihren Ort. Sie ist darin personal-leibhaftig und zugleich objektbezogen, z. B. in den Vergegenständlichungen der Gesundheitspraxis.

Die Wiederkehr und Transformation von Spiritualität in der Gegenwart ist kultur- und gesellschaftsgeschichtlich von erheblicher Tragweite auf dem Hintergrund des vielfältigen Missbrauchs von Begeisterung durch totalitäre Machtsysteme insbesondere des 20. Jahrhunderts. Auf diesen wieder entdeckten Erfahrungswegen kommen nämlich Menschen in Kontakt zu ihrer Intuition und Empfänglichkeit und erkennen gleichzeitig, wie hoch der Preis ist, sich vor Begeisterung und tiefer geistlicher Berührung zu verschließen: Es ist ein Leben in Erstarrung und

1 Balthasar, Hans Urs v., Herrlichkeit. Eine theologische Ästhetik, I: Schau der Gestalt. Einsiedeln 1961. S. 410. In der Folge haben Karl Rahner für die katholische Theologie Mystik als authentische Gottesbegegnung beschrieben und Gerhard Ebeling für die evangelische Theologie die personale Gottesbegegnung im Wortgeschehen erfasst.

maskenhafter Leere. Insofern wohnt dieser erfahrungsbezogenen Gesundheitsorientierung eine soteriologische Kraft inne.

Wenn sich nun in einem gewandelten Gesundheitshandeln ein gemeinsamer Raum von Religion und Nachmoderne öffnet, was bedeutet das für die Personen in ihrem Selbstverhältnis, in ihren beruflichen Rollen und für die Gesundheitskultur in Unternehmen und Gesellschaft? Und: Verändert eine solche gesundheitsorientierte Lebenspraxis die Person, ihre Berufsausübung und die Gegenwartskultur?

1. Gesundheitsressourcen

Diese Durchdringung zeigt sich auch bei den Leitbegriffen: Die vornehmlich theologisch gefüllte Kategorie der Gabe findet in sozialpsychologischer Hinsicht eine Entsprechung im Begriff der Ressource. Gleichzeitig mit der ökologischen Forderung nach einem verantwortlichen Umgang mit den Ressourcen der Erde wird auch nach den Ressourcen für Lebenskraft und Sinn gefragt. Die Ressourcenorientierung auf dem Feld der Ökologie und der Gesundheitsförderung entspringen der gleichen Quelle. Im Hintergrund stehen Vorstellungen eines verantwortungsvollen Selbst- und Weltumgangs, einer vorbehaltlosen Teilhabe und einer aufrichtigen Hingabe. Dieses Gesundheitspotential steht in Wechselwirkung zu den relevanten Umwelten, die sich, gleichzeitig mit den Heilungsprozessen in der Person, verändern werden. Das prae liegt also bei den der Person gegebenen Möglichkeiten und nicht mehr im Einfluss der Umwelten auf die Person. Gesundheit in diesem Sinn erfasst ein Mensch/Umwelt-Verhältnis, das nicht auf Anpassung, sondern auf Gestaltung gerichtet ist.

Salutogenese, Resilienz und auch Psychoneuroimmunologie sind drei unterschiedliche und doch aufeinander beziehbare ressourcenorientierte Konzepte der Erschließung von Gesundheitspotentialen. Zu Grunde liegt diesen Ansätzen die Orientierung auf die Kräfte und Potentiale der Person. Gesundheit und Krankheit werden dabei nicht als Zustand betrachtet, sondern als unabschließbarer Prozess, der zwischen den beiden Polen gesund und krank tagtäglich und lebenslang auszubalancieren ist. Eine gesundheitsorientierte Lebenspraxis ist von diesem dynamischen

Zugleich von gesund und krank geprägt. Sie besteht darin, mittels der Gaben und Ressourcen die inneren und äußeren Herausforderungen immer wieder so zu steuern, dass sich die Person überwiegend zur gesunden Seite hin orientiert.

a. Neurobiologische Konzepte der Selbststeuerung

Bilden nur die von der Person ausgeprägten Fähigkeiten diese Ressourcen? Oder repräsentieren die Ressourcen lediglich ihre genetischen Qualitäten? In neurobiologischen Modellen werden diese Fragen überwiegend bejaht. Der Person sind nach dem Verständnis dieser Modelle alle notwendigen Informationen für diese Steuerungsaufgabe mit ihren zellulären und neuronalen Strukturen gegeben. Die Person ist folglich nicht in erster Linie durch ihre Umwelt bestimmt. Damit ist aber nicht das Bild eines substanzhaften und unveränderbaren Individuums verbunden, das gleichsam über diese Ressourcen verfügt wie über einen Besitz. Innerhalb dieses personalen Systems finden fortlaufend zirkuläre Prozesse statt, die durch intensive und hochkomplexe Kommunikations- und Austauschgeschehen charakterisiert sind. Sie sind dabei immer und jederzeit der Möglichkeit der Fehlsteuerung ausgesetzt.

Gleichzeitig ist dieses Personensystem in seiner Autonomie nicht solipzistisch. Es nimmt Informationen aus der Umwelt auf, steuert diese aber im Blick auf die Relevanz für das System. Die Regulierungsfähigkeit liegt in der Person und nicht bei den Umweltfaktoren. Das Konzept der Ressourcenorientierung basiert auf der Vorstellung von autopoietischen Systemen. Das Modell der Autopoiese kann wiederum der konstruktivistischen Erkenntnistheorie zugeordnet werden. Anders als der Begriff vermuten lässt, handelt es sich dabei um ein skeptisches Modell im Blick auf die menschliche Erkenntnisfähigkeit: Der Mensch kann die Erscheinungen der Wirklichkeit nur als Reflexe der eigenen Wahrnehmung erfassen. Der Konstruktivismus betrachtet die kognitiven Vorgänge der Sinnesorgane und des Nervensystems daher als Schaffung und Deutung von Konstruktionen von Wirklichkeit. Auf diesem Hintergrund wird in letzter Zeit sehr intensiv über die Wechselwirkungen von seelischem Befinden und zellulären Prozessen geforscht.

Joachim Bauer ist der Ansicht, dass Kooperation, Zugewandtheit, Spiegelung und Resonanz das Gravitationssystem der biologischen Systeme ist.[2] „Die Entdeckung eines im Gehirn vorhandenen Systems von Spiegel-Neuronen (Spiegelnervenzellen) zeigt, dass unsere Gehirnstrukturen spezialisierte Systeme besitzen, die auf Beziehungsaufnahme und Beziehungsgestaltung angelegt sind."[3]

Diese neurophysiologischen Prozesse sind für diese Forscher Grund der Möglichkeit von innerpsychischer Stabilität und Gesundung. Wenn Krankheit die Störung dieser Regulierungsprozesse ist, dann nimmt Heilung ihren Anfang durch Übermittlung gesundheitsförderlicher Informationen in Gestalt der Botenstoffe. In das kranke System müssen zur Gesundung aber keine Substanzen von außen eingebracht, sondern vorhandene biochemische Möglichkeiten aktiviert und energetisch transformiert werden. Dem Organismus generell und speziell dem menschlichen Gehirn steht diese Selbstregulierungsmöglichkeit prinzipiell zur Verfügung, sie kann gestärkt oder „trainiert" werden. Maßgeblich für Gesundheit sind Erfahrungen, die mit der Ausschüttung der Glücksbotenstoffe Dopamin, Oxytozin und Opioiden verbunden sind.

Im vergangenen Jahrzehnt ist die Hirnforschung mit dieser Sicht auf neuronale Selbststeuerungsprozesse sehr populär geworden. Gegenwärtig wird der Erkenntnisgewinn durch diesen Forschungszweig deutlich zurückhaltender als noch vor zehn Jahren betrachtet.[4] Insbesondere die Reduktion personaler Kommunikation auf neuronale Prozesse des Gehirns wird kritisiert. „Das Gehirn allein denkt gar nicht, es immer die ganze Person, die etwas wahrnimmt, überlegt, entscheidet, sich erinnert und so weiter, und nicht ein Neuron oder ein Cluster von Molekülen."[5] Auf der Linie des in dieser Untersuchung entfalteten Verständnisses von Gesundheit formuliert Thomas Fuchs weiter: „Der Leib bil-

2 Vgl. Bauer, Joachim, Prinzip Menschlichkeit. Warum wir von Natur aus kooperieren. Hamburg 2007. S. 9 ff.

3 A. a. O. S. 19.

4 Vgl. Memorandum „Reflexive Neurowissenschaft". In: Psychologie heute. 2.2014.

5 Memorandum, S. 2.

det also ein Ensemble von gewachsenen Bereitschaften und Vermögen des Wahrnehmens, Handelns, aber auch des Begehrens."[6] Die Vorstellung vom Gedächtnis des Leibes ist also umfassender. Nicht nur im sogenannten Mandelkern (dem zum limbischen System gehörenden Amygdala) des Gehirns werden Erfahrungen gespeichert, sondern unsere Lebenserfahrung inkarniert sich in unserem Leib: „Das Leibgedächtnis vermittelt somit die grundlegende Erfahrung der Vertrautheit, der Kontinuität, des Wiederkehrenden im Wechsel der Situationen. [...] Dadurch erwerben wir Fähigkeiten und Bereitschaften der Wahrnehmung und des Handelns, die unsere ganz persönliche Weise ausmachen, in der Welt zu sein. Leibliches Vertrautsein mit den Dingen bedeutet biographisches Vergessen, Absinken des bewusst Getanen und Erlebten in einen Untergrund, aus dem sich das Bewusstsein zurückgezogen hat, und der doch unser alltägliches In-der-Welt-Sein trägt."[7]

Auch die Psycho-neuro-endokrino-immunologie, kurz PNI, eine neue Forschungsrichtung, die sich mit der Wechselwirkung der Psyche, des Nervensystems, des Immunsystems und des Hormonsystems beschäftigt, schlägt den Bogen weiter. Die Wissenschaftler dieser Fachrichtung haben begonnen, die einzelnen Systeme des Organismus nicht mehr getrennt zu betrachten, sondern sie erforschen die gegenseitige Beeinflussung dieser Systeme. Der Mensch wird also als komplexes „Netzwerk" gesehen und nicht mehr in Einzelteilen analysiert. Psyche, Nervensystem, Hormonsystem und Immunsystem stehen in sehr viel engerem Informationsaustausch als man bis vor wenigen Jahren angenommen hatte und diese Systeme können voneinander lernen! Durch diese Forschungen wurde erstmals wissenschaftlich nachweisbar, dass Gefühle und folglich auch psychotherapeutische Prozesse sich direkt auf körperliche Funktionen auswirken.

Im Ergebnis gibt die neurobiologische Sicht auf die gesundheitsförderlichen Ressourcen nur einen Ausschnitt wieder. Statt

6 Vgl. Fuchs, Thomas, Hirnwelt oder Lebenswelt? Zur Kritik der Neurokonstruktivismus. DZPhil, Akademie Verlag, 59.2011.3, S. 347–358. Vgl. auch: Fuchs, Thomas, Das Gedächtnis des Leibes, Loccumer Pelikan 3/12. S. 104.

7 Fuchs, Thomas, Das Gedächtnis des Leibes, Loccumer Pelikan 3/12. S. 104.

von „Spiegel-Neuronen“ sollte sachgerechter von der „Spiegelfunktion der Person“ geredet werden. In der Gesamtheit der Person inkarnieren sich die Freiheits- und Antwortfähigkeiten, öffnen sich die Quellen der leiblichen, seelischen und geistigen Gesundung. Gaben und Ressourcen eröffnen demnach Möglichkeitsräume der Heilung.

b. Heilungskräfte

Die Entfaltung der Zusammenhänge von Gesundheitsressourcen, psychoneuroimmunologischen Prozessen und Selbststeuerungsblockaden finden in einer Heilungsgeschichte aus dem Neuen Testament eine Fortsetzung und Vertiefung. Im Johannes-Evangelium wird in Kapitel 5 die Heilung des Gelähmten am Teich Bethesda erzählt.[8]

Der Teich lag in der Nähe eines Stadttores von Jerusalem. Seinem Wasser wurde heilende Wirkung zugesprochen, wenn ein Engel herabsteigt und das Wasser berührt. Die Genesung würde dem zuteil, der als erster den Teich erreichte. Deshalb hielten sich viele Kranke am Rande dieses Wassers auf, um im rechten Augenblick in der Hoffnung auf Heilung hineinsteigen zu können.

An diesen Teich kommt Jesus und spricht unter den vielen einen Mann an, der seit Jahrzehnten gelähmt ist und auf seine Heilungschance durch das Wasser wartet. Diesen Mann fragt Jesus: „Willst du gesund werden?“

Eine Frage, die auf den ersten Blick die Situation verfehlt und wenig einfühlsam erscheint. Das dürfte doch außerhalb jeden Zweifels stehen, dass der Kranke gesund werden will, wartet er doch im Wettbewerb mit den anderen Blinden, Lahmen, Verkrüppelten und Entkräfteten seit langem auf die Hilfe aus der Höhe und aus dem Wasser.

Es lohnt sich, die Worte des Johannes langsam zu lesen und die darin anklingende Irritation aufzunehmen: „Als Jesus innewurde, dass er schon so lange krank war, fragte er ihn: Willst du wieder gesund werden?“ Eine alle ärztliche und seelsorgerliche

8 Johannes 5,1–16.

Kunst verfehlende Frage an einen chronisch Kranken – so will es scheinen.

Jesus beginnt nicht mit der Anamnese. Er fragt ihn nicht nach den Gründen seiner Krankheit, er fragt auch nicht: „Willst du wieder gehen können". Er lenkt das Augenmerk nicht auf die Beeinträchtigung und die für den Kranken misslichen Rahmenbedingungen. Er will schlicht wissen, ob er den Willen hat, gesund zu werden.

Noch hört der Gelähmte diese Ansprache nicht. Er macht vielmehr die Gründe für sein Nicht-geheilt-werden-können geltend: „Ich habe keinen Menschen, der mich zum Teich trägt, wenn das Wasser sich bewegt, und ehe ich da bin, kommt mir ein anderer zuvor."

Jesus der Heiler und Arzt schaut nicht dahin, wohin man üblicherweise schaut: auf die Symptome. Er schaut auch nicht auf den Kontext, er fragt nicht nach helfenden Systemen, die dem Mann auf die Beine und in das Wasser verhelfen könnten. Obgleich das doch der Blickwinkel von Erkrankung ist: Die Symptome und ihre Beseitigung, Gesundheit als Herstellung des vorherigen Lebenszustandes.

Offenbar ist der Grund der Möglichkeit von Heilung der Wille des Kranken, heil zu werden. Jesus weist die Erwartung zurück, er könne ihn gesund machen. Die Gabe der Gesundheit vollzieht sich im Gewahrwerden des Kranken, dass ihm die Gabe des Gesund-werde-Willens[9] längst gegeben ist. Jesus weckt diesen lediglich in ihm, indem er spricht: „Steh auf und nimm dein Bett und wandle!"

Die Blockade, nicht gehen zu können, oder der Gebung des Gesund-werde-Willens nicht gewahr werden zu können, löst sich durch dieses Gespräch. Die Frage: „Willst du gesund werden?" bringt den Mann in Berührung mit der ihm geschenkten Kraft. Im Wort erschließt sich die Gabe, die ihn aus der Abhängigkeit befreit, die den Kranken aufrichtet, als autonomen und der Selbststeuerung fähigen Menschen.

9 Vgl. Matthiessen, Peter, Heilung im Neuen Testament – Spiritualität und ärztliches Handeln. In: Büssing, Arndt, Ostermann, Thomas (Hg.) Spiritualität, Krankheit und Heilung – Bedeutung und Ausdrucksformen der Spiritualität in der Medizin. Bad Homburg 2006. S. 90ff.

Jesus weckt die Selbstheilungskräfte. Er spricht dem Gelähmten die Kraft zu, aufzustehen und zu gehen: „Als eine durch die Geist- und Seelen-Kraft des Christus befähigte geistig-seelische Selbstaufrichtung und Selbstgesundung des inneren Menschen, die von dort aus die Physis ergreift. Die Heilung hebt an, in einem zweckfreien, aktiv-hingebenden Sich-öffnen für das Wirksamwerden einer höheren Heilkraft in mir."[10]

Jesus trifft auf einen Menschen mit einer verfestigen Haltung. Seit 38 Jahren ist er gelähmt, seit vielen Jahren ist er darauf fixiert, Heilung über eine Bewegung zu erreichen, zu der er gerade nicht fähig ist. Er ist nicht seit Geburt gelähmt. Seine Haltung und Haltungen überhaupt sind *nicht* angeboren, sondern werden im Laufe des Lebens erworben – sie ergeben sich durch Erfahrungen und Wahrnehmungen. Diese Erfahrungen werden in der präfrontalen Rinde verankert. Haltungen bestimmen darüber, was wir beachten und nicht beachten, wie wir denken, handeln, fühlen, was wir glauben und nicht glauben.

Jesus ermöglicht dem Mann eine neue Erfahrung. Er verlockt ihn, sich zu sich selbst in anderer Weise zu verhalten. Das Auftreten Jesu verändert den Bezugsrahmen des Denkens und der Handlungsoptionen.

c. Selbstheilung

Die biblische Geschichte lenkt die Aufmerksamkeit auf die Quellen der Heilung gebenden Kräfte. Demgegenüber erfassen die Resilienzforschung und die salutogenetischen Faktoren nur sehr vorläufig die inneren Kräfte in der Person. Es wird lediglich von der Fähigkeit gesprochen, auf stressbelastete Situationen reagieren zu können. Das Augenmerk richtet sich also vornehmlich auf die Widerstandskräfte. Diese Perspektive ist im Grunde aber, gegen den Selbstanspruch der Konzepte, eine pathogene. Denn das, was über die Ressourcen der Person gesagt wird, beschränkt sich auf den Umgang mit Stressoren. Die Ressourcen werden gleichsam nur ex negativo erfasst. Zwar lösen sich die ressourcenorien-

10 Matthiessen, Peter, a. a. O. S. 101.

tierten Forschungsansätze sowohl von einem linearen Modell von Gesundung und Erkrankung, wie auch aus einem schlichten Ursache-Wirkung-Schema. Wesentlicheres ist aber aus der neutestamentliche Heilungsgeschichte zu entnehmen: Der Kranke mobilisiert nicht in erster Linie seine blockierten Ressourcen, er gewinnt nur auf den ersten Blick seine ursprüngliche Balance und Gehfähigkeit zurück. Vielmehr wird er sich selbst in neuer Weise gegeben, insofern wird das Geschehen verfehlt, wenn die biblische Aussage: „Dein Glaube hat dich gesund gemacht" als Selbstheilung verstanden wird. Vielmehr vollzieht sich die Heilung des Selbst. Die Begegnung führt nicht in die ursprüngliche Gesundheit zurück, sondern ist selbst schöpferisch. Die Krise der Krankheit heilt und transformiert das Selbst.

Die Verknüpfung der dargestellten entwicklungspsychologischen, soziologischen und medizinischen Wahrnehmungen von Gesundheitsressourcen mit dem spirituellen Geschehen offenbart, wie intensiv sich verschiedene heilende Dimension überlagern und verbinden. Vier gesundheitsförderliche Gaben bzw. heilende Ressourcen lassen sich beschreiben:

- **Quelle**
  Das innere Empfinden oder die Ahnung, mit dem Urgrund, der Quelle des Lebens verbunden zu sein, ist eine wesentliche Gesundheitsressource. Dieses Gespür von der Fülle des Seins kann an einem Ort im Leib geankert sein, es kann sich verdichten in Bildern und in besonderen lebensgeschichtlichen Situationen, in denen die Person erfahren hat, dass sie gewollt und gemeint ist. In diesem Innewerden kann die Quelle der Kraft des Lebens und des eigenen Wollens erfahren und erinnert werden. Dieses Erleben wirkt als Rückfluss in den eigenen Ursprung stärkend.

- **Leidenschaft**
  Das tägliche Erleben von Leidenschaft, von unbändiger Freude und Enthusiasmus, und sei es nur für einen kurzen Moment, öffnet Räume der Reifung und Genesung, weil sich Kontakt einstellt zu der der Person gegebenen Kraft, auch – und gerade dann – wenn Leidvolles bestimmend wird. Diese Kraft gibt sich in die Welt und hat doch ihren Ursprung und ihr Ziel in

Gott selbst. Verwundungen können voller Wunder sein, wenn die große Lebendigkeit durchscheint.[11]

- **Verbundenheit**
  Verbinden ist die elementarste Form der Gesundheitsfürsorge und der erste Schritt der Heilung. Daher ist eine weitere Ressource gesunden Lebens der Mut, das Hier und Heute zu teilen, Hilfe zu suchen, Resonanz zu zulassen. Der Weg zur Gesundung ist in dieser Perspektive immer ein Weg, der des Begleiters bedarf: des Hirten im alten biblischen Bild, des Priesters, des Heilers, des Arztes, oder in heutiger Sprache, des Coaches. Durch ein Vertrauen weckendes Gegenüber ergibt sich während dieser Weggemeinschaft möglicherweise ein Moment tiefer Verbundenheit in dem die heilende Kraft des Augenblicks spürbar wird.

- **Wirklichkeitssinn**
  Eine vierte gesundheitsförderliche Ressource ist eine realistische Selbsteinschätzung und ein nüchternes Selbstverhältnis. Krankheit ist auch deshalb so gefürchtet, weil sie das gewohnte Selbstbild in Frage stellt. Neben Krankheiten gibt es viele weitere Lebenssituationen, in denen Menschen mit leeren Händen dastehen, weil alles weg ist, was wichtig war, weil nichts mehr gemacht und geändert werden kann. Leere macht sich breit und Stille tritt ein. Eine vergessene Gabe für die Gesundung ist aber das Schweigen und die Achtsamkeit. Beide öffnen den Raum für das Widerfahrnis des Empfangens.[12]

11 Willigis Jäger spricht von dem wahren Selbst, den eigenen Quellen, den Tanzschritten des Göttlichen, die sich in und durch uns manifestieren. Durch die Unreife des Menschen (ego, ratio) sind die Zugänge zu dem Urgrund allen Seins, einer umfassenden Liebe, verstellt. Durch Übungswege (Zen, Kontemplation) werden sie wieder wahrnehmbar und erfahrbar. Dadurch können Heil und Heilung erreicht werden. Siehe: Jäger, Willigis, Suche nach dem Sinn des Lebens. Bewußtseinswandel auf dem Weg nach innen. Petersberg 1999. 5. Auflage. S. 24.

12 Vgl.: Santorelli, Saki, Zerbrochen und doch ganz. Die heilende Kraft der Achtsamkeit. Übersetzt aus dem Englischen von Ute Weber. Freiamt 2009. Klaus-Dieter Platsch, Das heilende Feld. Was sie selbst für ihre Heilung tun können. Frankfurt 2009.

Diese Grunderfahrungen aufzusuchen, sich in ihnen wie Räume zu bewegen, aus ihnen jeweils Kraft zu empfangen, ist heilsam und gesundheitsförderlich. Das Bild der verbundenen Räume der Gesundheitsressourcen weitet die Vorstellung der Balance zwischen dem Pol krank und dem Pol gesund; es überschreitet auch das Konzept der Selbststeuerung, weil die Interaktion mit dem Gegebenen das Selbstverhältnis weitet und immer die Möglichkeit der Gabe des transformierten Lebens im Raum steht.

2. Gesund leben lernen

Eine solche tiefergehende Gründung des Gesundheitsthemas lässt sich als die Aufgabe beschreiben, gesund leben zu lernen. Dieser Reifungs- und Entwicklungsprozess berührt die Person in ihrem gesamten Welt- und Selbstverhältnis und erstreckt sich über die gesamte Lebensspanne. Auf diesem Weg bedarf es fortlaufend der Selbstvergewisserung und der Selbstreflexion. Der Alltag, mit seinen personalen und berufliche Bezügen, ist dabei der Übungsraum. Die üblichen Hinweise auf eine gesundheitsförderliche Berufspraxis beschränken sich häufig allerdings nur auf die Themen Ernährung, Bewegung, Entspannung und Schlaf. Zweifellos ist es richtig, hier eine gute Balance einzuüben und mit den nötigen Grundinformationen ausgestattet zu sein. Eine förderliche Wechselwirkung von Gesundheit und Beruf beruht aber erstens auf einer vertieften Selbstachtsamkeit und zweitens auf einem erweiterten beruflichen Rollenverständnis.

a. Selbstachtsamkeit

Mit den Leitbegriffen Berufung, Begeisterung, Beziehung und Beendigung werden jeweils Orientierungsfragen für eine selbstfürsorgliche und damit gesundheitsförderliche Selbstsorge in der Berufsausübung formuliert.

- **Berufung**
  Jede Berufsausübung geht auf eine Berufswahl zurück, bei der Begabungen, Neigungen und Interessen wesentlich gewesen sind.

  - Sind Bilder dieser Berufsfindung und beglückender beruflicher Momente gegenwärtig?
  - Kann die aktuelle berufliche Tätigkeit bejaht werden?
  - Kommt das Eigene noch in einem gesunden Maße zu Geltung?
  - Gelingt es, mit dem Herzen beruflich tätig zu sein?
  - Gelingt es, im beruflichen Handeln noch zu fühlen?

- **Begeisterung**
  Freude und Begeisterung sind die Quelle von Kreativität und Flexibilität. Diese Empfindungen geben auch Kraft in großen beruflichen Belastungen und Enttäuschungen.
  - Stellen sich im beruflichen Alltag zumindest hin und wieder beglückende Momente ein?
  - Gelingt es, den eigenen Ideen im Berufsfeld Ausdruck zu geben?

- **Beziehung**
  Berufliche Tätigkeit ist beziehungsorientiert. Dabei folgen die Kontakte Mustern, die für das jeweilige Berufsfeld spezifisch sind. Rollen und Hierarchien sind häufig bestimmend. Konflikte belasten den Arbeitsalltag und Enttäuschungen und Verletzungen wirken lange fort.
  - Ist es möglich, die eigenen beruflichen Aufgaben lösungsorientiert in Angriff zu nehmen und dem Gesprächspartner förderlich entgegen zu treten?
  - Gelingt es unter den Belastungen des Berufsalltages die Aufmerksamkeit auf den eigenen Atem zu richten, den eigenen Körper in seinen Reaktionen wahrzunehmen und die eigenen Bewegungen zu spüren?
  - Ist es möglich, die eigene Anspannung und die eigene Hilfsbedürftigkeit zu zeigen?
  - Gibt es Menschen, die hilfreich sind, unterstützen und Entlastung anbieten?

- **Beendigung**
  Gesundheitskritisch sind übermäßige berufliche Belastungen, weil sie die Person ganz und gar in Anspruch nehmen.
  - Wann wurde zuletzt eine berufliche Anforderung zurückgewiesen, weil Zeit und Kraft nicht ausreichen?

- Kann der Grad der eigenen Kraft bzw. der Erschöpfung in der aktuellen beruflichen Situation benannt werden?
- Welche Praktiken der Entlastung stehen zur Verfügung?
- Gab es eine tiefe berufliche Krise? Wenn ja, wie wurde sie bewältigt?

b. Gesundheitsberufe

Diese Ausformungen der Selbstachtsamkeit, verbunden mit den Ressourcenräumen, eröffnen Vorstellungen, die das berufliche Selbstverständnis verändern, ja die Berufsausübung insgesamt wandeln kann. Dieser Prozess der Transformation beruflicher Tätigkeit in gesundheitlicher Perspektive eröffnet die Option, dass sich die Rahmenbedingungen von Arbeit an die gesundheitsrelevanten Faktoren anpassen und nicht umgekehrt. Außerdem erweitern sich die beruflichen Rollen und Tätigkeitsprofile. Exemplarisch kann dieses an den heilenden Berufen verdeutlicht werden.

Der kultur- und medizingeschichtliche Rückblick hat auf drei Quellen des Heilens aufmerksam gemacht: auf die magisch-religiöse Quelle, auf die empirische Quelle und auf die rational-wissenschaftliche Quelle. Der Bedeutungszuwachs der Palliativmedizin und die Aufmerksamkeit für Salutogenese und Spiritualität können als zeitgemäße Integration dieser Quellen des Heilens verstanden werden.

Diese Verbindung ist in der Lage, das Selbst- und Rollenverständnis der in heilenden Berufen Tätigen tiefgreifend zu wandeln: Der „inwendige Arzt" wird in zweifacher Weise wichtig: Einmal hinsichtlich der Haltungen, der Herzensbildung und der Spiritualität des behandelnden Arztes. In gleicher Weise ist es für die Patienten wichtig, die Achtsamkeit für den „inwendigen Arzt" zu gewinnen. Die salutogenetische Vorstellung von Heilung lenkt den Blick auf die inwendigen Regulationsprozesse und die Ressourcen im Menschen. Insofern rückt die Begleitung in diesen inneren Prozessen in den Vordergrund. Der Arzt bzw. die Ärztin treten in dieser Perspektive als Wegbegleiter der Patienten hervor. Sie fördern, wenn möglich, die Selbstverantwortung und die Wandlungsbereitschaft im Prozess der Genesung.

Die Ärztin bzw. der Arzt verstehen sich in dieser Hinsicht im alten Sinn als Pädagogen und nicht mehr in erster Linie als Streiter gegen die Krankheit. Sie verzichten auf die vordergründige Beseitigung der Symptome und lassen sich nicht verlocken, den Patienten pharmakologisch still zu stellen und damit eher Stagnation zu verfestigen als Wandlung zu ermöglichen. Der Arzt bzw. die Ärztin finden, wenn es sein muss, den Mut, das Leiden lediglich zu lindern und das Unabwendbare mit den Patienten zu ertragen. Sie entdecken möglicherweise dabei in sich die Gabe des Tröstens, also priesterliche Anteile. Es gibt offenbar unter Medizinern eine Bereitschaft, an die vormoderne Rolle des Priester-Arztes anzuknüpfen bzw. von dieser Vorstellung her das eigene Handeln zu reflektieren. „In der Antike waren Heilung und Religion untrennbar verbunden und der, der heilte, war der Priesterarzt. Es galt die Überzeugung: Gesundheit und Krankheit des Körpers sowie jede Heilung sind von Gott gegeben, also immer religiöser Natur. Dementsprechend war die Behandlung, die Kranken zuteil wurde, religiös geprägt und vermittelt."[13] Bis weit in das Mittelalter hinein, exemplarisch in den Hospitälern und Klöstern, waren Ärzte auch Priester. Religiöse Rituale, Gebete, Segnungen waren integraler Bestandteil des Heilungsprozesses.

3. Gesundheitsorientierte Führung

Die soeben beschriebene Erweiterung des Rollenspektrums in heilenden Berufen ist nicht lediglich für den Gesundheitssektor weiterführend, sondern kann Impuls sein, das Führungsverständnis in allen anderen Berufen und Organisationen entsprechend zu erweitern.

Dieser Vorschlag nimmt die intensive Reflexion über gesundheitsorientierte Führung auf. Dafür gibt es zunächst die bekannten demographischen Gründe: Für Unternehmen und insbesondere für die Leitungskräfte wird sich auf Grund des Gesundheitszustandes und des Alters der Belegschaften zwingend die Notwen-

13 Jakob, Beate, Auf der Suche nach Heilung und Gesundheit. Annäherungen und Definitionsversuche. In: Difäm (Hg.), Die heilende Dimension des Glaubens. Studienheft Nr. 5. Tübingen 2007. S. 6.

digkeit ergeben, die Aufmerksamkeit auf die Gesunderhaltung der Mitarbeitenden zu richten. Entsprechende Untersuchungen belegen überdies, dass die Organisationen wirtschaftlich erfolgreich sein werden, die Beteiligung ermöglichen, Transparenz herstellen, Vertrauen eröffnen und Wertschätzung zum Ausdruck bringen – also die emotionale Bindung und die Erfahrungsdimension in den Vordergrund stellen.

a. Gesundheit als Führungsaufgabe

Angesichts dieser Notwendigkeiten zeigen sich jedoch Grenzen des Selbstverständnisses von Führungskräften wie auch Grenzen der Kompetenz. Drei wesentliche Hindernisse für eine größere Achtsamkeit von Führungskräften auf Mitarbeitergesundheit liegen auf der Hand: Führungskräfte sind erstens die Repräsentanten der Organisation, ihre Aufgabe ist der Erhalt, die Entwicklung und der Erfolg der Organisation. Dieser Auftrag richtet die Aufmerksamkeit zuerst auf das Produkt und dann erst auf den Menschen. Zweitens werden Personen in Führungspositionen befördert auf Grund ihrer fachlichen Expertise oder der Konformität mit gewünschten Verhaltensweisen und Haltungen, nicht auf Grund ihrer Führungsqualitäten. Die ökonomisch und technisch getriebene Unternehmensentwicklung bringt Betriebswirte und Ingenieure in Führungsaufgaben, obgleich sie sich nicht auf dem Feld der Menschenführung hervorgetan haben. Drittens ist zu beobachten, dass Menschen mit einer rational-technischen Ausbildung, zumal in ihrer beruflichen Rolle, nicht immer einer Zugang zu Beziehungs- und Erfahrungsdimensionen finden. Auch die Aufmerksamkeit für die eigene Gesundheit ist häufig schwach ausgeprägt.

Es wäre aber verfehlt, darin nur persönliche Defizite zu sehen. Im Hintergrund stehen vielmehr tiefgreifende Verschiebungen des Verständnisses von unternehmerischer Führung und gesellschaftlicher Steuerung. Die zu Beginn dieses Kapitels entfalteten Modelle von Selbststeuerung des Individuums sind ebenfalls Ausdruck eines Kulturwandels.

„Gesundheit“ ist eine Chiffre für eine umfassende gesellschaftliche Orientierungsbemühung. Gesucht werden die Ressourcen für künftige Entwicklungen und gefragt wird nach den Bedingungen einer solchen Entwicklung. Im Folgenden wird eine gesundheitsförderliche Unternehmenskultur bedacht. Denn die Gesundheit bzw. die Krankheit von Mitarbeitenden und die Gesundheit bzw. Krankheit von Organisation stehen in einer Wechselwirkung. Sowohl unternehmerischer Erfolg als auch Gesundheit der Mitarbeiter hängen signifikant von einer durch die Führung repräsentierten Unternehmenskultur ab.

Dabei verschiebt sich der Bedeutungsgehalt von Gesundheit wesentlich: Gesundheit ist nicht mehr vorrangig Ziel und Zweck im Dienste des kollektiv tätigen Menschen. Gesundheit ist in religiöser Perspektive *Heilmittel*, in säkularer Perspektive *Lebensmittel.* Das Bemühen um gesunde Lebensführung ist zugleich auch Ausdruck der kulturellen Suche nach einer gesunden Lebensgestalt in globaler Hinsicht.

Der hier gewählt Blickwinkel übersieht nicht die Bedingungen von Arbeit in der Gegenwart und auch nicht die Dynamiken in Unternehmen und Organisationen. Menschen sind häufig gefangen in Routinen, bestimmt durch Vorgaben von außen, wie z. B. Produktionsabläufe, Absatzziele oder Vorschriften. Auch auf der sozialen Ebene dominieren Rollenmuster und Routinen den Arbeitsalltag. Hinzu kommen divergierende Interessenlagen zwischen Beschäftigten oder Abteilungen in der Organisation oder schlicht die Ungewissheit über Bestand oder Untergang des Systems.

All diese Dynamiken, insbesondere wenn sie mit Empfindungen von Ohnmacht, Kränkung oder auch nur Gleichgültigkeit einhergehen, hinterlassen Spuren in der Person und führen wiederum zu spezifischen Verhaltensmustern und Verhärtungen.

Mit dem Thema Gesundheit wird in diese überwiegend rational-technisch oder formal-bürokratisch bestimmten Systeme eine nicht sogleich diesen Logiken kompatible Kategorie eingeführt. Der Begriff Gesundheit transportiert Haltungen und Sichtweisen, die bisher nicht bestimmend für das Selbstverständnis der Unternehmen und Institutionen waren. Es ist bemerkenswert, dass die Versuche, Gesundheit über Konzepte des betrieblichen Gesundheitsmanagements in die Systemlogik zu integrieren, eher nur ausnahmsweise erfolgreich sind. In der Gesundheitsthematik liegt offenbar eine Widerstandskraft, die sich diesen betrieblichen Bemächtigungen tendenziell entzieht. Auch alle Versuche, z. B. über die Analyse von Krankheitsquoten und Fehlzeiten weiterzukommen, führen bestenfalls zu Einsichten, aber nicht zu nachhaltigen Veränderungen. Insofern ist es wichtig zu verstehen, was hinter diesen Phänomen liegt, und diese als Kompensationen von anderen Desideraten zu verstehen.

Die beschriebene Verlagerung des Wahrnehmungsfocus von Gesundheit findet hier seine Entsprechung. Der inneren Selbststeuerung und der in der Person verwurzelten Führungskompetenz kommt eine höhere Bedeutung zu als dem gesellschaftlichen und staatlichen Steuerungsanspruch. Diese Verschiebung wird beim Blick auf die gesellschaftlichen Steuerungsmodelle deutlich. Die dort beschriebenen Perspektiven sind aber in den Führungskonzepten noch nicht vollständig rezipiert.

b. Gesellschaftliche Governance-Konzepte

Selbstverantwortung ist, wie oben beschrieben, im Gesundheitssystem verankert. Die Selbststeuerungsfähigkeit sozialer Organisation wird auf dem Feld der Gemeinwesenarbeit erprobt und gefordert. Neue gesellschaftliche Steuerungsinstrumente werden gesucht oder in Gestalt der Bürgerbeteiligung eingefordert. Im Hintergrund steht ein Mangel an gesellschaftlichen Überzeugungen bzw. Verantwortungsbereitschaft zur Verfolgung regulativer Ideen[14] als Folge gelockerter Bindungen zwischen Staat, Gesellschaft und Individuum mit einem Vertrauensverlust in althergebrachte Steuerungssysteme.

Die angespannten wirtschaftlichen Rahmenbedingungen begründen zusätzlich die Ausdünnung der sozialen und kulturellen Landschaft und zwingen u. a. die Verbände der Freien Wohlfahrtspflege nach alternativen Modellen zur Finanzierung ihrer Einrichtungen und Dienste Ausschau zu halten, denn der Sozialstaat befindet sich nicht nur in einer Finanzierungs-, sondern auch in einer Legitimationskrise.

Das Leitbild des Gewährleistungsstaates geht am weitesten und strebt letztlich „eine neue Verantwortungsteilung zwischen Staat,

14 Ein Beispiel für eine regulative Idee ist der Aufbau einer Sozialen Marktwirtschaft als gemeinsames politisches und gesellschaftliches Ziel und Steuerungsmodell.

Wirtschaft und Zivilgesellschaft an."[15] Was fügt diese programmatische Vorstellung dem Slogan vom aktivierenden Staat hinzu? „In Kurzfassung nichts anderes und nichts Geringeres als die Intention einer Gesamtsteuerung der gesellschaftlichen Entwicklung unter Einbeziehung verschiedener gesellschaftlicher Akteure wie Bürger, Verbände, NGOs [...]."[16]

In diese umfassenden Konzepte, deren Nuancen hier nicht dargestellt werden können, bettet sich die „aktivierende Arbeitsmarktpolitik" ein, die im SGB II und III ihre gesetzliche Verankerung findet und letztlich auf eine „gewährleistende Arbeitsmarkpolitik" zielt. Im Grunde verbirgt sich hinter der Forderung des aktivierenden Staates die Frage, „wie der Staat unter hochkomplexen Umweltbedingungen überhaupt seine Handlungsfähigkeit aufrecht erhalten und unter Umständen sogar ausweiten kann."[17] Wie kann governance aussehen – welcher Methoden muss und kann sich Regieren heute bedienen. In diesen Fragezusammenhang gehören auch die Konzepte der „offenen Koordinierung", wie sie im europäischen Kontext geübt werden.

Auf eine Variante dieses veränderten Staatsverständnisses ist aufmerksam zu machen, die in ihren Wurzeln auf die so genannte Theorie des Dritten Weges von Anthony Giddens zurückgeht. Giddens beobachtet eine „Verschiebung von negativer zu positiver Sozialstaatlichkeit ... wir sollten Bildung und Lernen fördern, Wohlstand, Wahlmöglichkeiten, aktive soziale und wirtschaftliche Partizipation sowie gesunde Lebensweisen. Solche Ziele setzen Anreize ebenso voraus wie Leistungen, Pflichten ebenso wie Rechte, weil es zu ihrer Erreichung auf die aktive Beteiligung der Bürger ankommt. Die Verbindung von Wohlfahrt und Bürgergesellschaft... die richtige Mischung von Pflichten und Rechten."[18]

15 Schmid, Günther, Gewährleistungsstaat und Arbeitsmarkt. Neue Formen von Governance in der Arbeitsmarktpolitik. WZB 2004. 1.

16 Schmidt, a.a.O. S. 2.

17 Opielka, Michael, Was spricht gegen die Idee eines aktivierenden Sozialstaates. Np (Neue Praxis. Zeitschrift für Sozialarbeit, Sozialpädagogik, Sozialpolitik) 6.2003. S. 544.

18 Giddens, Anthony, Die Zukunft des europäischen Sozialmodells. Internationale Politikanalyse Europäische Politik, Berliner Republik. Das Debattenmagazin. 1.2006. S. 13. Unter: http://www.b-republik.de/archiv/die-zukunft-des-europaeischen-sozialmodells (Stand: 17.03.2014).

Diese Ausformungen von Selbstverantwortung, von Selbststeuerung wirken doch sehr technisch, zumindest rational gesteuert. Der ordnungspolitische Impetus klingt bei der sozialstaatlich verordneten Selbstverantwortung doch deutlich durch.

c. Gesellschaftliche Gesundheit

Der letzte Gedankengang dieser Ausarbeitung greift noch einmal die Spannung zwischen dem „umfassenden Heils- und Heilungsanspruch unseres Sozialstaates“[19] und der individuellen Kunst der Lebensführung, die zu Selbststeuerung und Selbstregulierung in der Lage ist, auf. Die Fähigkeit zur Selbstsorge und die Einbettung des Individuums in soziale Kontexte, in denen sie ihre Potenziale entfalten können, markieren die Eckpunkte von gesundheitsfördernder Lebensführung und gesellschaftlicher Kulturentwicklung.

Gesundheit ist ein gesellschaftliches Thema geworden und führt damit letztlich zu der Frage nach dem Maß von Gesundheit bzw. Krankheit der Institutionen und Organisationen. Werden Gesundheit bzw. Krankheit in dieser Weise als Diagnosebegriffe verwendet, ist es außerdem möglich, die Bezogenheit von individueller und kollektiver Kraft bzw. von personaler und kultureller Erschöpfung zu benennen. Diese Bemerkung würde aber fehlinterpretiert, wenn daraus ein kulturpessimistisches Moll gehört würde. Die Tonalität von ‚Gesundung‘ ist vielmehr auf Dur gestimmt. Allerdings verbunden mit der nüchternen Wahrnehmung, dass die Selbstverständnisse und Systeme von Sicherung und Steuerung sich gegenwärtig wandeln. Die Dominanz systemzentrierter Steuerung und Sicherung, ein Charakteristikum des korporativen Sozialstaates, weicht lebens- und erfahrungszentrierten – und damit lebensraumnahen Konzepten der Regulierung. Wird diese systemische Funktion der Gesundheitsdiskurse erkannt und genutzt, öffnen sich alternative Möglichkeiten der kollektiven und personalen Reproduktion von Gemeinschaft.

19 Pawelzik, Markus, Gefühlte Epidemie. Das Etikett Burn-out dient heute vielen als sozial akzeptierte Entschuldigung für Raubbau an den eigenen Kräften.

d. Kulturwandel durch achtsame Führung

Diese Einschätzung bestätigt sich durch die Art und Weise der Rezeption des Gesundheitsthemas in Einzelorganisationen. Die Bertelsmann Stiftung hat eine Studie veröffentlich, die die Vision einer gesunden Organisation entfaltet. Eine Kultur der Achtsamkeit für Gesundheit ist, so die Aussage dieser von Bernhard Badura und Mika Steinke gearbeiteten Veröffentlichung, die Voraussetzung einer solchen Entwicklung eines Unternehmens.[20]

Die Untersuchung legt den engen Zusammenhang zwischen der Qualifikation der Mitarbeitenden, ihres Gesundheitszustandes und der Produktivität des Unternehmens offen.[21] Dabei ist erstens die besondere Situation der deutschen Wirtschaft im Blick, die u. a. durch ihre Exportabhängigkeit und die demographische Entwicklung geprägt ist. Zweitens wird auf die erkennbare psychische Verausgabung in der Arbeitswelt aufmerksam gemacht. Und drittens wird auf die Wirksamkeit des deutschen Gesundheitswesens abgehoben.

Dabei ist festzustellen, dass Deutschland bei den Aufwendungen für Gesundheit auf Platz fünf aller Nationen der Welt liegt, bei den Lebenserwartungen jedoch auf Platz 27.[22] Diese Diskrepanz wird als Hinweis darauf gewertet, dass der Verschleiß von Mitarbeitenden durch die Unternehmen zu hoch sei. Aus den beiden zuerst genannten Gründen werden Unternehmen in Deutschland gezwungen sein, in die Gesundheit ihrer Mitarbeitenden zu investieren.

Für diese Aufgabe will die Studie eine grundlegende Orientierung bieten und präsentiert Gesundheit als Führungsthema.

20 Badura, Bernhard, Steinke, Mika, Die erschöpfte Arbeitswelt. Durch eine Kultur der Achtsamkeit zu mehr Energie, Kreativität, Wohlbefinden und Erfolg. Herausgegeben von der Bertelsmann Stiftung. 2011. S. 6f.

21 Vgl. dazu auch: Badura, Bernhard, Greiner, Wolfgang, Rixgens, Petra Ueberle, Max, Behr, Martina, Sozialkapital. Grundlagen von Gesundheit und Unternehmenserfolg. Berlin und Heidelberg 2008. Badura, Bernhard, Hehlmann, Thomas (Hg.), Betriebliche Gesundheitspolitik. Der Weg zur gesunden Organisation. 2. Aufl. Berlin und Heidelberg 2010.

22 CIA. The World Factbook 2011. Unter: https://www.cia.gov/library/publications/the-world-factbook (Stand: 17.03.2014).

Damit schließt Badura an Studien aus den USA an, die die sog. „weichen“ Faktoren für den Unternehmenserfolg herausstellen: „Im 21. Jahrhundert werden schwer kopierbare immaterielle Faktoren wie Kultur und Führung immer bedeutsamer für die Wettbewerbsfähigkeit.“[23]

Zu beobachten ist nämlich eine Synchronwirkung der Führungskultur auf die Gesundheit und die Betriebsorganisation. Häufig entstehen seelische Belastungen aus einem Defizit an Führungskompetenz. Die überkommene Führungslogik von Hierarchie, Kontrolle und finanziellen Anreizen greift nicht mehr. Unternehmen, die in dieser Logik Führung gestalten, werden als kalte Unternehmen bezeichnet.[24]

Künftige Führungsinstrumente müssen sich auf die intrinsische Motivation der Mitarbeitenden ausrichten. Kulturentwicklung, Netzwerkbildung, Beteiligung, Transparenz und emotionale Bindung, gepaart mit Wertschätzung, sind der Ermöglichungsgrund für seelische Gesundheit. Die Aufgabe von Führung im Unternehmen besteht in der Entwicklung und Förderung einer Kultur der Achtsamkeit für Gesundheit. „Im Zeitalter des Internet drohen Informationsüberflutung und das Ertrinken in weniger Wichtigem oder Irrelevantem. Dem wirkt das Konzept der Achtsamkeit entgegen. Es lenkt Aufmerksamkeit, Denken und Handeln darauf, was in einer Gruppe, einer Organisation oder Gesellschaft als besonders wichtig angesehen wird und deshalb hohe Beachtung und gemeinsame Anstrengungen verdient. Wie die Achtung-Schilder den einzelnen Autofahrer auf für seine Sicherheit relevante Sachverhalte im Straßenverkehr hinweisen, lenkt die Kultur der Achtsamkeit für Gesundheit die Mitglieder einer Organisation auf Herausforderungen und Risiken, die neues Denken, aber auch neue Strukturen und Prozesse sowie einen veränderten Umgang mit sich selbst und den Mitmenschen gebieten.“[25]

23 Keller/Price, Beyond Performance. 2011. S. 15.

24 Vgl. auch: Badura, Bernhard, Schröder, Helmut, Klose, Joachim, Macco, Katrin (Hg.), Fehlzeiten-Report 2009. Arbeit und Psyche: Belastungen reduzieren – Wohlbefinden fördern. Berlin 2010.

25 A. a. O. S. 14.

Der in dieser Studie dargestellte Kulturwandel durch achtsame Führung bezieht sich auf den Bereich von Unternehmen. Aber Bernhard Badura hat den hohen Stellenwert von intrinsischer Motivation auch auf Organisationen der öffentlichen Hand übertragen.[26] Bemerkenswert ist in diesem Zusammenhang die Verknüpfung der Gesundheitsorientierung[27] in Schulen mit dem Strukturwandel zur eigenverantwortlichen Schule.[28] Diese Projekte sind verbunden mit umfänglichen Fortbildungen der Führungskräfte, die auf eine achtsame Führungskultur zielen.

Insgesamt wird die sinngebende Dimension von Arbeit und die Gemeinschaft stiftende Funktion des Unternehmens herausgestellt. Damit schließt sich auch hier der Kreis der Überlegungen. So war schon eingangs auf Viktor Frankl verwiesen worden, für den im Blick auf menschliche Tätigkeit allein entscheidend ist, ob sie „das Gefühl erweckt, für etwas da zu sein – für etwas oder für jemanden".[29] Tätigkeit bedarf der Kohärenz, der formulierbaren Stimmigkeit und der gelebten Begeisterung, um gesundheitsförderlich zu sein.

Erste Ansätze zu Formulierung einer eigenen Führungskultur zeigen sich auch in der Diakonie: „Die Bedeutung von Spiritualität für die Führung diakonischer, karitativer und sozialer Unternehmen ist nicht zu leugnen. Dort leben und arbeiten heute mehr denn je Menschen unterschiedlicher religiöser und konfessioneller Herkunft miteinander. Um voneinander zu lernen, müssen die Positionen der anderen wahrgenommen, verstanden und respektiert werden. Hier kann innovative Unternehmensführung im Horizont spiritueller Impulse entfaltet werden."[30]

Die Fachhochschule der Diakonie in Bielefeld-Bethel hat am 18. Juni 2012 eine Fachtagung zum Thema: „Führung, Spiritua-

26 Badura, Bernhard, Steinke, Mika, Betriebliche Gesundheitspolitik in der Kernverwaltung von Kommunen. Eine explorative Fallstudie zur aktuellen Situation. 2009. Unter: www.boeckler.de/pdf_fof/S-2008-123-4-1.pdf (Stand: 17.03.2014).

27 Vgl. Unter: http://www.gesundheit-nds.de/CMS/arbeitsschwerpunkte-lvg/erziehung-und-bildung/2-gesund-leben-lernen (Stand: 17.03.2014).

28 Vgl. Unter: http://www.mk.niedersachsen.de/portal/live.php?navigation_id=1992&article_id=6236&_psmand=8 (Stand: 17.03.2014).

29 Frankl, Victor, zitiert nach Badura, Betriebliche Gesundheitspolitik, S. 45.

30 Schoenauer, Hermann, Dynamisch Leben gestalten. Bd. 3: Spiritualität und innovative Unternehmensführung. Neuendettelsau 2011. S. 1.

lität, Gesundheit – Empfehlungen für die Praxis in diakonischen Einrichtungen" veranstaltet. In der Ankündigung heißt es: „ Die Arbeitsfähigkeit der Mitarbeiterinnen und Mitarbeiter ist das wichtigste Gut für diakonische Einrichtungen. Der dramatische Anstieg psychischer Erkrankungen ist mit Sorge zu betrachten. Studien belegen sowohl einen Zusammenhang mit den veränderten Arbeitsanforderungen als auch einen deutlichen Zusammenhang mit kulturellen Faktoren. Wie kann gesundheitsförderliches Führungsverhalten im Alltag gestaltet werden? Die WHO definiert Spiritualität als eine Dimension von Gesundheit. Welche Rolle spielen Religiosität und Spiritualität in diakonischen Einrichtungen?"[31]

e. Gesunde Unternehmenskultur

Ein abschließender Blick auf die Entwicklung der Gesundheitsorientierung in Organisationen zeigt die großen Schritte, die hier gegangen worden sind. Gesundheit als Thema von Unternehmensführung und Unternehmenskultur hat sich aus dem Arbeitsschutzgedanken über die gesundheitliche Prävention im Betrieb entwickelt zu Gesundheitstrainings, wie z. B. dem Resilienztraining. Gesundheit ist sodann zu einem Thema der Unternehmenskultur geworden und zu einem Ranking-Faktor von Unternehmen.[32] Heute zeigt sich, dass eine solche Kulturentwicklung der spirituellen Grundierung und des Charismas der Handelnden bedarf. Mitarbeitende wollen sich in der Haltung der Gebenden in das Unternehmen einbringen, mit ihren Überzeugungen, mit ihrem Mut, ihrer Ausdauer. Nur diese Weise der Hingabe, die

31 Unter: http://gesundheit.fh-diakonie.de/ (Stand: 17.03.2014).

32 Great place to work ist eine Benchmark-Studie, die jährlich weltweit durchgeführt wird und für den jeweiligen nationalen Kontext die besten 100 Arbeitgeber ermittelt und auszeichnet. Unternehmen können sich freiwillig beteiligen und finden in der Ausschreibung Aussagen zum Grundverständnis des Modells. Generell wird die Arbeitsplatzkultur und Arbeitgeberattraktivität ermittelt. Dabei stehen die „weichen" Faktoren deutlich im Vordergrund: „Ein ‚great place to work' ist da, wo man denen vertraut, für die man arbeitet, stolz ist auf das, was man tut und Freude hat an der Zusammenarbeit mit den anderen." Unter: http://www.greatplacetowork.de/ (Stand: 17.03.2014).

sich ihres Sinns, ihrer Resonanz nie sicher sein kann, ermöglicht tragfähige Entwicklungen. Die Erfahrung vertrauensvoller und wahrhaftige Arbeitsbeziehungen können dann als Ausdruck des Gottesdienstes im Alltag der Welt erlebt werden. In diesem Ineinander von Begeisterung und nüchternem Bemühen ist beides Gabe: das Glück des Gelingens und das Widerfahren von Kraft.

Zusammenfassung und Ausblick

Am Ende der Darstellung soll ein Blick auf das Ganze der Untersuchung gewagt und versucht werden, den Erkenntnisgewinn zu formulieren. Über das Thema Gesundheit erschließt sich eine erhebliche gesellschaftliche Dynamik. Die deutsche Gesellschaft befindet sich offensichtlich in einer tiefgreifenden Umorientierung hinsichtlich des Verhältnisses von Individuum und Staat, wie auch im Blick auf die Ausrichtung persönlichen und gesellschaftlichen Lebens. Gesundheit ist die Chiffre alter und neuer Lebensbilder.

Am Anfang der Untersuchung wurden das gesetzlich geordnete Gesundheitssystem und alternative Zugänge zu Gesundheit erläutert. Die darin liegende Spannung wurde als die zwischen Institution und Bewegung dargestellt, die sich im Verhältnis von violetter und blauer Diakonie wiederholt. Bei der Suche nach Gesundheit wandert der Bürger bei der fortbestehenden Hegemonie des Gesundheitssystems und der naturwissenschaftlich geprägten Medizin in alternative Bereiche. Zunächst richtet sich das Interesse nur auf alternative Behandlungsmethoden, aber im Hintergrund zeichnet sich ein anderer Deuterahmen von Gesundheit ab: Gesundheit verbindet sich mit Fragen nach dem Lebenssinn, nach dem gelungenen Leben. Hier kommt die Dimension von religiöser Bewegung in den Gedankengang hinein.

Dann wurden die Kategorien der Ethik der Gerechtigkeit auf der einen Seite und der Ethik der Verantwortung auf der anderen Seite untersucht. Auch diese Dualität hat in erkenntnistheoretischer und hermeneutischer Hinsicht alteuropäische Wurzeln, aus denen bis heute Philosophie, Medizin und Theologie Erkenntnis erwächst. Doch die neuere französische Philosophie bahnt andere Wege. Die Verbindung von Gesundheit mit dem Gabeparadigma eröffnet bisher nicht erschlossene Rezeptionsmöglichkeiten durch die Evangelische Theologie. Die Vorstellung der „rückkehrlosen Aussendung“, der Gabevorstellung jenseits des Tauschparadigmas, ist unmittelbar und produktiv anschlussfähig insbesondere an reformatorische Grundmotive.

Die Reflexionen über die Ethik der Gabe geben auch den Freiraum, die Ethik der Gerechtigkeit in ihren Grenzen und die Vorläufigkeit der auf dieser Vorstellung aufgebauten Systeme zu erkennen. Jedoch ist nicht nur die implizite Hegemonie dieser Systeme wahrzunehmen, sondern auch der bereitwillige Freiheitsverzicht der Personen für den Preis von Sicherheit.

Am Ende stellt sich die Frage, ob über diese Schemata auf dem Feld von Gesundheit hinauszukommen ist. Die integrale Medizin oder die non-personalen Ansätze von Therapie und Gesundheitsfürsorge weisen in diese Richtung. Auch die Erkenntnisse der Neurobiologie, die Revisionsversuche unserer gängigen Erkenntnistheorie und Hermeneutik durch die Quantenphysik sind hier zu nennen.

Die Verschiebung der Aufmerksamkeit auf das Individuum, verbunden mit einem neuen Bewusstsein für Transzendenz, ist unübersehbar. Auch hier ist der Bedeutungsverlust der Großsysteme und der sie tragenden Wirklichkeitskonstruktionen sichtbar. Selbstverantwortung ist das große Thema auch im Gesundheitswesen. Aber Gesundheit und Religiosität werden über die Chiffre Spiritualität in neuer Weise verbunden.

Gegen diese unreflektierte Inanspruchnahme christlicher und anderer religiöser Traditionen gibt es gute Gründe. Insbesondere sind diese dann ins Feld zu führen, wenn Spiritualität gleichsam als Energieträger für den wirtschaftlichen Erfolg von Unternehmen verzweckt wird. Aber der apologetische Impuls darf von Seiten der Theologie nicht die einzige Reaktion bleiben, denn die Chiffre Gesundheit transportiert noch mehr. Kulturell erscheint sie als verheißungsvoller Kristallisationspunkt für die Individuen und für Gesellschaftssysteme angesichts volatiler Entwicklungen. Denn über die signifikante Zunahme von psychischen Erkrankungen wird erahnt oder erkannt, dass unsere Selbstkonzepte kontaminiert sind durch technische Zweckorientierung. „Die gefährliche Einseitigkeit, Naivität und Inflexibilität unserer Identitätspolitik wird durch […] kulturelle Orientierungen mitbestimmt."[1]

Aber erkennbar sind gleichzeitig die kollektive Angst vor dem Kollaps der Systeme und die Sehnsucht nach Sinn, nach einer ver-

1 Paweltzik, Gefühlte Epidemie, a. a. O.

änderten Wahrnehmung, nach einem alternativen Lebenskonzept. Unter der Lebensbewegung von Gesundheit sind Öffnungen der Menschen für die heilende und helfende Anwesenheit des ganz Anderen ahnbar. Oder lebenspraktisch gesprochen: Gesundheit, als Gabe gelebt, ist Leben im Hier und Jetzt. Diese intensive und präsente Lebenshaltung wagt eine Auszeit aus dem Lauf der Dinge, die uns zu verschlingen drohen.

Diese Suche nach einem gewandelten Welt- und Selbstverhältnis zeigt sich insbesondere auf der betrieblichen Ebene. Gesundheit in diesem umfassenden Sinn ist Basis, über Führung neu nachzudenken. Entsprechende Beispiele und Wege zu einem integralen Führungsverständnis sind dargestellt worden. Es sind erste Schritte erkennbar – und auch hinterfragbar: Die globalen Unwägbarkeiten sind offenbar so bedrohlich, dass wir uns in den kleinen Verhältnisses einrichten, die Innerlichkeit pflegen und den Nahbereich gestalten.

Doch auch hier führt die konstruktive Sichtweise weiter: Die Umorientierung ist mit einer tiefen Einsicht in die bestehenden Verhältnisse verbunden, in denen alles bezahlt werden muss. Das Lebenswichtige aber, was wir von unserer Mitwelt bekommen, können wir nicht bezahlen. Das ist der schlichte und längst gewusste Ertrag des Nachdenkens über die Gabe: Leben gibt es nur gratis.

Ausblick auf den weiteren Forschungsbedarf

Die vorliegende Untersuchung hat eine Gesamtschau der Entwicklung auf dem Feld der Gesundheit versucht. Der weitere Forschungsbedarf liegt auf der Hand:

Für die Praktische Theologie ist es lohnend, die Forschung über die Rolle der Pfarrerin und des Pfarrers zu vertiefen im Blick auf den Heilungsauftrag des Amtes.

Auf dem Feld der Kybernetik und des Gemeindeaufbaus bieten sich Perspektiven, das Gesundheitswissen der Menschen in den Gemeinden für eine zukünftig gemeindenahe Krankheitsvorsorge zu nutzen.

Im Bereich der Seelsorge liegen schon wertvolle Überlegungen zum Zusammenhang von Spiritualität und Krankheit vor.

Die Predigtlehre hat es leicht, das Paradigma der Gabe für die worthafte Präsenz aufzugreifen: Das Wort ist der innige und anrührende Anspruch Gottes, die heilsame Gabe.

Die Diakoniewissenschaften bedürfen aus dem genannten weiteren Forschungsbedarf heraus der stärkeren Verknüpfung mit der Praktischen Theologie. Denn die neuzeitliche Diakonie hat ihr Konzept von Gesundheit entwickelt, nachdem die Verbindung von Heil und Heilung in der Medizin sich schon gelöst hatte und die Rolle des Priester-Arztes in Vergessenheit geraten war.

Darüber hinaus hat die Diakoniewissenschaft die Aufgabe, der deutlich pfadgebundenen blauen Diakonie vom Paradigma der Gabe her Vorstellungen des anderen Wirtschaftens zu erschließen.

Die vorstehenden Überlegungen haben auch deutlich gemacht, dass wichtige Impulse für das Verständnis von Gesundheit aus dem weltweiten Kontext gekommen sind. In der Ökumene, insbesondere in den Missionsgesellschaften hat sich die Verbindung zu den indigenen Formen von Gesundheitsförderung erhalten.

Nicht zufällig haben die französischen Phänomenologen ihr erweitertes Verständnis von Gabe aus ethnologischen und kulturwissenschaftlichen Forschungen gewonnen.

Der deutschen Evangelischen Theologie und der Diakoniewissenschaft, wie auch den diesen Reflexionsebenen korrespondierenden Systemen, würde eine solche Erweiterung des Blickfeldes förderlich sein.

Literaturverzeichnis

Altgeld, Thomas, Kolip, Petra, Wirksame Gesundheitsförderung heute. Die Herausforderung der Ottawa Charta. In: Schmidt, Petra, Kolip, Petra (Hg.), Gesundheitsförderung im aktivierenden Sozialstaat. München 2007. 33–45.

Antonovsky, Aaron Salutogenese: zur Entmystifizierung der Gesundheit/Hrg. Von Ranke, A. Tübingen 1997.

ARD, Themenwoche zum Glück. Unter: http://www.ard.de/home/themenwoche/Startseite_ARD_Themenwoche_2013_Zum_Glueck/236964/index.html (Stand: 17.03.2014).

Assheuer, Thomas, Alles ist nichts. Warum Becketts Horrorvision von der verwalteten Welt heute niemanden mehr schreckt. Zeit 12.04. 2006.

Assländer, Friedrich, Grün, Anselm, Spirituell führen mit Benedikt und der Bibel. Münster-Schwarzach 2006.

Assländer, Friedrich, Grün, Anselm, Spirituell arbeiten. Dem Beruf neuen Sinn geben. Münster-Schwarzach 2010.

Assmann, Jan, Herrschaft und Heil. Politische Theologie in Altägypten, Israel und Europa. München 2000.

Badura, Bernhard, Schröder, Helmut, Klose, Joachim, Macco, Katrin (Hg.), Fehlzeiten-Report 2009. Arbeit und Psyche: Belastungen reduzieren – Wohlbefinden fördern. Berlin 2010.

Badura, Bernhard, Steinke, Mika, Betriebliche Gesundheitspolitik in der Kernverwaltung von Kommunen. Eine explorative Fallstudie zur aktuellen Situation. 2009. Unter: www.boeckler.de/pdf_fof/S-2008-123-4-1.pdf (Stand: 17.03.2014).

Badura, Bernhard, Steinke, Mika, Die erschöpfte Arbeitswelt. Durch eine Kultur der Achtsamkeit zu mehr Energie, Kreativität, Wohlbefinden und Erfolg. Hrsg. von der Bertelsmann Stiftung. Gütersloh 2011.

Badura, Bernhard, Greiner, Wolfgang, Rixgens, Petra, Ueberle, Max, Behr, Martina: Sozialkapital. Grundlagen von Gesundheit und Unternehmenserfolg. Berlin 2008.

Badura, Bernhard, Walter Uta, (Hg.) Betriebliche Gesundheitspolitik. Der Weg zur gesunden Organisation. Berlin 2010.

Baethge, Martin: Arbeit, Vergesellschaftung, Identität. Zur zunehmenden normativen Subjektivierung der Arbeit. In: Soziale Welt 42,1

(1991), 6–19. Unter: http://www.volkskunde.uni-muenchen.de/vkee_download/g__tz/3-baethge.pdf (Stand: 17.03.2014).

Balthasar, Hans Urs, Herrlichkeit. Eine theologische Ästhetik. 3 Bände. Johannes, Einsiedeln 1961–69.

Balthasar, Hans Urs, Das Herz der Welt, Zürich 1944, Neuauflage Einsiedeln 2008.

BCG Boston Consulting Group, Corporate Health Management im Umbruch. Herausforderungen und neue Strategien. München 2012. S. 12. http://www.bcg.de/documents/file104195.pdf (Stand: 02.04.2014).

Beck, Stefan, Michi Knecht, Körper, Körperpolitik, Biopolitik. In: Körperpolitik – Biopolitik. Gesellschaft für Ethnologie (GfE) (Hg.), Münster 2003. S. 7–14.

Beck, Ulrich, Die vertraute Katastrophe. Das unkalkulierbare Risiko wird zur Gewohnheit. DIE ZEIT, 26.04.1991 Nr. 18–26. April 1991. Unter: http://www.zeit.de/1991/18/Die-vertraute-Katastrophe (Stand: 1.03.2014).

Becker, Uwe (Hg.), Perspektiven der Diakonie im gesellschaftlichen Wandel. Neukirchen-Vluyn 2011.

Belschner, Wilfried, Der Sprung in die Transzendenz. Die Kultur des Bewusstseins und die Entmystifizierung des Spirituellen. Psychologie des Bewusstseins – Texte, Band 7 -. Münster 2007.

Belschner, Wilfried, Büssing, A., Piron, H. & Wienand-Kranz, D. (Hg.), Achtsamkeit als Lebensform. Psychologie des Bewusstseins – Texte, Band 6 -. Münster 2007.

Belschner, Wilfried, Playbacktheater. Unter: http://playbacktheatre.org/wp-content/uploads/2010/04/Belschner_deutsch.pdf (Stand: 17.03.2014).

Bengel, Jürgen, Strittmatter, Regine, Willmann, Hildegard, Was erhält den Menschen gesund? Forschung und Praxis der Gesundheitsförderung. Hrsg. von der Bundeszentrale für gesundheitliche Aufklärung. Köln 2001.

Berendt, Joachim-Ernst, Nada Brahma. Die Welt ist Klang. Frankfurt 2007.

Berger, Peter L., Luckmann, Thomas, Die gesellschaftliche Konstruktion der Wirklichkeit. Frankfurt/Main 1990.

Berufsgenossenschaft für Gesundheitsdienst und Wohlfahrtspflege (Hg.), Betriebliches Eingliederungsmanagement. Praxisleitfaden. Hamburg 2009.

Berufsgenossenschaft für Gesundheitsdienst und Wohlfahrtspflege (Hg.), Persönliche Ressourcen stärken. Betriebliche Gesundheitsförderung durch Personalentwicklung. Hamburg 2010.

Bischoff, Sascha, Gerechtigkeit, Verantwortung, Gastfreundschaft. Ethikansätze nach Jacques Derrida. Freiburg 2004.

Böckenförde, Ernst-Wolfgang: Der Begriff des Politischen als Schlüssel zum staatsrechtlichen Werk Carl Schmitts. In: ders. Recht, Staat, Freiheit. Studien zur Rechtsphilosophie, Staatstheorie und Verfassungsgeschichte. Frankfurt. 1991; S. 344–366.

Böhme, Hartmut, Hilft das Lesen in der Not? Warum unsere Wirtschaftskrise eine Krise der Moderne ist. ZEIT-Literatur, Nr.12.2003. 28–35. Unter: http://www.zeit.de/2009/12/L-Krise-Boehme (Stand: 17.03.2014).

Boorse, C., Health as a theoretical concept. In: Philosophy of Science 44, 542–573, 542–562.1977.

Brunnett, Regina, Die Hegemonie symbolischer Gesundheit. Eine Studie zum Mehrwert von Gesundheit im Postfordismus. Bielefeld 2009.

Breyer, Friedrich, Zweifel, Peter, Kifmann, Mathias, Gesundheitsökonomik. Berlin 2005.

Büssing, Arndt, Spiritualität – worüber reden wir? In: Büssing, Arndt, Ostermann, Thomas (Hg.), Spiritualität, Krankheit und Heilung – Bedeutung und Ausdrucksformen der Spiritualität in der Medizin. Bad Homburg 2006. S. 11–25.

Büssing, Arndt, Ostermann, Thomas (Hg.), Spiritualität, Krankheit und Heilung – Bedeutung und Ausdrucksformen der Spiritualität in der Medizin. Bad Homburg 2006.

Büssing, Arndt, Spiritualität – inhaltliche Bestimmung und Messbarkeit. Prävention 02/2008, S. 35–37.

Büssing, Arndt, Kohls, Niko (Hg.), Spiritualität transdisziplinär: Wissenschaftliche Grundlagen im Zusammenhang von Gesundheit und Krankheit. Berlin 2011.

Burley, Mikel: Hatha Yoga. München 2005.

Bundesverband der Betriebskrankenkassen (Hg.), Auf dem Weg zum gesunden Unternehmen. Argumente und Tipps für ein modernes betriebliches Gesundheitsmanagement. Hamburg 2004.

Bundesverband evangelischer Behindertenhilfe (beb), Fachtung: Resilienz für Profis. Psychiatrie im Wandel. 2013. Unter: http://www.beb-ev.de/inhalt/materialien-zur-fachtagung-resilienz-fur-profis-psychiatrie-im-wandel-mitarbeitende-im-mittelpunkt/ (Stand: 17.03.2014).

Bundeszentrale für politische Bildung, Dossier Gesundheitspolitik. Die gesetzliche Krankenversicherung (GKV) im System der sozialen Sicherung. Unter: http://www.bpb.de/politik/innenpolitik/gesundheitspolitik/72496/gkv-soziale-sicherung (Stand:17.03.2014).

Bundeszentrale für politische Bildung, Deutsche Verhältnisse. Eine Sozialkunde. Unter: http://www.bpb.de/politik/grundfragen/deutsche-verhaeltnisse-eine-sozialkunde/138707/ausblick (Stand: 17.03.2014).

Bundesärztekammer, Gesundheits- und sozialpolitische Vorstellungen der deutschen Ärzteschaft. Beschlossen vom 89. Deutschen Ärztetag 1986 in Hannover, Köln 1986.

Bundesärztekammer, Dialogforum der Bundesärztekammer. Unter: http://www.dialogforum-pluralismusindermedizin.de (Stand: 17.03.2014).

Bundesausschuss zur Verordnung von spezialisierter ambulanter Palliativversorgung, Spezialisierte Ambulante Palliativversorgungs-Richtlinie/SAPV-RL) vom 20. Dezember 2007, veröffentlicht im Bundesanzeiger 2008, S. 911 zuletzt geändert am 15. April 2010, veröffentlicht im Bundesanzeiger, S. 2 190, in Kraft getreten am 25. Juni 2010.

Cech, Ursula: Kahuna-Revival. Über das magisch-schamanisch-spirituelle HUNA-System aus Hawaii und dessen Wirkungsmöglichkeiten in unserer ratio-dominierten Gesellschaft. Dissertation, Universität Wien, Wien 2002.

Central Intelligence Agency. CIA. The World Factbook 2011. Unter: http://www.cia.gov/library/publications/the-world-factbook/ (Stand: 17.03.2014).

Därmann, Iris, Theorie der Gabe. Zur Einführung. Hamburg 2010.

Dahlgrün, Corinna, Spiritualität. Formen und Traditionen der Suche nach Gott. Berlin 2009.

Derrida, Jacques, Donner le temps. La fausse monnaie I, Paris 1991; Dt.: Zeit geben: Falschgeld. Übersetzt von Andreas Knop und Michael Wetzel. München 1993.

Deutscher Hospiz- und Palliativverband e. V.. Unter: http://www.dhpv.de/ueber-uns_der-verband_satzung.html (Stand: 17.03.2014).

Deutscher Zentralverein homöopathischer Ärzte. Unter: www.dzvhae.de/homoeopathie-fuer-aerzte-und-fachpublikum/ (Stand: 17.03.2014).

Diakonisches Werk der Ev.-luth. Landeskirche in Braunschweig, Wirksam Wege für Familien mit geringem Einkommen im Braunschweiger Land gestalten. Eine Initiative des Diakonischen Werkes der Evangelisch-lutherischen Landeskirche in Braunschweig e. V. und der Stiftung Braunschweigischer Kulturbesitz. Braunschweig 2011.

Diakonisches Werk Hannover, Gesundheitsladen Nordstadt. Unter: http://www.diakonisches-werk-hannover.de/beratung_behandlung/spenden/gesundheitsladen_nordstadt.html. (Stand: 17.03.2014).

Diakonisches Werk der EKD, Existenzielle Kommunikation und spirituelle Ressourcen in der Pflege. Ein Projekt des Diakonischen Werkes der EKD.2010–2012.

Dialogforum der Bundesärztekammer: Pluralismus in der Medizin. Unter: http://www.dialogforum-pluralismusindermedizin.de/dpm_.dll?pageID=140 (Stand: 17.03.2014).

Droysen, Gustav, Die Erhebung der Geschichte zum Rang einer Wissenschaft. Historische Zeitschrift, Bd. 9, München 1863. Unter: http://www.uni-Konstanz.de/FuF/Philo/Geschichte/Tutorium/Themenkomplexe/Grundlagen/Was_ist_Geschichte/Kontinuitat/kontinuitat.html (Stand: 17.03.2014).

Dürckheim, Karlfried Graf, Vom doppelten Ursprung des Menschen. Rütte 2009.

Dürckheim, Karlfried Graf, Der Alltag als Übung: Vom Weg zur Verwandlung. Bern 2004.

Erhard, Ludwig, Müller-Armack, Alfred (Hg.), Soziale Marktwirtschaft – Ordnung der Zukunft – Manifest, 72. Frankfurt 1972.

Evangelische Kirche in Deutschland. Pressemitteilung der Deutschen Bischofskonferenz und der Evangelischen Kirche in Deutschland vom 07.03.2008. Unter: http://www.ekd.de/woche/w2008/aktuelle_informationen.htm (Stand: 17.03.2014).

Evangelische Kirche in Deutschland EKD, Grundordnung der EKD. Unter: http://www.ekd.de/ekd-kirchengrundordnung.htm (Stand: 17.03.2014)

Evangelische Kirche in Deutschland, Für eine Zukunft in Solidarität und Gerechtigkeit. Bonn/Hannover 1997.

Evans-Pritchard, E. E. Vorwort In: Mauss, Marcel, Die Gabe. Form und Funktion des Austausches. Frankfurt 1990.

Feiter, Reinhard, Antwortendes Handeln. Praktische Theologie als kontextuelle Theologie – ein Vorschlag zu ihrer Bestimmung in Anknüpfung an Bernhard Waldenfels' Theorie der Responsivität. Digitale Publikation im Münsterschen Informations- und Archivsystem für multimediale Inhalte 2010.

Fink-Eitel, Hinrich: Foucault zur Einführung. Hamburg 1989.

Frankl, Viktor.E, Der leidende Mensch. Anthropologische Grundlagen der Psychotherapie. Bern 1975.

Viktor Frankl Institut. Unter: http://www.viktorfrankl.org/e/logotherapy.html (Stand: 17.03.2014).

Fräntzel, Evelin, Was ist Achtsamkeit. Unter: http://www.achtsamkeit24.de/achtsamkeit-definition-herkunft-uebungen-training.html (Stand: 17.03.2014).

Freud, Sigmund, Vorlesungen zur Einführung in die Psychoanalyse. Gesammelte Werke, Bd. XI, S. 476. Frankfurt 1. Auflage 1944.

Fromm, Erich, Haben oder Sein. Die seelischen Grundlagen einer neuen Gesellschaft. München 1979.

Fuchs, Christoph, Rationalisierung, Rationierung und Priorisierung – was ist gemeint? Dtsch Arztebl 2009; 106 (12): A-554/B-474/C-458.

Fuchs, Thomas, Das Gedächtnis des Leibes. Loccumer Pelikan 3/12. S. 103–106.

Fuchs, Thomas, Hirnwelt oder Lebenswelt? Zur Kritik der Neurokonstruktivismus. DZPhil, Akademie Verlag, 59.2011.3, 347–358.

Galuska, Manfred, Die spirituelle Dimension wirtschaftlichen Handelns. Bad Kissingen 2005. S. 4. Unter: http://www.joachim-galuska.de/archiv/JGA_die_spirituelle_dimension_im_wirtschaftlichen_handeln_steininger_050419.pdf (Stand: 17.03.2014).

Gatterer, Harry, Thomas Huber, Jeanette Huber, Anja Kirig, Franz Kühmayer, Janine Seitz, Healthness – Die nächste Stufe des Megatrends Gesundheit. Zukunftsinstitut GmbH. Internationale Gesellschaft für Zukunfts- und Trendberatung. Kelkheim 2012.

Gebhard, Dörte, Menschenfreundliche Diakonie. Neukirchen-Vluyn 2000.

Gemeindeakademie Rummelsberg, Salutogenese und Veränderungsprozesse. Was hält gesund, wenn sich alles ändert? Unter: http://www.gemeindeakademie-rummelsberg.de/sites/gemeindeakademie-rummelsberg.de/files/bilder/Ver%C3 %A4nderungsprozesse%20und%20 %20Salutogenese%20-%20Kongress%20f%C3 %BCr%20PE.pdf (Stand: 17.03.2014).

Gerlitz, Peter, Die Ethik des Budda. In: C.H. Ratschow (Hg.), Ethik der Religionen. Stuttgart 1980. S. 227–348.

Giddens, Anthony, Die Zukunft des europäischen Sozialmodells. Internationale Politikanalyse Europäische Politik, Berliner Republik. Das Debattenmagazin. 1.2006. Unter: http://www.b-republik.de/archiv/die-zukunft-des-europaeischen-sozialmodells (Stand: 17.03.2014).

Godzik, Peter, Hospizbewegung quo vadis. 2011.

Godelier, Maurice, Das Rätsel der Gabe. Geld. Geschenk, heilige Objekte. München 2006.

Gondek, Hans-Dieter, Tengelyi, Laszlo, Neue Phänomenologie in Frankreich. Berlin 2011.

Great Place to Work® Germany 2013. Unter: http://www.greatplacetowork.de/ (Stand: 17.03.2014).

Grossman, Michael, „On the Concept of Health Capital and the Demand for Health“, Journal of Political Economy, 1972. Vol. 80, pp. 223–255.

Guardini, Romano, Christliches Bewußtsein. Versuche über Pascal. Leipzig 1935; Neuausgabe Mainz 1991.

Habermas, Jürgen; Meaning of meanig oder: Ist „Sinn“ eine sprachunabhängige Kategorie? In: Habermas, Jürgen, Luhmann, Niklas, Theorie der Gesellschaft oder Sozialtechnologie. Frankfurt 1976. 171–202.

Habermas, Jürgen, Vorbereitende Bemerkungen zu einer Theorie der kommunikativen Kompetenz. In: Jürgen Habermas, Niklas Luhmann, Theorie der Gesellschaft oder Sozialtechnologie. 1976. S. 101–141.

Habermas, Jürgen, Theorie des kommunikativen Handelns, Bd. 1, Handlungsrationalität und gesellschaftliche Rationalisierungen. Frankfurt 1981.

Habermas, Jürgen. Vorstudien und Ergänzungen zur Theorie des kommunikativen Handelns. Frankfurt 1995.

Hahnemann, Samuel, Organon der Heilkunst. 2010. 6. Auflage

Hahnemann, Samuel, Heilkunde der Erfahrung. Berlin 1805.

Han, Byung-Chul, Müdigkeitsgesellschaft. Berlin 2010.

Hauf, Stephan Tobias, Das halbstrukturierte, klinische Interview „SPIRI“ zur Erfassung spiritueller Überzeugungen und Bedürfnisse von Patienten mit Krebserkrankungen. Diss. München 2009. http://edoc.ub.uni-muenchen.de/10263/1/Hauf_Stephan.pdf (Stand: 02.04.2014).

Hauschild, Thomas, Magie und Macht in Italien. Über Frauenzauber, Kirche und Politik. Gifkendorf 2002.

Hegel, Georg Wilhelm Friedrich, Grundlinien der Philosophie des Rechts oder Naturrecht und Staatswissenschaften im Grundrisse. Berlin 1821. Georg Wilhelm Friedrich Hegel. Werke 7. Frankfurt 1978.

Heinig, Hans Michael, Der Sozialstaat im Dienst der Freiheit. Tübingen 2008

Hengsbach, Friedhelm, Solidarität im Labyrinth christlicher Gesellschaftsethik. In: Iben, Gerd, Kemper, Peter, Maschke, Michael (Hg.) ‚Ende der Solidarität?: Gemeinsinn und Zivilgesellschaft; Münster 1999. S. 11–26.

Heusser, Peter, Selg, Peter, Das Leib-Seele-Problem. Zur Entwicklung eines geistgemäßen Menschenbildes in der Medizin des 20. Jahrhunderts. Arlesheim 2011.

Hildebrand, Bruno, Resilienz, Krisen und Krisenbewältigung. In: Welter-Enderlin, Rosmarie, Hildebrand, Bruno (Hg.), Resilienz – Gedeihen trotz widriger Umstände. Heidelberg 2006. S. 205–249.

Hoff, Johannes, Spiritualität und Sprachverlust: Theologie nach Foucault und Derrida. Paderborn 1999.

Höffe, Otfried, Gerechtigkeit als Tausch. Zur Begründung von Recht und Staat. Festvortrag zur Eröffnung der Rechtswissenschaftlichen Fakultät der Universität Luzern, 22. Oktober 2001. Unter: http://www.unilu.ch/files/ansprache_hoeffe_7811.pdf (Stand: 17.03.2014).

Hoffmann, Veronika, Skizzen zu einer Theologie der Gabe. Rechtfertigung – Opfer – Eucharistie – Gottes- und Nächstenliebe. Freiburg 2013.

Hönn, Günther, Zur Problematik der Privatautonomie, Saarbrücken 1982. Unter: http://archiv.jura.uni-saarland.de/projekte/Bibliothek/text.php?id=147 (Stand: 17.03.2014).

Hoppe, Jörg-Dietrich, Schulmedizin und Alternativmedizin: der Dialog hat begonnen. Ärztekammer Nordrhein. 1.2011.

Hospizverein Preetz. Unter: http://www.hospizverein-preetz.de (Stand: 17.03.2014).

Huber, Wolfgang, Predigt zur Eröffnung der Woche für das Leben. Würzburg 2008. http://www.ekd.de/woche/w2008/veranstaltungen.htm. (Stand: 17.03.2014).

Huber, Wolfgang, Hat das protestantische Arbeitsethos Zukunft? Göttingen 2000.

Hüther, Gerald, Selbstverantwortung. Eröffnungsvortrag auf dem Hauptstadtkongress für Gesundheit und Medizin. Berlin 2011. http://www.

hauptstadtkongress.de/2011/eroeffnungsvortrag-von-prof-dr-gerald-huether (Stand: 17.03.2014)

Hüther, Gerald, Spannbauer, Christa, Ein Plädoyer für Verbundenheit. In: Hüther, Gerald, Spannbauer, Christa (Hg.), Connectedness. Warum wir ein neues Weltbild brauchen. Bern 2012. S. 125–132.

Hyde, Lewis, Die Gabe. Wie Kreativität die Welt bereichert. Frankfurt/M. 2008.

Ilmarinen, Juhani, Tempel, Jürgen, Arbeitsfähigkeit 2010. Was können wir tun, damit Sie gesund bleiben? Düsseldorf 2002.

Initiative Gesundheit und Arbeit (iga). Return on Investment im Kontext der betrieblichen Gesundheitsförderung und Prävention Heft 16. 2008. Hrg. Vom BKK Bundesverband, DGUV, AOK-Bundesverband, vdek.

Instituts für Demoskopie Allensbach, Umfrage: Interesse der Bevölkerung für das Thema Gesundheit. Unter: http://de.statista.com/statistik/daten/studie/168740/umfrage/interesse-der-bevoelkerung-fuer-das-thema-gesundheit/ (Stand: 17.03.2014).

Jäger, Willigis, Suche nach dem Sinn des Lebens. Bewußtseinswandel auf dem Weg nach innen. Petersberg 1999.

Jakob, Beate, Auf der Suche nach Heilung und Gesundheit. Annäherungen und Definitionsversuche. In: Difäm (Hg.), Die heilende Dimension des Glaubens. Studienheft Nr. 5. Tübingen 2007. S. 6–14.

Jonas, Hans, Das Prinzip Verantwortung. Versuch einer Ethik für die technologische Zivilisation. Frankfurt/M. 1979.

Kaatsch, Hans Jürgen, Rosenau, Hartmut (Hg.), Medizinethik, Bd. 16. Ethik interdisziplinär. Berlin 2008.

Kabat-Zinn, Jon, Kesper-Grossman, Ulrike, Stressbewältigung durch die Praxis der Achtsamkeit. Freiburg 1999.

Kabat-Zinn, Jon, Kesper-Grossman, Ulrike, Die heilende Kraft der Achtsamkeit. Freiburg 2004.

Kant, Immanuel, Die Metaphysik der Sitten. Königsberg 1797. Werkausgabe Band VIII. Hrsg. von Wilhelm Weischedel. Frankfurt 1968.

Kaufmann, Franz-Xaver, Varianten des Wohlfahrtsstaates. Der deutsche Sozialstaat im internationalen Vergleich. Frankfurt 2003.

Kaufmann, Franz Xaver, Der deutsche Sozialstaat in international vergleichender Perspektive. Vortrag im Rahmen des Kolloquiums Bielefeld 2000 am 09.12.1999.

Keller, Scott, Price, Colin, Beyond performance: How great organizations build ultimate competitive advantage. Hoboken, New Jersey 2011.

Kesselring, Thomas, Begründungsstrategien für die Menschenrechte: transzendentale Tausch (Höffe) oder Kooperation (Rawls)? In: Philippe Mastronardi (Hg.), Das Recht im Spannungsfeld utilitaristischer und deontologischer Ethik. Stuttgart 2004. S. 85–96.

Keup, Heiner, Das erschöpfte Selbst – Umgang mit psychischen Belastungen. In: Keup, Heiner, Dill, Helga (Hg.), Erschöpfende Arbeit. Gesundheit und Prävention in der flexiblen Arbeitswelt. Bielefeld 2010. S. 41–60.

Kickbusch, Ilona, Spiritualität – die vierte Dimension von Gesundheit. Vorwort. In: Steinmann, Ralph Marc. Spiritualität die 4. Dimension der Gesundheit. Eine Einführung aus der Sicht von Gesundheitsförderung und Prävention. Berlin 2008. S. 7–9.

Kierkegaard, Sören, Furcht und Zittern. Dialektische Lyrik von Johann Silentio. Hamburg 1961.

Kießig, Manfred, Stempin, Lothar (Hg.), Evangelischer Erwachsenenkatechismus. Glauben. Erkennen. Leben. 6. Auflage. Gütersloh 2000.

Klein, Constantin, Berth, Hendirk, Balck, Friedrich (Hg.), Gesundheit, Religion, Spiritualität. Konzepte, Befunde und Erklärungsansätze. Weinheim 2011.

Kleinert, Ulfrid: Forschungs- und Fortbildungsprojekt Kirchenkreissozialarbeit. Dresden 1999.

Kluth, Winfried, Funktionale Selbstverwaltung: verfassungsrechtlicher Status – verfassungsrechtlicher Schutz. Tübingen 1997.

Kornfield, Jack Das weise Herz. Die universellen Prinzipien buddhistischer Psychologie. Aus dem Amerikanischen von Elisabeth Liebl. München 2008.

Krause, Regina, Gemeindebezogene Gesundheitsförderung. Studienbrief Weiterbildung „Gemeindebezogene Gesundheitsförderung" Modul P 01 Magdeburg: Hochschule Magdeburg-Stendal (FH), 2002.

Kurbacher-Schönborn, Frauke Annegret, Liebebegriff und Haltung. DFG Netzwerk „Liebessemantik". Vortrag am 6. Juni 2007. Unter: http://www.uni-giessen.de/Liebesbegriff %20und%20Haltung/%20Frauke%20 %Kurbacher/pdf (Stand:01.02.2011).

Lampert, Heinz, Lehrbuch der Sozialpolitik. Berlin 1980. 7. Aufl. 2004.

Lanzerath, Dirk, Gesundheit in Medizin und Gesellschaft. 2005. www.imew.de. (Stand: 17.03.2014).

Lauterbach, Matthias, Gesundheit, Heil-Sein, Heilung. Gesundheit und Spiritualität. Hannover 2012.

Lenz, Albert, Stark, Wolfgang (Hg.), Empowerment. Neue Perspektiven für psychosoziale Praxis und Organisation. Tübingen 2002.

Leuschner, Eckhard, Wie die Faschisten sich Leonardo unter den Nagel rissen: eine architekturgeschichtliche Station des „Vitruvianischen Menschen" auf dem Weg zum populären Bild, in: Beständig im Wandel: Innovationen – Verwandlungen – Konkretisierungen. Festschrift für Karl Möseneder zum 60. Geburtstag, hg. Von Christian Hecht, Berlin 2009, S. 425–440.

Lintner, Martin M., Eine Ethik des Schenkens. Von einer anthropologischen zu einer theologisch-ethischen Deutung der Gabe und ihrer Aporien. Studien der Moraltheologie Bd. 35. Berlin 2006.

Lütz, Manfred, Lebenslust. Wider die Diät-Sadisten, den Gesundheitswahn und den Fitness-Kult. München 2013.

Lütz, Manfred, Eröffnungsstatement der Podiumsdiskussion bei der Eröffnung der Woche für das Leben 2008 in Würzburg. Unter: http://www.ekd.de/woche/w2008/aktuelle_informationen.htm (Stand: 17.03.2014).

Lütz, Manfred, Gesellschaft Erhebet die Herzen, beuget die Knie. Gesundheit als Religion: Vorsorge, Enthaltsamkeit, Sport – das ist die neue Dreifaltigkeit. Ein Gotteslästerer, der dies bezweifelt. DIE ZEIT, 17.04.2008 Nr. 17.

Maio, Giovanni (Hg.), Ethik der Gabe – Humane Medizin zwischen Leistungserbringung und Sorge um den Anderen. Freiburg 2014.

Marion, Jean-Luc, Etant donné, Paris 1997.

Marion, Jean-Luc, Eine andere „Erste Philosophie“ und die Frage der Gegebenheit. In: Ders.; Wohlmuth, Josef (Hg.), Ruf und Gabe. Zum Verhältnis von Phänomenologie und Theologie, Bonn 2000.

Matthiessen, Peter, Heilung im Neuen Testament – Spiritualität und ärztliches Handeln. In: Büssing, Arndt, Ostermann, Thomas (Hg.), Spiritualität, Krankheit und Heilung – Bedeutung und Ausdrucksformen der Spiritualität in der Medizin. Bad Homburg 2006. S. 85–108.

Mauss, Marcel, Essai sur le don. 1950. Dt.: Marcel Mauss, Die Gabe. Form und Funktion des Austausches in archaischen Gesellschaften Die Gabe. Frankfurt 1990.

Mertl, Monika, Vom Denken des Herzens – Alice und Nikolaus Harnoncourt. Salzburg 1999.

Minta, Anna, Glaubenssache(n), kritische berichte. Zeitschrift für Kunst und Kulturwissenschaften Heft 2.2013. S. 7–9.

Modis, Theodore, Die Berechenbarkeit der Zukunft. Warum wir Voraussagen machen können. Basel 1994.

Müller-Fahrnow, W., Radoschewski, F. M., Theoretische Grundlagen der MBO in der medizinischen Rehabilitation. In Müller-Fahrnow, W., Hansmeier, T. (Hg.), Wissenschaftliche Grundlagen der medizinisch-beruflich orientierten Rehabilitation Lengerich 2006. S. 36–46.

Münkler, Herfried, Für eine neue Balance der Koordinaten, Sicherheit und Risiko. Thinktank. 2.2007.5. S.7.–9.

Münkler, Herfried, Bohlender Matthias, (Hg.), Sicherheit und Risiko. Über den Umgang mit Gefahr im 21. Jahrhundert. Bielefeld 2010.

National Center for Complementary and Alternative Medicine. Institute of Health. Unter: http//www.nccam.nih.gov (Stand: 17.03.2014).

Nefiodow, Leo A., Der sechste Kondratieff. Wege zur Produktivität und Vollbeschäftigung im Zeitalter der Information. Sankt Augustin 6. Auflage 2006.

Negt, Oskar, Gesellschaftsentwurf Europa. Plädoyer für ein gerechtes Gemeinwesen. Göttingen 2012.

Nager, Frank, Von der Vielfalt des Heilens. Schweizerische Ärztezeitung 80.1999, Nr. 49. S. 2876–2880.

Nietzsche, Friedrich, Menschliches, Allzumenschliches I; Kritische Gesamtausgabe, IV.2, Berlin 1967.

Oberhofer, Peter, Jean-Luc Marion über das „saturierte Phänomen", Wien 2005. Unter: http://www.textfeld.ac.at/text/1132 (Stand: 17.03.2014).

Österreichische Dokumentationszentrum für traditionelle und komplementäre Heilmethoden" Unter: www.cam-tm.com (Stand: 17.03.2014)

Ohlbrecht, Heike, Christine Schönberger (Hg.), Gesundheit als Familienaufgabe: Zum Verhältnis von Autonomie und staatlicher Intervention. Weinheim 2010.

Opielka, Michael, Was spricht gegen die Idee eines aktivierenden Sozialstaates. Np (Neue Praxis. Zeitschrift für Sozialarbeit, Sozialpädagogik, Sozialpolitik) 6.2003. S. 543–557.

Palm, Goedert, Die Geburt der Seele aus dem Geist der Placenta. Oder: Peter Sloterdijks Liebe zur Geomantie. Unter: http://www.goedart palm.de/sloter.html (Stand: 17.03.2014).

Pawelzik, Markus, Gefühlte Epidemie. Das Etikett Burn-out dient heute vielen als sozial akzeptierte Entschuldigung für Raubbau an den eigenen Kräften. Die Zeit 04.12.2011. Nr. 49.2011. Unter: http://www.zeit.de/2011/49/M-Burnout-Kontra (Stand: 17.03.2014).

Pfarrerverband, Belastungserleben und Gesundheit im Pfarrberuf. Eine Untersuchung in der Evangelischen Landeskirche Baden. www.pfarrer verband.de. (Stand: 17.03.2014).

Platsch, Klaus-Dieter, Das heilende Feld. Was sie selbst für ihre Heilung tun können. Frankfurt 2009.

Ponisch, Gabriele, „… daß wenigstens dies keine Welt von Kalten ist …": Wallfahrtsboom und das neue Interesse an Spiritualität und Religiosität. Berlin 2008.

Priddat, Birger P., Ökonomie der Gabe im Kontext einer Ökonomie des Glaubens. Auf der Spur Ricœurs. Unter: http://epub.ub.uni-muenchen.de/12366/1/ricoeur_3.pdf (Stand: 17.03.2014).

Zur psychosozialen Lage in Deutschland. Unter: http://www.psycho soziale-lage.de/ (Stand: 17.03.2014).

Rawls, John, Eine Theorie der Gerechtigkeit. Frankfurt 1975.

Rawls, John, Gerechtigkeit als Fairneß, in: Ders., Eine Theorie der Gerechtigkeit. Frankfurt 1994. S. 20–39.

Reckeweg, Hans-Heinrich, Homotoxikologie, 1981.

„Reflexive Neurowissenschaft" – Memorandum. In: Psychologie heute. Heft 2.2014.

Reimann, Axel, Aktuelle Entwicklungen im Bereich der Rehabilitation.

In: Aktuelles Presseseminar der Deutschen Rentenversicherung Bund vom 20. – 21. November 2007 in Würzburg. Bad Homburg 2007.

Ricœur, Paul, Liebe und Gerechtigkeit.= Amour et Justice, Tübingen 1990, 1–39 (Hg.), Bayer, Oswald. Mit einer deutschen Parallelübersetzung von Matthias Raden.

Ricœur, Paul, Das Selbst als ein Anderer. Aus dem Französischen von Jean Greisch. München 1996.

Rohnke, Andreas, Salutogenese und Gesundheitsmanagement. Eine Studie zu Gesundheitsressourcen und Belastungspotentialen im Pfarrberuf der Evangelischen Kirche von Kurhessen-Waldeck. Kassel 2012.

Rosa, Hartmut, Weltbeziehung im Zeitalter der Beschleunigung. Umrisse einer neuen Gesellschaftskritik. Frankfurt 2012.

Rosa, Hartmut, Is There Anybody Out There? Stumme und resonante Weltbeziehungen. Charles Taylors monomanischer Analysefocus. In: Kühnlein, Michael, Lutz-Bachmann, Matthias, Unerfüllte Moderne? Neue Perspektiven auf das Werk von Charles Taylor. Berlin 2011. S. 15–43.

Rosenau, Hartmut, Heil und Heilung – über die Verwandtschaft von Religion und Medizin, in: Kaatsch, Hans-Jürgen, Rosenau, Hartmut (Hg.), Medizinethik. Hamburg 2008. S. 197–200.

Ruschmann, Eckhard, Spiritualität und Wissenschaft. Seite 99. In: Arndt Büssing, Niko Kohls (Hg.), Spiritualität transdisziplinär: Wissenschaftliche Grundlagen im Zusammenhang von Gesundheit und Krankheit. 2011. S. 94–100.

Sigalova, Elisaveta, Die Zukunft der Zeit: Entwicklung der postmodernen Zeitvorstellungen. Unter: http://www.gradnet.de/papers/pomo02.papers/postmodernezeit.htm (Stand:17.03.2014).

Santorelli, Saki, Zerbrochen und doch ganz. Die heilende Kraft der Achtsamkeit. Übersetzt aus dem Englischen von Ute Weber. Freiamt 2009.

Schlüter, Christian, Gleichheit – Freiheit – Gerechtigkeit. Versuch einer Ortsbestimmung in praktischer Absicht. DISS. Humboldt-Universität zu Berlin. 2000.

Schmid, Günther, Gewährleistungsstaat und Arbeitsmarkt. Neue Formen von Governance in der Arbeitsmarktpolitik. WZB 2004.

Schmidt-Rost, Reinhard: Sterben, Tod, Trauer: vom Umgang mit der Grenze des Lebens in der modernen Gesellschaft. Stuttgart 1995; „Hospiz-Bewegung“: ein Arbeitsbericht für die Generalsynode der VELKD/Hrsg.: Luther. Kirchenamt d. VELKD. – (Texte aus der VELKD; 39). Hannover 1990.

Schnell, Tatjana, Implizite Religiosität. Zur Psychologie des Lebenssinns. Lengerich 2009.

Schoenauer, Hermann, Dynamisch Leben gestalten. Bd. 3: Spiritualität und innovative Unternehmensführung. Neuendettelsau 2011.

Schumpeter, Joseph A., Konjunkturzyklen. Göttingen 1961.

Segbers, Franz, Vom protestantischen Arbeitsethos zu einer neuen Arbeitsethik: Überlegungen zu Würde und Wert der Arbeit. Bremen 2011.

Seitz, Janine, Kühmayer, Franz, Kirig, Anja, Huber, Jeanette, Huber, Thomas, Gatterer, Harry, Healthness. Die nächste Stufe des Megatrends Gesundheit. 2012.

Sellin, Gerhard, Zwischen Deskription und Reduktion. Aporien und Möglichkeiten einer Theologie des Neuen Testaments. Evangelische Theologie, Jg. 64, Heft 03/2004, S. 172–186.

Sigalova, Elisaveta, Die Zukunft der Zeit: Entwicklung der postmodernen Zeitvorstellungen. 2004. Unter: http://www.gradnet.de/papers/pomo02.papers/postmodernezeit.htm (Stand: 17.03.2014).

Singer, Peter, Wie sollen wir leben? Ethik in einer egoistischen Zeit. Erlangen 1996, München 1999. Originaltitel: How are we to live? Ethics in an age of self-interest, 1993.

Singer, Peter, Praktische Ethik. Stuttgart 1984. (Originaltitel: Practical ethics, 1979).

Sloterdijk, Peter, Du musst dein Leben ändern. Über Anthropotechnik. Frankfurt 2009.

Slowfood Deutschland. Unter: www.slowfood.de (Stand: 17.03.2014).

Sommer, Jens, Der Dienst der Kirchen für eine Zukunft in Solidarität und Gerechtigkeit. Sozialdiakonie in Gemeinde und Kirchenkreis. In: Liedke, Ulf, Ins Wort fallen … Leipzig 1999.

Sparn, Walter Wertwandel und neue Subjektivität. Erlanger Forschungen, Reihe A, Band 91. Erlangen 2000.

Staudigl, Michael, Phänomenologie der Religion oder „theologische Wende"? Zur Problematik der methodischen Integrität radikalisierter Phänomenologie. in: Focus Pragensis. Jahrbuch für Philosophie und Phänomenologie der Religion 1/2001, S. 44–63.

Steffens, Markus, Zunehmende Bedeutung psychischer Störungen – Auswirkungen auf die berufliche Leistungsfähigkeit, den Arbeitsmarkt, die Rentenversicherung und mögliche neue Aufgaben für das Schwerbehindertenrecht. Diskussionsforum Reha- und Teilhaberecht C9/2012. Unter: http://www.reha-recht.de/fileadmin/download/foren/c/2012/C9-2012_Zunehmende_Bedeutung_psychischer_Stoerungen.pdf (Stand: 17.03.2014).

Steinke, Mika, Badura, Bernhard, Präsentismus. Ein Review zum Stand der Forschung. Hrsg. von der Bundesanstalt für Arbeitsschutz und Arbeitsmedizin. Dortmund 2011.

Steinmann, Ralph Marc. Spiritualität die 4. Dimension der Gesundheit. Eine Einführung aus der Sicht von Gesundheitsförderung und Prävention. Berlin 2008.

Stempin, Lothar, Ordnung als Prozess. Veränderte Orientierungs- und Steuerungskonzepte christlicher Lebensgestaltung am Beispiel der „Leitlinien kirchlichen Lebens“ der VELKD. Gütersloh 1999.

Stempin, Lothar, Ortsnah. Versuche einer menschen- und lebensraumnahmen Diakonie. In: Gott dem Herrn Dank sagen. Festschrift für Gerhard Heintze. Wuppertal 2002.

Stempin, Lothar, Hospize – eine Antwort auf den Wunsch nach aktiver Sterbehilfe? In: Friedrich Weber (Hg.), Beim Sterben helfen? Hannover 2006. S. 73–81.

Stempin, Lothar, Ortsnah Begründungen und Beispiele einer regional verwurzelten Diakonie; in: Schmidt-Rost, Reinhard, Dennerlein, Norbert (Hg.), Soll ich meines Bruders Hüter sein? Erkundungen und Reflexionen zum spannungsreichen Verhältnis von Kirche und Diakonie. Hannover 2005. S. 25–50.

Stempin, Lothar, Wirtschaftliches Handeln zwischen Profit und Profil, Fachtagung „Wirtschaftliches Handeln – und Dienstgemeinschaft – ein unauflöslicher Widerspruch?“ Kassel 2006.

Strehle, Samuel, Jenseits des Tausches. Karl Marx und die Soziologie der Gabe. Berliner Journal für Soziologie (BJS).2009.19. S.127–151.

Streibelt, Marco, Buschmann-Steinhage, Rolf, Ein Anforderungsprofil zur Durchführung der medizinisch-beruflich orientierten Rehabilitation aus der Perspektive der gesetzlichen Rentenversicherung. Die Rehabilitation, 2011. 50(3), S. 160–167.

Strifler, Matthias, Utilitarismus und Gerechtigkeit. Eine Analyse des equiprobability model von John C. Harsanyi. Hohenheimer Working Papers zur Wirtschafts- und Unternehmensethik No. 09. Stuttgart-Hohenheim: Institut für Kulturwissenschaften 2009. Unter: https://www.uni-hohenheim.de/wirtschaftsethik/downloads.html (Stand: 17.03.2014).

Trenkle, Norbert, Gebrochene Negativität. Anmerkungen zu Adornos und Horkheimers Aufklärungskritik. Unter: http://www.krisis.org/wp-content/data/gebrochene-negativitaet.pdf (Stand: 17.03.2014).

U. S. Department of Health an Human Services. Unter: http://nccam.nih.gov/ (Stand: 17.03.2014).

Utsch, Michael, Ehm, Simone (Hg.), Glaube und Gesundheit. Historische Zusammenhänge und aktuelle Befunde. In: Kann Glaube gesund machen, EZW-Text Nr. 181.2005.

Velten, Armin, Salutogenese und Veränderungsprozesse. Was erhält gesund, wenn sich doch alles ändert? Unter: http://www.gemeinde akademie-rummelsberg.de/sites/gemeindeakademie-rummelsberg.de/files/bilder/Ver%C3 %A4nderungsprozesse%20und%20 %20 Salutogenese%20-%20Kongress%20f%C3 %BCr%20PE.pdf (Stand: 17.03.2014).

Voß, Günter, H. J. Pongratz (Hg.): Arbeitskraftunternehmer. Erwerbsorientierung in entgrenzten Arbeitsformen. Berlin 2003.

Voswinkel, Stephan, Das Leistungsprinzip in unserer Gesellschaft. Vortrag auf dem Thementag „Das Leistungsprinzip – Neue Zugänge und Blickwinkel eines bekannten Phänomens“ anlässlich der Frühjahrsdelegiertenkonferenz 2009 des Evangelischen Studienwerks e. V. Villigst am 4.4.2009 in Schwerte. Unter: http://www.stephan-voswinkel.de/Aktuelles/Voswinkel-Leistungsprinzip-Villigst.pdf (Stand: 17.03.2014).

Walach, Harald, Spiritualität. Warum wir die Aufklärung weiterführen müssen. Klein Jasedow 2011.

Walcher-Schneider, Jacqueline, Jörg Walcher, Das Wellbeing-Prinzip: Gesund leben. Glücklich sein. 2012.

Waldenfels, Bernhard, Phänomenologie der Aufmerksamkeit. Frankfurt 2004.

Waldenfels, Bernhard, Sinne und Künste im Wechselspiel. Modi ästhetischer Erfahrung. Frankfurt 2010.

Waldenfels, Bernhard, Das leibliche Selbst. Vorlesungen zur Phänomenologie des Leibes. Hrsg. von Regula Giuliani. Frankfurt 2000.

Walzer, Michael, Sphären der Gerechtigkeit. Ein Plädoyer für Pluralität und Gleichheit. Frankfurt am Main 1992, Neuauflage 2006.

Weiher, Erhard, Das Geheimnis des Lebens berühren. Spiritualität bei Krankheit, Sterben, Tod. Eine Grammatik für Helfende. Stuttgart 2009.

Weiss, Otto, Das erste aller Christen. Zur deutschen Pascalrezeption von Friedrich Nietzsche bis Hans Urs von Balthasar. Regensburg 2012.

Wellensiek, Sylvia Kere, Handbuch Resilienz-Training. Widerstandskraft und Flexibilität für Unternehmen und ihre Mitarbeiter. Weinheim Basel 2011.

Welwood, John, Psychotherapie und Buddhismus. Der Weg persönlicher und spiritueller Transformation. Freiburg 2010.

Welwood, John, Toward a Psychology of Awakening: Buddhism, Psychotherapy, and the Path of Personal and Spiritual Transformation. 2002.

Wenzel, Knut, Glaube in Vermittlung. Theologische Hermeneutik nach Paul Ricœur. Freiburg 2008.

Werner, Emmy. E., Wenn Menschen trotz widriger Umstände gedeihen – und was man daraus lernen kann. In: Welter-Enderlin, Rosmarie, Hildenbrand, Bruno (Hg.), Resilienz. Gedeihen trotz widriger Umstände. Heidelberg 2010. S. 28–42.

Wildt, Andreas, Stirb und werde. Die Vergegenwärtigung des eigenen Todes in spirituellen Traditionen und der zeitgenössischen Psychotherapie. 2002. Unter: http://www.sein.de/archiv/2002/november-2002/stirb-und-werde.html (Stand: 17.03.2014).

Windmüller, Sonja, ‚Heilige Dinge‘ – Materialität und Materialisierungen des Glaubens in der Gegenwart. Projektbeschreibung. 2013. Institut für Volkskunde/Kulturanthropologie der Universität Hamburg. Unter: http://www.uni-hamburg.de/rug/forschung/kulturgeschichte_kulturkunde/volkskunde.html (Stand: 17.03.2014).

Wingren, Gustaf, Art.: Barmherzigkeit, Theologische Realenzyklopädie (TRE), Hrsg. Müller, Gerhard, Berlin 1979 Bd. 5. S. 232–238.

Winnicki, Cesar, Komplementärmedizin nach 20 Jahren Erfahrung. Schweizerische Ärztezeitung.92.2011. S. 341–344.

Wolf, Kurt, Philosophie der Gabe. Meditationen über die Liebe in der französischen Gegenwartsphilosophie. Stuttgart 2006.

World Health Organisation (WHO): Disability prevention and rehabilitation. Technical Report Series 668. Genf 1981.

World Health Organisation (WHO). Ottawa Charta. 1986.

World Health Organisation (WHO), Bangkok Charta für Gesundheitsförderung in einer globalisierten Welt – Arbeitsübersetzung aus dem Englischen. 2006.

World Health Organisation (WHO), WHOQOL-SRPB Field-Test Instrument. 2002. Unter: http://www.who.int/mental_health/media/en/622.pdf (Stand:17.03.2014).

World Council of Churches (WCC), Healing and Wholeness. The Churches' Role in Health. The report of a study by the Christian Medical Commission, Geneva, WCC, 1990.5.

Zeh, Juli, Corpus delicti. Ein Prozess. Frankfurt 2009.

Zimmerli, Walther, Ingenieurausbildung an der Schwelle zum technologischen Zeitalter. In: ders.: Wider die „zwei Kulturen". Fachübergreifende Inhalte in der Hochschulausbildung, Berlin 1990. S. 3–23.

Zukunftsinstitut, Megatrend Gesundheit. 2012. Unter: http://www.zukunftsinstitut.de/ueberuns.php (Stand:17.03.2014).

Textnachweis

In gekürzter und veränderter Fassung ist folgende Vorarbeit in den vorliegenden Text eingegangen:

Stempin, Lothar, Hospize – eine Antwort auf den Wunsch nach aktiver Sterbehilfe? In: Friedrich Weber (Hg.), Beim Sterben helfen? Hannover 2006. S. 73–81.